CETC 第22届国家级企业管理创新成果一等奖

主　编　樊友山

副主编　范文新　来　婷

用薪激励

多元激励协同动力机制研究与实践

经济管理出版社
ECONOMY & MANAGEMENT PUBLISHING HOUSE

图书在版编目（CIP）数据

用薪激励/樊友山主编. —北京：经济管理出版社，2016.8
ISBN 978-7-5096-4526-0

Ⅰ. ①用…　Ⅱ. ①樊…　Ⅲ. ①国有企业—工资管理—研究—中国　Ⅳ. ①F279.241

中国版本图书馆 CIP 数据核字（2016）第 187806 号

组稿编辑：张永美
责任编辑：王格格
责任印制：司东翔
责任校对：超　凡

出版发行：经济管理出版社
（北京市海淀区北蜂窝 8 号中雅大厦 A 座 11 层　100038）
网　　址：www. E-mp. com. cn
电　　话：（010）51915602
印　　刷：北京九州迅驰传媒文化有限公司
经　　销：新华书店
开　　本：720mm × 1000mm/16
印　　张：17.25
字　　数：261 千字
版　　次：2016 年 8 月第 1 版　2016 年 8 月第 1 次印刷
书　　号：ISBN 978-7-5096-4526-0
定　　价：58.00 元

联系地址：北京阜外月坛北小街 2 号
电话：（010）68022974　　邮编：100836

向中国电科栉风沐雨、
砥砺前行的勇士们致敬！

熊群力董事长、党组书记对电科激励的诠释：

用情感动，用心激励！

真情动人，用信仰（事业）激励；真心动人，用薪酬（待遇）激励；真诚动人，用文化（感情）激励；坚持集团公司创新、协同、效益、可持续、共享的五大发展理念。

熊群力

2016 年 5 月

樊友山副董事长、总经理、党组副书记对电科激励的诠释：

心之所想，激励所向！

探索培育多元激励协同的新型引擎，改造升级薪酬分配的传统引擎，造就有理想、有激情、有担当、有尊严的电科人，打造中国电科“安全+智慧”事业创新发展新动力。

樊友山

2016 年 5 月

习近平总书记2015年5月26日下午5时，在视察中国电科所属海康威视公司研发基地时，得知“精英中的精英”团队平均年龄只有28岁，正着眼前沿开展未来技术研究时，对科技人员即兴讲道：

看到这么多年轻的面孔，我很欣慰……要继续弘扬“培养基础、发挥优势、与时俱进、更上层楼”。

今后要聚集如何发挥优势、如何补齐短板这两个关键问题，要动能转换可持续发展的速度、要有质量和效益的速度，不是瓜田菜代的速度、少慢差费的速度、傻大笨粗的速度。这些要靠创新驱动和人才驱动，要靠立体化的人才培育机制。

要抓实实在在的、有针对性的工作，继续巩固和发展人才优势，特别是要对高端的尖子人才倍加爱护。有了源源不断的人才优势，中华民族伟大复兴指日可待。

要做好国有企业，特别是高科技企业，其中最主要的是要符合市场化的激励机制，进而建立起独特的事业平台，使国际一流的人才在这个平台上更能发挥作用，更能成就事业。

要实现真正的世界一流企业，必须加快探索新的动力机制，特别是要大胆探索新的激励方式，形成新的利益共同体、命运共同体，形成新的事业发展空间，给企业发展注入新的动力和活力。

我愿担这个责任，冒这个风险，关键是不负众望，尽快实现国际一流。

——2014年11月6日原国资委主任张毅调研海康威视时的讲话

编 委 会

主　任：樊友山

副主任：左群声　王　杰

编　委：沙　冰　左　雷　苟　坪　武　健　范文新

编 写 组

主　编：樊友山

副主编：范文新　来　婷

成　员：谭志博　王亚青　胡国良　杨剑飞　汪　鑫　夏　凡
范　华　余艳玲　范晨晨　刘晓霞　任　真　成　强
李　伟　陈源芳菲　张魏林

插图设计：侯　双　支　慧　卢雨婷　鲍　承

大家知道，中国现在走的是一条具有中国特色的社会主义市场经济道路，在这条道路上有两大类企业：一类是国有及国有控制的企业，另一类是其他所有制的企业。对于这两类企业往往有一种分析和评价，认为与其他所有制企业相比，国有企业在体制和机制等方面可能有这样那样的欠缺，所以，国有企业在竞争的过程中，往往处于落后的状态，或者即使在竞争中成功，国有企业往往主要靠的是垄断。

但是从电子科技集团（以下简称电科集团）实践的情况来看，国有企业和其他所有制企业在中国特色社会主义市场经济道路上奔跑的时候，各有长短。跑的过程中，国有企业有搞得好的，有搞得不好的，其他所有制企业有成功的，也有失败的。从中国电科处于电子信息行业这一完全竞争领域中这些年的实践成效来看，我感觉体制不是主要的问题，竞争的成败并不取决于是否垄断，企业在竞争过程当中，核心的问题是“机制”。

所以，与其他所有制企业相比，我们感觉到国有企业可能在机制方面存在以下问题：一是决策是否快速的问题；二是创新成果在创新过程当中，容错机制是否发挥作用的问题；三是在改革与发展过程当中，激励约束的机制与员工奋斗的成果是否得到很好地结合的问题。

从电科集团的实践来看，我认为国企改革发展的当务之急就是要认真贯彻落实“五大发展理念”，认真落实创新驱动发展战略。在改革过程中，大力推进建立具有激励约束机制的薪酬体系，打造一套既有正向激励，又有负向约束的，符合市场竞争需要的责任机制，从而最大限度地调动每一个员工奋力拼搏的积极性，最大限度地约束员工不愿意奋斗、不愿意竞争、不愿意对市场竞争结果负责的态度，对薪酬管理进行大刀阔斧的改革。因此，要从以下三个方面来解决问题。

首先，构建适应市场竞争环境的责任机制，正向激励与负向约束相结合。

在正向激励上，我们由过去只关注经济指标的考核，转变为经济指标与可持续发展、重点任务、基础管理、保障约束等指标并重的全面经营管理绩效考核。一方面，我们根据二级单位的业务性质、战略定位、主业及发展侧重点，设计了七条“跑道”加强分类考核，从而使考核能够最大限度地反映一个企业在市场竞争中实实在在做出的绩效贡献，促使不同类型的二级单位依据集团公司战略部署把握各自的工作重点。另一方面，为推动考核体系的落地，我们还构建了与之相适应的“纵向到底、横向到边”的覆盖全员的绩效考核薪酬兑现体系，严格按照考核结果决定薪酬水平。凡做出实实在在贡献的，均给予有效的激励。例如，虽然集团领导班子进行了限薪，但我们对于二级及以下单位没有进行层层限薪。那些为集团公司完成目标任务做出突出贡献的二级单位，收入得到了相应提升，其员工收入是集团总部的一倍多，二级单位负责人收入是集团领导的若干倍。这样的正向激励，为集团发展注入了强劲动力。

在负向约束上，严格按照考核结果兑现奖惩，每年对二级单位绩效考核结果进行排序并向全系统公开，对未完成目标任务或出现问题的单位及其经营者进行绩效扣除，以使他们切实感受到压力与责任，鞭策他们采取有力措施，真正对经营结果负责，提高企业发展质量和效益。例如，2015 年根据中央巡视组和国家审计组提出的问题，我们严格按照集团考核薪酬制度的有关规定，对包括主要领导在内的5名集团领导年度绩效薪酬进行了扣发，在全系统体现了制度的导向性和严肃性。据了解，这在116家央企中是唯一的。应该说，对这一层级的领导，经济上的损失不是最主要的，更主要的是警醒与鞭策作用。

其次，构建可持续发展的薪酬激励机制，鼓励创新与宽容失败相结合。

电科集团是一个科技型企业，60%以上的员工是工程技术人员。在设计薪酬激励指标时，我们把创新指标作为企业持续发展的关键指标，加大了对创新的考核力度。例如，对专门负责技术创新的二级单位，考核的主指标就是技术创新而非经济指标。这种聚焦创新主业的方法，极大地激发了二级单位领导班子以及员工技术创新、管理创新、商业模式创新的热情。对创新成果的考核，更重要的是看其整体的创新效果，而不纠结于“一城一池”的得失。这种宽容失败机制的建立，在一定程度上缓解了科研人员进行创新的后顾之忧。我们就是要通过这种容错机制，鼓励每个员工都成为一名斗士，充满“狼性”，勇敢往前冲，最大限度地发挥出自己的创新热情和创新智慧。

又如，对于以打造电科“梦工厂”为目标的二级单位——创新研究院，我们采取更加关注创新成效的激励方式，对其创新成果采取三种方法进行激励：一是实现产业化后，直接把科研成果核算成股权；二是由他人投资进行产业化后，按贡献大小进行分红；三是把成果直接进行交易，按贡献大小提成。在创新激励方面的多措并举，极大地激发了电科员工的创新热情。

最后，构建多要素参与分配的利益共享机制，即期激励与中长期激励相结合。

在建立激励机制时，我们不仅关注即期激励，还注重中长期激励。结合技术密集型企业的特点，基于要素价值管理，我们建立和完善了劳动、知识、技术、管理、资本“五重”要素参与分配的利益共享机制，打造多要素共创共享企业价值增值的生动局面。例如，对旗下海康威视的股权激励，五年前按照核心骨干员工的业绩贡献大小认购股权，促进了公司的良性发展；2015年我们又通过合伙人制试点，进一步把绩优员工的利益和公司新业务的发展绑在一起，形成了“命运共同体”，骨干中产生了一批亿万富翁、千万富翁，起到了很好的激励约束作用。正是这种资本要素的参与分配，不断激发员工的潜能与活力，使海康保持着超高速的发展态势，近几年的营业收入增长均超过了50%，成为全球安防电子行业的一面旗帜。

又如，我们通过推进三种模式的岗位分红激励，不断激励科技人员的技术创新热情。二级单位第38研究所率先实施IPD模式的岗位分红激励，极大地提高了项目团队的创新激情，项目团队成功研制出世界上最先进的预警机；二级单位第29研究所实施岗位价值度评估与全员任职资格认证模式的岗位分红激励，激发了核心重要岗位人员勇于担当的自信与责任，项目团队研制出了具有世界先进水平的特种电子对抗装备；二级单位第10研究所实施了IPD项目管理+岗位体系模式的分红激励，提升了“五位一体”的技术创新体系能力，项目团队研制出了一系列世界先进水平的雷达。

通过多元激励协同动力机制的建设，全系统上下科技创新蔚然成风，这种创新的氛围和影响力在不断延伸和放大。例如，我们已经成功举办三届“熠星”创新创业大赛，这一创新盛事已成为“国企+社会”践行“大众创业、万众创新”的典范。

近几年来，这套行之有效的薪酬激励机制有力地推动了中国电科集团的创新与发展。2015年，我们的经营业绩逆势上扬，实现收入和利润增长双双超过30%，创历史最好水平。这套机制得到了全国企业管理现代化创新成果审定委员会、国务院国资委等部委的高度认同，获得了第22届国家级企业管理创新成果一等奖。

实践证明，企业搞得好不好，机制最重要。

今后，我们将认真贯彻“创新、协调、绿色、开放、共享”五大发展理念，进一步深化内部改革，进一步创新激励机制，进一步增添发展新动力，努力提质增效，在供给侧结构性改革中做出应有的贡献，把电科做强、做优、做大，真正成为能与国内外各类优秀企业同台竞技的国有企业，真正成为“国内卓越、世界一流”的民族品牌，真正成为党和国家放心倚重的“国之重器”。

樊友山
总经理

2016 年 4 月 17 日于北京
全国企业管理创新大会

在历史的长河中，人类为了生存，数千年来与自然界进行着波澜壮阔的抗争；自从人类有了团队和组织，为了团队和组织的生存，人类之间又展开了你死我活的斗争；演变到今天，与自然的抗争依旧，而人类间的斗争转化为国与国之间、企业与企业之间、人与人之间的竞争，竞争成为了人类生存的新常态，诱发竞争的因素也发展得丰富多彩起来。

上下几千年的人类历史，就是一部资源竞争史的血泪凝聚、一部人才激励史的丰富沉淀；历史一次次地证明着一个永恒的真理，“得人才者，得天下”；人才代表着人心向背，人才代表能力强弱，人才代表雄才大略，总之，人才代表着先进生产力，代表着成败的方向。

历史的时针指向了21世纪，人类也进入了知识经济时代，知识、技术、管理等生产要素在企业发展中的作用越来越显著，掌握这些生产要素的人，这些被称之为“人才”的人，就变得弥足珍贵，成为了竞争的核心焦点，国与国之间、企业与企业之间，竞争的本质就自然转化成了人才竞争。

在经济全球化的今天，西方发达国家制定了一系列人才优先发展计划，美国颁布了《美国竞争力法案》，提出“面向21世纪人才竞争计划”，旨在造就21世纪最优秀的科学家和工程师；日本连续制定了三期《科学技术基本计划》，提出“培养世界顶层研究人员”，今后50年内力争获得30个诺贝尔奖；加拿大实施了《首席科学家计划》，包括“面向全球吸引2000名顶尖研究学者”等内容；韩国推进“技术立国战略”，出台《国家战略领域人才培养计划》，制定“21世纪精英工程”等。

这些国家层面的人才竞争计划，其本质是吸引、保留和造就世界顶尖人才，核心是解决人才的激励问题，在这些人才计划的背后，是强大的人才体制机制等制度优势的保证，体制机制优势最基础的是人才的动力机制。企业作为社会经济的细胞、国家经济命脉的单元，又是经济最活跃的元素，企业的动力机制已成为世界一流企业的根本制度。

员工是企业最宝贵的财富，员工的素质决定着企业的发展质量，员工的能力决定着企业的发展速度，员工的动力自然成为管理者最关注的问题。

如果人才代表着先进生产力，那么人才的制度优势就应该代表着先进的生产关系，生产力决定生产关系的同时，生产关系反过来推动着生产力的发展，因此，激励作为一种内含强大推进力量的生产关系，越来越被管理者所重视。

人才是中国电科各项事业发展的第一资源，人才工作是中国电科党组发挥核心作用的重要抓手，人才队伍建设是中国电科人力资源管理的中心工作，是集团公司实现“国内卓越、世界一流”战略目标的首要保证。

中国电科是国家掌控的战略核心团队，是国家安全的技术屏障，也是国民经济建设的主力军，成立十余年来，走出一条独具特色的发展之路。前十年，以所为本，放水养鱼，冲上山头论英雄，而如今，集团主导，战略牵引，整合资源谋发展，构建起“三层架构二级经营”的创新发展模式，在国内经济下行压力与日俱增的今天，中国电科能独树一帜，逆势上扬，不断刷新经济规模增长速度。2015年，中国电科高质量冲击世界500强，迈出国际化跨越式发展的关键一步，既是使命责任，也是期待祈盼：使命责任就是要努力实现国家“一带一路”的战略部署，国家利益在哪里，中国电科就在哪里；期待祈盼就是能给这支团队以更强劲的动力，完成化茧成蝶的蜕变，能在未来世界经济舞台上扇动自己的翅膀。

2014 年 11 月 6 日，时任国资委主任张毅在海康集团公司调研时有感而发："要做好国有企业，特别是高科技企业，其中最主要的是要符合市场化的激励机制，进而建立起独特的事业平台，使国际一流的人才在这个平台上更能发挥作用，更能成就事业。如果你们能把世界一流的人才吸引到海康，才是你们的本事，把海康做成真正的世界一流高科技企业，你们就是国家的功臣，只有这样才能实现习总书记说的中国梦，那你们就是民族的功臣。""海康作为一个高科技企业，国际国内竞争十分激烈，前有阻拦，后有追兵，现在的技术还不是第一方阵。要实现真正的世界一流企业，必须加快探索新的动力机制，特别是要大胆探索新的激励方式，面对新的市场，新的技术，新的产品，要探索新的混合所有制实现形式，要探索新的股权激励方式，核心骨干的技术、管理可以入股，有经济能力的可以出资，大家共担风险，共同投资，形成新的利益共同体、命运共同体，形成新的事业发展空间，给海康下一步发展注入新的动力和活力，才能推动一个高科技企业高速发展。海康要大胆地闯、大胆的试，要进一步改革开放、解放思想，为国企改革、科技创新、转型升级探出一条新路，这不仅仅是我的思想，也是习总书记的思想，习总书记一直鼓励我们进一步解放思想、改革开放，按市场规律、企业规律办事，你们要深刻理解。""如今后在改革探索中遇到任何问题就来找我，我说话算数，建立海康新的动力机制，我愿担这个责任，冒这个风险，关键是不负众望，尽快实现国际一流。也可以告诉国资委其他同志，这就是我的思想，他们也会大力支持，要特事特办。为实现中国梦，把海康做成真正的国际一流高科技企业，就是民族的功臣，国家的功臣，习总书记就是要我们实现中国梦，实现民族的伟大复兴，高科技企业任重道远。"

2015 年 5 月 26 日下午 5 时，习近平总书记在视察中国电科所属海康威视公司研发基地时，得知"精英中的精英"团队平均年龄只有 28 岁，正着眼前沿开展未来技术研究时，对科技人员即兴讲道："看到这么多年轻的面孔，我很欣慰……要继续弘扬'培养基础、发挥优势、与时俱进、更上层楼'（的精神）……"

“今后（企业）要聚集如何发挥优势、如何补齐短板这两个关键问题，要（实现）动能转换可持续发展的速度、要有质量和效益的速度，不是瓜田菜代的速度、少慢差费的速度、傻大笨粗的速度。这些要靠创新驱动和人才驱动，要靠立体化的人才培育机制……”“要抓实实在在的、有针对性的工作，继续巩固和发展人才优势，特别是要对高端的尖子人才倍加爱护。有了源源不断的人才优势，中华民族伟大复兴指日可待。”

中国电科历来重视企业和员工的激励问题，特别是在分配制度改革方面先行先试。我认为，收入分配是企业发展的基石，是激励的核心，薪酬是员工活力之水，是动力之源。薪酬管理是企业人力资源管理的中心任务之一，世界500强企业都有一套独具特色的薪酬体系。中国电科薪酬体系建设从2010年开始调研，历经理论研究、政策分析、需求调研、方案形成、征求意见、模拟测算、选点试行、系统培训、正式运行、修改完善、形成体系、推进应用12个过程，先后历时5年时间。中国电科薪酬体系建设中，系统的理论支撑、先进的管理理念、科学的工具方法、创新的管理模型、扎实的推进运行，这些创新实践不断地丰富完善着我们的激励体系，以此为蓝本的研究成果《高科技企业集团提升人力资本价值创造能力的薪酬管理》获得第22届全国管理创新成果一等奖，初步解决了“薪酬的困境”，对国企分配改革进行了有益的尝试。

我认为，在经济高速增长时期，国企改革的主要任务是如何驱动好需求侧的投资、消费、出口“三驾马车”，在发展新旧动能转换的今天，国企作为供给侧主体，结构性改革更多的是如何配置好供给侧的劳动力、土地、资本、创新“四大要素”，同时也应该进一步发挥好“三驾马车”的效能，提高全要素生产率。对人思想的改造是方法论的重中之重，战争年代，塑造的是理想人，改革开放年代，追求的是经济人；在中国电科，是理性的经济人+多彩的社会人；都要通过解放思想、改造思想，造就中国电科特色的使命人。三十多年前，“让耕者有其田”，解放了农村生产力；新时代新常态下，“让职者有其股”，解放的是城市生产力；让知识、技术、劳动、管理、资本等生产要素通过市场的决定机制，参与收入分配，解放的是14万电科人的激情与活力，促进了企业与员工共同成长。

写《用薪激励》一书是由范文新提议的，最初的书稿名称叫“多元激励协同动力机制研究与实践”。当他把中国电科多元激励协同动力机制的顶层设计图拿给我看时，我被他的真诚所打动。我在中国电科这片热土上，努力耕耘了数十年，总想把这么多年的探索与实践，思考与经验，传承给敢于担当、锐意进取的年轻人，总想让中国电科这艘航船在改革创新的征途中，一帆风顺、高歌猛进。于是，在集团公司领导的支持下，编委会成立，樊书记亲自与编委们一起研究，一起探索，一个个不眠之夜，一次次激烈交锋，编委会的同志们付出的不仅是智慧和汗水，还有亲人翘首以盼的期望。在此，我们向编委会成员和编写组表示衷心感谢。我们要特别感谢的是樊友山书记的鼎力支持和莅临指导，他对中国电科发展的高度的责任意识、危机意识、创新意识和破冰意识让我们大家敬佩，为我们把准了方向，号准了脉搏。

2016年1月，在熊群力董事长的关怀、关心、支持下，我们与国资委分配局分配调控一处、薪酬一处等相关处室进行了多轮研讨，去粗取精，去伪存真，兼容并蓄，正本清源，大家一致同意把多元激励协同动力机制定义为“用薪激励”，使其成为新动力、新机制的双引擎。

《用薪激励》正是在这样的背景下诞生的，第一次系统化地设计了中国电科的激励体系，第一次从理论的高度诠释了动力之源，第一次把激励协同的概念展示给勇于担当的电科人，第一次汇聚了人才内心诉求的强烈萌动，第一次将中国电科的激励文化作为软实力展现给为民族伟大复兴奋发有为的中国人……我希望它从理论走向实践，更希望它从幼稚走向成熟，像中国电科人一样，在学习中进步，在进步中成长，在成长中自我完善。我希望它从探索走向创新，更希望它从创新走向蜕变，像扇动翅膀的蝴蝶，在改变自己的同时，改变世界的格局。改变不一定代表进步，但进步一定需要改变。我期待着中国电科有更多的进步和改变，有更多的新思路和新机制。如果说《用薪激励》一书出版，能够推动中国电科人力资源管理研究向纵深发展，提升全系统的人力资源管理水平，对加快缩短与世界一流企业的差距有所裨益，我将感到无比欣慰；如果能对其他央企有所借鉴、有所启迪，我将深感不负此生。

路漫漫其修远兮，吾将上下而求索！多元激励协同动力机制的建设之路还将很漫长，探索和前进的道路上面临的困难和问题也会有很多，让我们披荆斩棘，铺路搭桥，用冬日阳光般的激励，温暖每位员工的心房，照亮他们一生一世的成长。

中国电科，激励永恒！

王杰

总经理助理

2016年3月29日于北京

中央企业收入分配工作大会

第一章 用薪激励概述

第二章 “信”仰凝聚的政治驱动力

第一章

用薪激励概述

理论是实践的先导，是发展的动力；思想是行动的指南，是活力的源泉。先有鸡还是先有蛋的争论，延续几千年，但对理论与实践的认知，越来越直白。

科学理论是实践的钥匙，是成功实践的前提和保证！理论学习是智慧的学习、是寻找规律的学习，不是公式般的学习，不可盲从，更不可照搬照抄，要读懂、读透、读薄再读丰、读实。

用薪激励，是企业必备的长板、思想的利器、实践的指南。

第一节　国有企业收入分配供给侧结构性改革

国有企业收入分配关系调整和制度改革，本身就是供给侧改革的重要内容。参与收入分配的劳动、资本、土地、技术、管理等生产要素是供给侧决定经济长期增长的动力源泉，收入分配不合理，会影响各要素所有者参与社会财富创造的积极性，从而影响整个经济社会的长期发展。

同样是碳元素，钻石与石墨的排列顺序不一样，结果截然不同：一个最硬，一个却很柔软。收入分配的力量也在于此，通过不同的结构调整，在有限的资源内重新分配，产生完全不同的效果。给合适的人合适的薪酬，让其发光发热，至关重要。

一、收入分配现状与中央企业激励问题分析

国有企业收入分配关系的调整，一方面是收入分配层次的水平，另一方面是分配内容的结构。从国有企业收入分配改革的多年实践来看，收入分配的结构性矛盾突出于水平高低的矛盾，即收入分配的存量大，且结构不合理矛盾凸显。

（一）收入分配现状

从宏观方面讲，我国的收入分配应该有三个层次：一是初次分配；二是二次分配；三是三次分配。

初次分配，即各种生产要素所有者在直接生产领域根据各自要素的功能参与直接生产成果的分配。所谓的效率优先、兼顾公平，就是强调在初次分配领域一定要注重效率，要按各种要素对财富的创造所做出的贡献来分配。在初次分配坚持效率优先的原则是无可非议的，机会均等，多劳多得，少劳少得，不劳不得，投资者因为承担的风险大，相应所得也应更多。当前初次分配领域存在的主要问题是各生产要素还不够完善。要消除初次分配不公平的现象，必须推进供给侧结构性改革，建立和完善生产要素市场，让市场在资源配置中起决定性作用，完善由市场评价各种生产要素并按贡献分配的机制。

二次分配，主要通过税收、转移支付、社会保障和社会福利等政策，对由于初次分配造成的过大的收入差距进行调节。兼顾公平是指二次分配中，通过政府的收入再分配政策调节，使收入差距在社会的承受限度内。特别是对于初次分配没能体现按贡献分配的部分，更要通过必要的法律、经济手段进行调节。目前，二次分配领域存在的问题主要是公共资源的分配没有更多地向低收入阶层覆盖和倾斜，特别是税收领域，应通过改革税制，使个人所得税进一步完善，通过累进

所得税，在保护低收入阶层利益的同时让更多纳税人向高收入阶层转移，在这方面，财政税收和转移支付有非常大的发挥空间。

三次分配，就是我们常说的慈善事业。如果说初次分配讲效率，二次分配讲公平，三次分配就要讲爱心。中国的慈善事业相对于拥有财富的数量和人数以及富人增长的速度来说，还是有很大差距的。这除了富人本人慈善意识有待进一步培养和提升外，有关的法律法规和政策也有待制定和完善。

收入分配的三个层次都需要深化供给侧结构性改革，其中，初次分配的效率和公平、水平和结构在收入分配改革中起到基础性和决定性作用，是需要首要关注，并下力气解决的。

（二）中央企业激励问题分析

1. 工资总额的管控，限制了企业物质激励手段的发挥

从 2004 年国家着力收入分配改革以来，工资总额一直是困扰央企的一大难题。国资委对央企实行工资总额管控，是从宏观层面对收入分配差距调整的一种手段，虽然实施了差异化的管理模式，建立了工效挂钩和效益联动机制，但从总体讲，限制了央企对员工的物质激励水平，央企普遍存在着“收入该高的不高，该低的不低”现象。做增量改革易，做存量改革难，这就是收入分配供给侧结构改革进入深水区的真实写照。

没有足够的工资总额，企业物质激励的水平受到限制，企业秉承“解决不了主要矛盾时，通过解决多个次要矛盾来求得主要矛盾的缓和”理念，选择物质、精神、机会激励等多元激励方式，从多个维度解决激励不足的矛盾。特别是 2014 年央企负责人限薪以来，从一个侧面限制了央企员工收入的正常增长水平，降低了央企对人才的吸引力。

2. 福利发放的管控，实际降低了员工的隐形收入

在“八项规定”实施之前，有的央企虽然收入不高，但福利水平较高，隐形的福利收入在改善生活质量方面起到了更明显的作用。“八项规定”实施之后，在中纪委的高压态势下，央企纷纷拆减福利项目，降低福利水平，杜绝隐形收入的

形成，央企员工的收入受到限高的同时，幸福感和尊严感下降较明显。员工的工作积极性受到了挫伤，出现了“多干不如少干，少干不如不干”的“磨洋工”现象。

解决这一问题，一方面，通过制度建设，明确福利的内涵和外延，制定发放标准和规范；另一方面，还得从其他激励要素入手，协同解决员工动力不足的矛盾，即从多个维度来研究解决。

3. 荣誉评审的标准越来越高，得到奖励的员工凤毛麟角

在“八项规定”实施之后，政府各级组织都把荣誉评审的条件、标准以及规模进行了严格的限制，荣誉奖励的人员数量、范围也大幅度地下降，普通员工越来越难获得政府的荣誉，央企也响应号召，压缩了荣誉评奖的规模，使得荣誉激励变成了少数人的专利，惠及不到普通老百姓。

4. “重使用轻培养”，员工的知识技能积累“空心化”

十多年来，央企的高速发展，奠定了中国经济世界第二位的坚实基础，但央企中普遍存在“重使用轻培养”的现象，员工的知识技能以及创造力消耗过大，但繁重的任务，使得员工加班加点，难以腾出有效的时间进行充电。单位在有限的资金情况下，举办培训班的针对性和有效性大打折扣，无法满足员工对系统培训提升能力的诉求，形成了员工能力积累的“空心化”。有机会参加培训，成为了激励员工的有效手段和方式。

5. “重激励轻约束”，纪律和规矩意识淡漠

央企在繁重的改革发展任务面前，为了眼前利益，不得不采取一些权宜之计，强化激励，加大激励力度，在“你好，我好，大家都好”的文化氛围下，约束力特别是纪律和规矩的约束力越来越弱，约束的负激励作用被淡化，甚至出现了违法违纪的潜规则。

新时代、新形势，强烈呼唤央企回归到“强激励、强约束”的制度管控下，避免再次出现“患不寡”又“患不均”的现象。

6. 不同类型的企业发展不均衡，削弱了单一激励的作用发挥

央企在过去十多年间的发展出现了严重的不平衡，究其原因，很大程度是国家资源投入不平衡造成的，特别是基础领域和共性技术领域，由于过去基础薄弱，发展投入周期长，高端人才稀缺等，制约了国家在某些重大工程和项目上的发展，与国外发达国家的水平差距越来越大。在呼吁国家加大资源投入的同时，在资源有限的情况下，破解发展难题，就必须加大人才的交流力度，必须制定多种激励方式协同的激励机制，有效地提升高端人才的吸引力。

7. 知识型创新型员工，渴望着新的动力机制

“技术、创新双驱动，机制、人才赢未来”，在重构科技创新体制的今天，以知识型创新型员工为主体的企业，只能不断地探索实践推动企业发展的动力，不断地尝试不同的激励、激励组合、激励协同、机制组合、机制协同，不断地发现并放大新型动力“引擎”，让多元激励协同动力机制体系发挥更强大更有效的作用，探索出一条适合央企创新发展的新路子。

二、收入分配供给侧结构性改革的动力探索

供给侧改革的核心需激活生产要素，新常态下，中国的经济运行面临着劳动力供给量的减少、劳动要素成本的上升、企业自主创新能力的不足、产业结构的不合理以及资本投资效率下降等诸多问题。在这样的背景下，供给侧改革是决策层对当前中国经济开出的一剂新药方，在宏观调控方面的一个新思路是从供给侧端入手，通过解决生产力，提升竞争力，来促进经济的发展。

如何激活生产要素的活力，降低供给侧成本，提高全要素生产力？

中国经济现在已经进入到一个新老动力转换交替的新阶段，面临着从中等收入向高收入国家跨越的新挑战，依靠传统的增加低成本要素投入来驱动经济增长，这条路越走越窄，不仅难以为继，而且效益不高、效率不高。然而，通过扩大政府开支来填补需求缺口，从而拉动经济增长的办法，所起到的作用也在快速衰减。不仅会加剧结构性矛盾，而且走这条路还会带来难以承受的破坏环境资源

和生态的代价，所以我们需要寻找新的发展动力。

针对经济运行和经济发展的新情况、新问题，习近平总书记指出，在适度扩大总需求的同时，着力加强供给侧结构性改革，着力提高供给侧体系的质量和效率，增强经济持续增长动力。在微观层面，着力激发市场主体的自身活力，使各要素能够便利地进出市场，自由地创造价值，自主地实现价值，形成经济持续增长的不竭动力。在宏观层面，推进改革要着眼于政府自身，着力于创新行政管理体制和宏观管理方式，打造市场主体能够充分释放财富、创造潜力的良好环境，并使各类政策工具的运用，有利于存量资源的不断优化重组，提高经济水平和国际竞争力。

第二节　企业创新发展的激励模型

激励与约束是企业管理的任督二脉，任脉（激励）主血（动力），督脉（约束）主气（正气），二脉贯通，百脉皆通，激励约束是守护企业生命的动力经络。

企业发展动力包含牵引力、支撑力和推动力三种力量，这三种企业发展的动力来源可分别由多种激励方式产生，每种激励方式都存在边际激励递减的规律，因此，需要不断创新激励新方式，不断刷新企业发展新动力。

多元激励，你方唱罢我登场，各领风骚三五年，不断创新、不断驱动的动力引擎。

一、企业发展的“木桶长板”原理

我们都听说过著名的“木桶理论”，一个木桶能装多少水，取决于最短的一块板。这一理论在工业化时代的确非常有效，指导了许多企业的经营管理，努力寻找短板，补足短板，成为各板相对一致的木桶企业，然而，企业并没有因为补齐了“短板”，就有了市场的竞争力。

当前的企业特别是中小微企业，实在没有必要精通一切，如果财务不够专业，可以聘用比自己更有优势的会计事务所；如果在人力资源上欠缺，可以聘用猎头或人力资源咨询机构；市场、公关如果是“短板”，有大量的优秀广告和宣传公司可以度身定制；同样的还有法律服务、战略咨询、员工心理服务……当代企业只需要有一块足够长的板以及一个有“完整的桶”意识的管理者，就可以通过合作的方式补齐自己的“短板”。

今天的企业发展从短板原理，变成长板原理，当你把桶倾斜，会发现能装最多水的决定于你的“长板”（即核心竞争力）。你有了一块“长板”，围绕这块“长板”开展布局，为你赚到利润。如果你同时拥有系统化的思维，就可以用合作、购买的方式，补足其他的“短板”。

百事可乐在中国的战略就是这样：把所有的制作、渠道、发货、物流全部外包，只保留市场部的几个人运营百事可乐的品牌。仅仅做好品牌这个“长板”就好。你喝的青岛啤酒，都来自你附近方圆100公里的啤酒厂，瓶子和盖子来自专门做瓶和盖的厂家，而青岛啤酒做的仅仅是拿出自己的配方，贴上自己的标签。GOOGLE在2014年初宣布以29.1亿美元将摩托罗拉出售给联想，出售一周，

GOOGLE 股价上涨 8%，理由也基于“长板”理论，CEO 佩奇解释说，这笔交易，GOOGLE 将精力投入到整个安卓系统的创新中，从而使全球智能手机用户受惠。也就是说，GOOGLE 就是做系统的，我们买回来个手机公司回来补“短板”（硬件），现在发现不如专注我们擅长的“长板”（系统）更好。

伟大的公司也没有必要每块板都强，而是把一块板做到极致，如淘宝做好了交易平台；小米做好了粉丝互动；新东方做好了精神建设；腾讯则抓住了几乎八成的中国网民。

专业的细分让我们无法补齐所有的“短板”，互联网使企业内外信息流通的速度和合作的成本变得越来越低。这个时候，当一项工作做不好，你找到合作者的机会和成本会越来越小。与其非要花精力治愈自己的某些“顽疾”，不如花同样的时间和精力，把自己的优势发挥出来。现代很多经理人的工作方式，就是自己+助理+外脑+导师的工作方式。

在职业生涯发展中，最好的能力策略是“一专多能零缺陷”。“一专”指让自己有一项专长；“多能”指多储备几项能力，可以搭配着使用；“零缺陷”指通过自身努力和对外合作，让自己的弱势变得及格。需要避免的情况是“性情大于才情”，你有些小优势，但是由于与你合作成本太大，没有人愿意和你合作。

这与应对疾病的策略一样，首先让自己别得快速致死的“急性病”（如工作态度、诚信、合作能力、基本的综合能力）；然后和自己的“慢性病”（如某些方面的天赋与技能不足）和平共处，专注发挥自己的优势。

历史上不乏这样的例子，丘吉尔、罗斯福与林肯，都是著名的终生抑郁症患者。林肯的抑郁症甚至严重到在婚礼上临时发作，导致他落跑而无法正常结婚。但即使是抑郁症发病的间隙，也足够让林肯发起南北战争，丘吉尔与罗斯福最终打赢了“二战”。只要他们意识到自己的问题，知道自己的“长板”，短板也需要其他人弥补，他们则始终关注自己的优势，这让我们看到了伟大的林肯、坚强的罗斯福、永不妥协的丘吉尔、追求完美的乔布斯、搞笑的周星驰和帮助了千万个生意人的马云。

印象最深刻的“长板”选手是物理学家霍金，他 1942 年出生于英国剑桥，在 21 岁最自由的年龄患上肌肉萎缩症，一辈子被禁锢在轮椅上。43 岁做了穿气管手术，让他从此完全失去了说话能力，他全身只有三根手指能动，通过敲击一个按键，合成人工语音演讲、写作，一个字母一个字母地敲出了《时间简史》。他被认为是在世的最伟大的科学家，普通人也许难以理解他物理学中的高度，但是他拥有的仅仅是一个天才的大脑和三根手指，其他的每一个部分都比我们差太多太多，即使只拥有这样的资源，也能撑起一个伟大的生命。

二、企业发展的“三力”动能模型

（一）企业“三力”动能模型

企业发展动力包含牵引力、支撑力和推动力三种力量，在企业明确了发展方向与战略目标后，通过构建完善的规章制度进行规范化管理把企业发展的“三力”融入体制机制的建设中，形成企业可持续发展的力量源泉（见图 1–1）。

图 1–1　中国电科企业多元激励协同动力机制的“三力”动能模型

企业深化管控的契合点和着力点是推动集团发展的战略牵引、资源保障和体制机制。通过大项目的谋划策划形成带动全系统发展的牵引力；通过全系统资源整合，形成保障全系统顺利发展的支撑力；通过体制机制优化改革，形成激发全系统发展活力的推动力。牵引力、支撑力和推动力在集团公司军工电子、民品产业、国际化经营、科技创新、资产经营和资本运作五大业态中如何形成？其标志是什么？如何谋划？如何分类管理？如何确定目标？这五个方面的综合运用，最终形成集团公司协同调度的三大发展力。

形成“三力”的五个条件：

增值性条件：具有代表性的工作确实能够促进科研生产经营增值。通过抓这些工作，使科研生产经营工作实现增值，否则的话，抓与不抓这些工作都一样，那就没有抓这些工作的必要了。

优势性条件：具有代表性的工作一定是基层单位想干却干不了的工作，只有由集团主导才能推动，这是由于集团地位决定的，这就是优势所在。

重要性条件：工作的结果不仅能实现经济总量的增值，而且能够实现企业发展质量的跃升。这个质量与企业的经营理念、愿景、宗旨、价值观等相结合，就能够推动企业升华，就是企业整个发展的状态能够升华到企业的需求上，如果仅仅是经济总量的增加，而经营理念、愿景、宗旨、价值观等没有得到实现，那这些工作抓的就有失偏颇。

硬性条件：大家所期盼的，一心一意共同想去抓好的工作。如果基层完全没有积极性，虽然说这个积极性可以去培养，但这些工作就不容易抓好，因为要不停地统一思想、集中智慧。

复杂性条件：需要多重资源、多种要素的组合才能做到，这是相对烦琐的，是需要各方面的条件和各方面的资源共同支撑才能做好的工作。否则不必拿到集团层面，集中各方面的力量来抓这些工作。

如何谋划对全系统发展起着关键的牵引、带动作用的大项目、大工程、大任务、大产业、大市场，这正是全系统所期盼的，是电科梦实现的关键，也是各成员单位想做而做不成的，从而形成了大任务、大项目对发展的牵引力。

如何使这些项目、任务能顺利完成好、实现好，需要集团集中力量办大事，把各种资源进行分析、分类，再按军工电子、民品产业、国际化经营、科技创新、资产经营与资本运作等不同性质、不同特点进行分类，将有限的资源对应匹配，与其性质对应起来，充分发挥好资源的支撑力。

为集合各方力量和资源的效用，统筹组织好大项目、大任务的实施，需要形成一定的体制、机制，激发全系统发展的活力，从而对发展活力的形成产生推动力。

因此，我们日常运行的协同调度科研生产经营的价值创造能力，除了体现在抓好日常的科研生产经营调度与管控，抓好经济运行情况的统计、分析、评估外，重点是在对全面情况进行把握和分析的基础上，从牵引力的形成入手，以支撑力和推动力的形成相配合，全面展开以重点业务与市场开拓为核心的高水平的协同调度与管控工作，从而为集团总部价值创造能力的实现、为全系统的良性发展探索出一条有效的途径来。

牵引力、支撑力、推动力“三力”中，核心是牵引力，我们工作的谋划、目标的制定、标准的评判，都要围绕牵引力形成这个核心开展，然后通过支撑力、推动力的形成提供保障。因此，在今后日常运行的调度与管控工作中，只有在进一步完善日常的统计、分析、评估的基础上，真正实现以牵引力的形成为总抓手，以支撑力、推动力的形成为辅助，真正形成基于重点项目和市场开拓核心的工作机制，集团公司科研生产经营日常运行的调度与管控工作才能形成新的局面，才能切实满足基层的需求，真正实现总部的价值创造。

（二）员工激励的“三力”机制模型

现代人力资源管理体系中有四大机制，一是牵引机制，二是激励机制，三是约束机制，四是竞争机制，这四大机制相互作用，形成了现代人力资源管理的常规动力；而竞争机制从动力激励理论来看，是激励机制和约束机制的综合，可以把竞争机制融合到其他三大机制中，构成三大机制的工作理念。

因此，我们以竞争机制为理念，结合企业发展中人才、文化、创新能力等重要维度，打造市场化的牵引机制、激励机制和约束机制，每个机制都可以通过不同的激励方式或方式的组合，来达到激励的效果，满足员工激励的需求。通过对物质激励、精神激励、发展激励和文化激励的多种激励方式的分析研究，分别对应员工的价值感、归属感、成就感和安全感等需求，总结归纳出 14 种激励方式，形成具有中国电科特色的三大机制：牵引机制、激励机制、约束机制。

中国电科识别的激励方式与激励动力理论的关系如表 1-1 所示。

表 1-1 中国电科激励机制与激励动力理论关系表

机制	激励方式	支撑理论	关键词
牵引机制	目标激励	目标设置理论	方向、确定感
	责任激励	成熟需要理论	成就动机、自我价值
	价值激励	ERG 理论	生命意义
	文化激励	强化理论	环境的影响
激励机制	分配激励、福利激励	需要层次理论	物质需要、认可尊重、归属感
	荣誉激励	成就需要理论	认可尊重、自我实现
	培训激励	期望理论	自我提升、掌控
	晋升激励	成就需要理论	成就、认可、自我实现
	特别奖励	强化理论	尊重个性
	授权激励（认同激励）	公平理论	认可、控制、公平
约束机制	考核约束激励	目标设置理论、强化理论	目标、确定感
	岗位约束激励	人岗匹配理论	匹配度
	退出约束激励	需要层次理论、挫折理论	人岗匹配、调整
	制度约束激励	强化理论	

这三大机制、14 种激励方式的相互作用、相互组合、相互协同，形成了中国电科的多元激励协同动力机制体系。

牵引机制产生牵引力，激励机制产生支撑力，约束机制产生的是约束力或推动力，即由正负激励产生的“三力”，激发着员工的动力与活力，形成了中国电科特色的“三力”机制模型。

无论是企业组织的“三力”动能模型，还是员工个人的“三力”机制模型，对企业而言，都是产生的牵引力、支撑力和推动力，都是激励约束的效力。

三、企业发展的“四位”激励模型

利益是人类生存和发展的客观条件，它贯穿了整个人类社会的发展过程，一部人类社会的发展史，其实就是一部人类的利益追求史。利益共同体，是为了共同利益走到一起的人，可称兄道弟，易聚散、不长远。例如为了赚钱而组成的经济合伙人，为薪酬而工作的团队，为得到某个项目而形成的临时关系。

事业是指人们所从事的，具有一定目标、规模和系统的对社会发展有影响的经常性活动；事业并不是所有的人通过努力就能实现的。很多人都常说我们要拥有自己的事业，这其实是个很高层次的概念。事业是一个人可以一辈子为之奋斗的，终其一生去为实现自己的目标而坚持不懈的努力。它可以解决人类最高层次的需求，并得到社会认可和实现自我价值。在这个过程中，不管路途有多遥远，不管工作有多烦琐，也不管工资收入多少，只要他喜欢，就会去从事。事业共同体，是为了共同事业走到一起的人，没有民族之分，可遇不可求。例如，为了共同的爱好而组成的事业合伙人，为事业而工作的团队，为完成某个课题而组成的团队。

命运是万事万物由宇宙规律所完全预定了的从生到灭的轨迹。命是与生俱来的，但是会改变。命为人一生之所归，如好命、坏命、富贵命、贫夭命等。运随着时空的转化而有所不同，运是变化的。运是人一生之历程，在某些时段或顺或逆、有起有伏，如鸿运当头、利运不通等。命运共同体是为了共同的信仰走到一起的人，没有高低贵贱之分，可将个人生死置之度外。

企业的所有员工，是企业的利益共同体，在这些利益共同体之中，有一部分是忠诚于企业的发展方向和事业的中高层管理人员，他们是企业的事业共同体；还有一部分除了忠诚于事业外，更多地忠诚于老板，不管老板选择什么样的发展方向都始终不离不弃的高管，具有高度忠诚度，是企业的命运共同体。

一个企业在发展中只讲利益，不讲道义，企业发展纯粹以利益把员工联系在一起，只追逐利益而不求德行，这样的企业是非常危险的，好的企业以利聚，以义合。无利则不能聚人，无义则不能长久。不断提升心性和境界的员工会从最初的利益共同体升华为事业共同体，而且可以进一步升华为命运共同体。随着员工的提升，企业得以发展壮大，基业长青。

马克思曾说过：“作为确定的人，现实的人，你就有规定，就有使命，就有任务，至于你是否意识到这一点，那是无所谓的。这个任务是由于你的需要及其与现存世界的联系而产生的。”使命是客观存在的，不以人的意志为转移，无论你是否愿意接受，无论你是否意识到，是否感觉到它的存在，这种使命伴随人的出生而降临到每个人身上。对于国有企业，特别是中央企业，除了利益共同体、事业共同体、命运共同体外，还有一类忠诚于国家的央企负责人，他们的任务就是履行国家使命，践行企业责任，这些央企负责人就是使命共同体，他们是国家利益取向的代表人，是企业事业发展的带头人，是全体企业员工命运的守护人。

中国电科多元激励协同动力机制体系分为利益共同体阶段、事业共同体阶段、命运共同体阶段和使命共同体阶段，结合中国电科成员单位的不同发展阶段和规模效益情况，在不同成员单位开展不同阶段的建设工作，形成了一整套丰富多彩而又各具特色的系统体系。

利益共同体重点解决利益分配问题，将分配激励作为重中之重，其他激励方式作为辅助手段，关注的是即期激励，按月支付的工资性收入占大头。

事业共同体重点解决利益分配和激励不足的问题，将分配激励逐步向晋升激励、荣誉激励、培养激励和认同激励转移，其他激励方式作为辅助手段。关注即期激励的同时，考虑部分中长期激励，按月支付的工资性收入和中长期激励占比大约为 7：3。

命运共同体重点解决牵引不足与激励保持的问题，将目标牵引、责任牵引与分配、晋升、荣誉、培养、认同等激励方式进行组合，其他激励方式作为辅助手段。他们关注的是即期激励，重点考虑中长期激励，按月支付的工资性收入和中长期激励占比为 5：5。

使命共同体重点解决使命任务不清和监督管理不到位的问题，将文化牵引与合同约束、制度约束、认同激励、特别激励等激励方式进行协同组合，其他激励方式作为辅助手段。他们关注的是中长期激励，按月支付的工资性收入与中长期激励占比为 3：7。

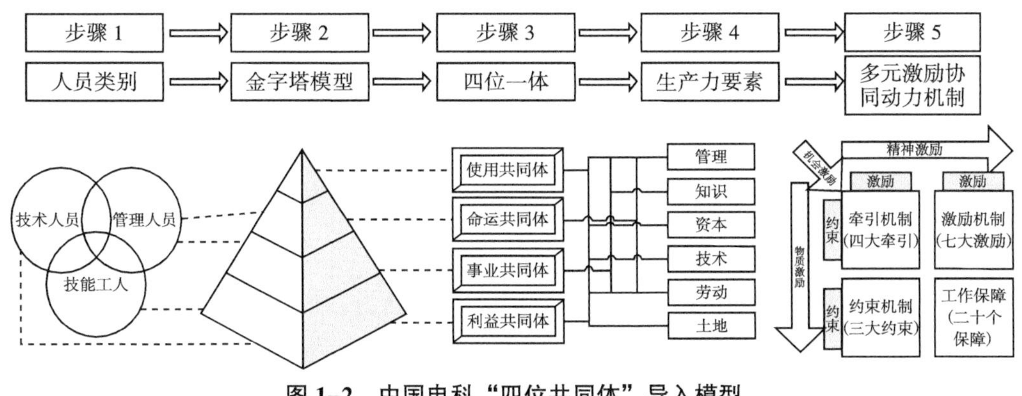

图 1–2　中国电科“四位共同体”导入模型

第三节　多元激励协同动力机制内涵

一、多元激励协同动力机制内涵

多元激励协同动力机制的“多元”，一是指激励方式的多元，有 14 种激励方式；二是指激励对象的多元，既有员工个人、项目团队，又有不同类型的企业、不同发展阶段的企业；三是指激励手段多元，既有传统的物质激励、精神激励，又有现代的发展机会激励、企业文化激励；四是指激励效果多元，既有正向激励，又有负向激励。

多元激励协同动力机制的“激励”，一是指广义上的激励概念，泛指能产生出向前发展动力的一切手段和方法，不是一般意义上的传统激励，而是关怀、关心、关爱的综合体现，是帮助、帮扶、帮忙的具体指南；二是指广义上的激励对象，除了传统上的企业员工个人、项目团队外，不同类别的企业、企业的不同发展阶段、企业业态的组织形式，都成为了激励的对象，也就是说激励对象由具体的人变为了抽象的团队。

多元激励协同动力机制的“协同”，一是指同向协作，为达成某一目标进行的协作；二是指对相同的对象同时运用多种方式和方法进行组合协作；三是指对不相同的对象采用差异化的方式和方法进行综合协作。

多元激励协同动力机制的“动力”，一是指企业的发展动力，包含来自企业外部的环境压力、来自上级机关的目标任务压力，转变为企业发展外在的动力，也包括企业自身发展需求带来的内在动力，内在动力一部分来源于企业全体员工日益增长的物质文化生活方面的诉求，另一部分来自企业自我发展、自我实现对资源配置的获取权和资源配置效率提升的诉求；二是指企业员工的个人工作动力，工作动力来自对企业的忠诚，来自提升个人和家庭生活质量的诉求，来自对个人发展的渴望，来自对理想事业的追求，也有可能来自对某些复杂的情感的释放。

因此，多元激励协同动力机制是多维度的，而非单一视角；开放式，而非封闭自守；系统的，而非离散的；协同作战，而非单打独斗；自我完善、自我提升的体系，而非僵化的、死循环的体系。虽然还不完美、还不够成熟，但它的魅力与气质正在征服着正视它的每一个人。

正如习近平总书记视察中国电科下属企业时所讲到的：企业要聚集如何发挥优势、如何补齐短板这两个关键问题，要实现动能转换。多元激励协同动力机制建设就是中国电科“国内卓越、世界一流”创新发展征途中的长板，只有加长了长板，才能发挥好优势，才能巩固和发展人才优势，才能把个人的动能转换成为企业发展的动力，才能成就世界一流企业的夙愿。

二、用薪激励的“七心”驱动力

10 年前，企业讲领导力，希望依靠领导个人的能力和素养把企业做大做强；5 年前，企业讲执行力，希望提升员工的工作质量，把经营做实做深；今天，我们发现，片面强调领导力，可能存在风险，片面强调执行力，可能引起反感，以 80 后为主流的员工群体，不再是相信说教的一代，因此，要回归管理的源头，

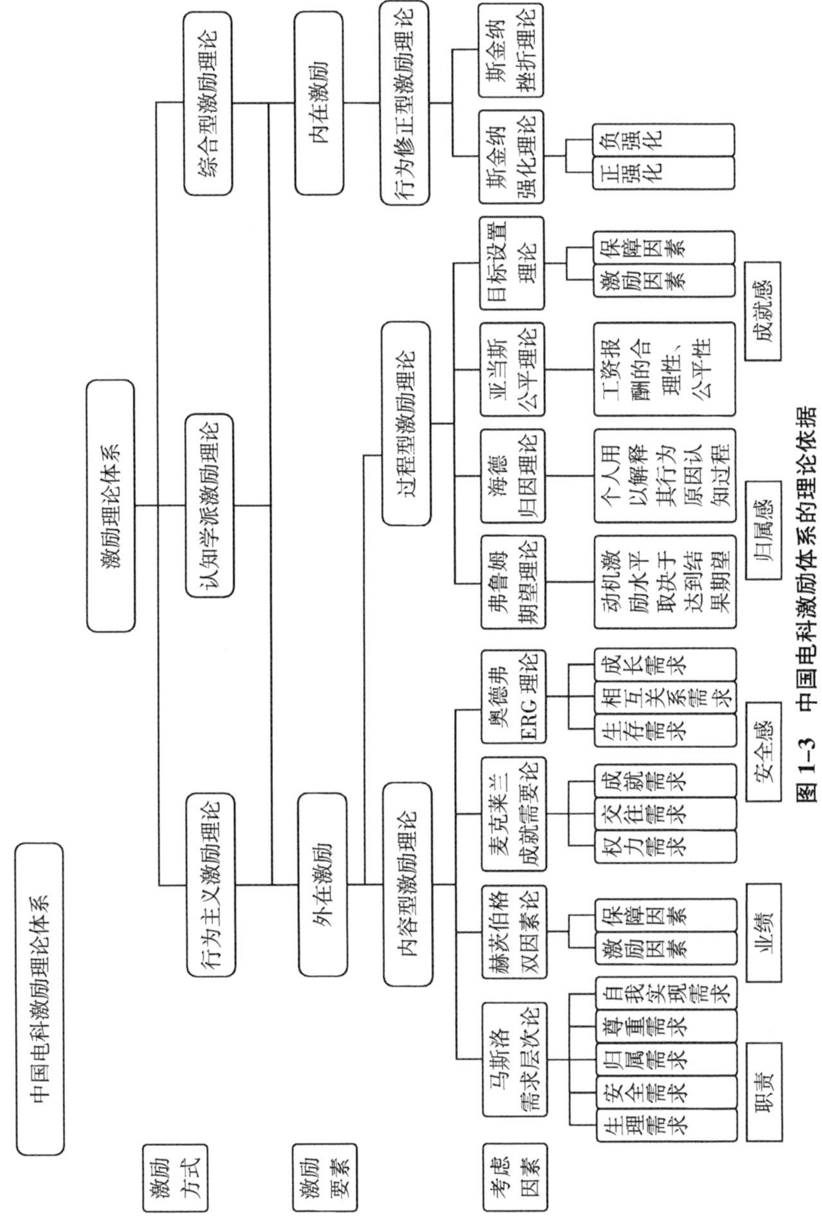

图 1-3　中国电科激励体系的理论依据

寻找员工的驱动力。

获得员工的驱动力，就等于突破了管理的核心技术。如果把企业视为一辆汽车，那么，领导力是方向盘，执行力是轮胎，驱动力便是发动机，最终决定汽车比赛结果的，不是方向盘的操控能力，也不是轮胎的质量，而是发动机的动力，这个就是动能转换的核心竞争力。

驱动力发展经历了三个阶段，第一阶段是以人类本能需求为核心的驱动力1.0，主要是生物性驱动力，驱动力的要素都与生存有关；第二阶段是以外在动机为核心的驱动力 2.0，主要是工业时代以“胡萝卜加大棒”为核心的强调外在动机驱动的激励模式；第三阶段是以内在动机为核心的驱动力 3.0，主要是以“自主、专精和目的”为核心的强调内在动机驱动的激励模式。中国电科的多元激励协同动力机制，核心内容是驱动力 3.0，是驱动力 1.0、2.0 和 3.0 的精神内涵在中国电科激励体系建设中的成功实践和综合应用。

中国电科从多个维度来激发员工与企业的驱动力，打造员工动力与企业发展动力的双引擎，形成动能转换的驱动力谱系。

中国电科员工驱动力的获取以薪酬激励为核心，是通过多元激励协同动力机制来实现的，体现了中国电科的真心、爱心和用心，“信仰”代表事业，引申为

“目标”设置，用“信”字来体现；“创新”代表理念，引申为组织行为，用“新”字来体现；“薪酬”代表待遇，引申为收入分配，用“薪”字来体现；“核芯”代表纲领，引申为关键少数，用“芯”字来体现；“昕旦”代表黎明前的星光灿烂，引申为创新创业，用“昕”字来体现；“诚心”代表感情，引申为真诚真心，用“心”字来体现；“忻悦”代表众多，引申为开放提升，用“忻”字来体现。用“信”、“新”、“薪”、“芯”、“昕”、“心”、“忻”七个字分别体现“七心”激励的七个元素，用这七个字合体而成的用心（薪）激励，表达了从多维度、全方位地激励员工的诚心、真情，通过激励方式的多元、激励方式的组合、激励模式的协同、激励机制的组合协同，形成独具中国电科特色的激励体系，统称为“七心”驱动力的用薪激励（见图 1–4）。

图 1–4　中国电科“七心”驱动力的用薪激励体系

中国电科的“七心”多元激励协同动力机制的运行，按激励效果会产生七种驱动力，分别是信仰凝聚的政治驱动力、新益求新的组织驱动力、薪酬分配的利益驱动力、芯线牵引的价值驱动力、昕旦熠星的双创驱动力、心动情感的文化驱动力、忻悦莘莘的机制驱动力七大新驱动力。运用七种新驱动力，结合产生牵引力、支撑力、约束力的 14 种激励方式，围绕集团公司五大业态、五大发展理念，实现三大改革的目标，形成全系统的“七心”驱动力用薪激励体系。这一体系有着鲜明的创新性：第一，七个激励元素，每个元素产生一种驱动力；第二，物质激励与精神激励相结合；第三，正向激励与负向激励相制约；第四，凸显激励组合、激励协同的理念；第五，体系相生相克，相互掣肘，相互制衡，支撑着创新、协同、效益、可持续、共享五大发展理念。这就是中国电科“七心”驱动力的用薪激励内涵（见图 1–5）。

图 1–5　中国电科“七心”驱动力的用薪激励体系的内涵

三、用薪激励的“4111”管控模式

按照“价值创造、集团化管控、二八管理原则”的总体思路，通过不断加强对军工电子、民品产业、国际化经营、科技创新、资产经营与资本运作五大主管业务科研生产经营日常运行的调度，不但要管住关键的少数，也不能放松非关键的多数，“以点带面，以少带多，以强带弱”，最终实现全面管理，提升对主营业

务的管控能力，并以此不断推动总部业务主管部门思维方式、工作方式的转变，提升总部的价值创造能力，为集团公司年度经营目标、任期经营目标和中长期战略目标的实现提供有力的支撑，真正将中国电科打造成为企业化、市场化、国际化的现代企业集团。

“4111”协同管控就是“四重点、一应对、一负面、一综合”的四层结构分析方法，充分运用行政指令和激励手段，进一步明确需要集团总部调度和管控的重点任务，进一步细化完成科研生产经营目标任务激励的方式和手段。

（1）“四重点”。“四重点”包括但不限于重点单位、重点项目、重点能力，以及前三个重点方面存在的重点难点问题。

1）“重点单位”就是指在改革发展中承担重点任务、重要项目或工程，具有重要影响力，或对集团公司主要经济指标完成具有重要作用的成员单位。可以用目标任务的总量占比来排列，占总量 80%的单位，就是重点单位。

2）“重点项目”就是指对国家国防现代化建设和国民经济信息化发展具有重要意义的重大项目、任务或工程，或对集团公司主营业务发展和经济指标完成起到重要作用的重大项目、任务或工程。可以用项目任务的总量占比来排列，占总量 80%的项目，就是重点项目。

3）“重点能力”就是指完成重点任务过程中需要给予支撑的人力资源配置能力、财务资源配置能力、社会资源配置能力、运行机制配置能力、基础条件保障能力、运行环境保障能力等。即围绕重点单位、重点项目，必然要形成条件保障、资源保障之类的能力。

4）“重点难点问题”就是指在上述三个重点方面运行中存在的影响正常运行、需要总部关注并协调相关资源予以解决的关键难点和问题。

（2）“一应对”。“一应对”是指解决上述重点难点问题需要采取的应对措施。

（3）“一负面”。“一负面”就是指其他非重点任务可能对集团公司全局或局部工作产生重要负面影响的情况。

（4）“一综合”。“一综合”就是指集团公司全部业务或板块日常运行情况的综合计划、综合统计、综合分析、综合调度的结果。

在“4111”协同管控下，结合经营目标管理，按照“四重点”思路确定重点任务，按照不同类别实施重点任务分阶段管理，强化重点任务的计划管理，强调对重点难点问题及负面情况的科学应对，实施以时效性为特质的“周统计、月分析、季评估”的经济运行分析与调度，进一步提升激励的针对性和有效性。

第二章

“信”仰凝聚的政治驱动力

信仰象征着人类的理想，代表着人类不断探索追求的渴望，因为那里有我们未曾踏足的原始，鬼斧神工的辉煌，碧海青天的梦想。只有虔诚的信仰，才能够激发灵魂的高贵与伟大。在最危险的情形下，最虔诚的信仰支撑着我们；在最严重的困难面前，也是虔诚的信仰帮助我们获得胜利。信仰的力量激励着我们，为自己的理想奋斗终生。

信仰是最大化利益，是决定历史的巨大力量，是创造性力量和稳定性力量的主要源头。只有信仰的力量才能造就影响人类的奇迹。

习近平总书记曾讲过，“理想信念是共产党人的精神之钙”，“有梦想就会有创造”。站在未来谋现在，中国电科构筑“安全与智慧”事业定位的“电科梦”，凝聚成特色鲜活的激励文化，紧紧抓住“人”这一核心纽带，搭建党建工作与中心工作有机融合、相互促进的“路”与“桥”，按照可量化、能考核、求实效、重改进的原则，精心构建“一五五九”、“量化有效型”党建工作体系，推动党建工作与国有企业改革同步加强，打造全系统团结奋进的政治驱动力。

第一节 “量化有效型”党建工作体系架构

一、“量化有效型”党建工作总体架构

“一五五九”、“量化有效型”党建工作体系的总体架构是：紧紧围绕“一个目标”——打造“国内卓越，世界一流”企业集团，以加强党的思想建设、组织建设、作风建设、反腐倡廉建设和制度建设这“五大建设”为基石，以“七好领导班子”、“七好党组织”、“七好处室（班组）”、“七好党员”、“七型员工”这“五项争创”活动为着力点，为中心工作提供思想引领、作风形成、基础建设、干部人事、人才支撑、激励驱动、内控监督、文化凝聚、群团合力“九大保证”。

为有效推进“量化有效型”党建工作体系建设，中国电科党组借鉴国际通行的质量管理体系理念，对应党建工作体系“一五五九”架构，建立了一套科学有效的考评制度，明确了考核项目细则、评分标准和操作方法。

考评制度以“五大建设”为基本考评内容，主要考核应该做什么，做了没有；以“五项争创”为重要考评内容，主要考核基层党组织以“创先争优”引领和带动职工群众围绕中心开展各类特色活动的效果；以“九大保证”为关键考评内容，考评要素的设置不单纯追求对具体工作的量化，特别强调对工作结果的量化，对党建工作成效的考核不仅仅看做了哪些事情，开展了哪些活动，更重要的是看对推动中心工作发挥的作用和效果，将2/3的考核分值权重赋予“九大保证”板块，引导各级基层党组织把党建工作的重心放在“九大保证”上。

此外，还设置了“评优否决项”和“合格否决项”作为考评标准的负面清单。“量化有效型”党建工作体系，既是全系统推进党建工作的工作规范，又是集团公司加强从严治党制度运行的管理体系。依托这一工作体系，先后建立并完

善了党组（委）会议事制度、“三重一大”决策制度、落实从严治党要求的若干意见、改进工作作风密切联系群众的具体措施、落实党风廉政建设“两个责任”的实施意见、党风廉政建设责任制、惩防体系建设制度、加强学习型党组织建设制度、基层服务型党组织建设制度、党组（委）民主生活会制度、加强成员单位党委工作的指导意见、干部选拔任用与考核制度、加强高层次专业技术领军人才高素质技能人才队伍和创新团队建设的意见等40多项制度。

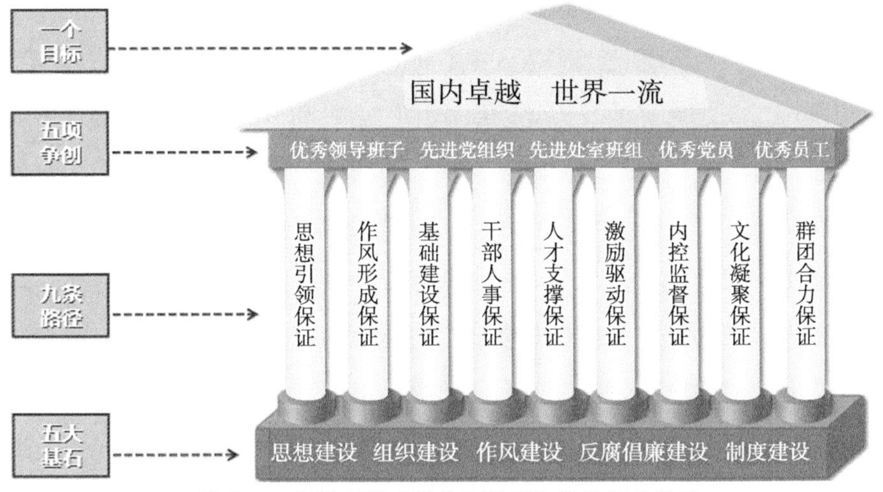

图 2–1　中国电科“量化有效型”党建工作体系

在“量化有效型”党建工作体系考评中，将制度的建立健全列为重要的考评要素，并将未完成集团公司下达的重点工作任务或主要经济指标设为评优否决项；同时将基层党组织未做到全覆盖、党组织机构未独立设置、专职政工干部的配备和待遇未到位、党建工作经费未落实等内容作为基层党组织考核的评优否决项；将领导班子和主要负责人出现重大违法违纪问题作为合格否决项，将领导班子其他成员出现重大违纪违法问题作为评优否决项；将发生重大决策失误、造成不良后果作为评优否决项，造成严重后果的作为合格否决项。考评结果纳入成员单位领导班子年度业绩考核体系进行综合评价，与领导班子成员年度薪酬直接挂钩。

二、"量化有效型"党建工作目的意义

全面提高党建工作科学化水平，为促进国有企业科学发展提供坚强的思想保证、政治保证和组织保证，是国有企业党建工作的一项重大而紧迫的任务。

近几年来，集团党建工作得到了明显加强，党建工作的优良传统得到了进一步传承，积累了许多好的经验和做法，为集团的科学发展提供了强有力的保证。但不容忽视的是，一些成员单位仍不同程度地存在着就党建抓党建、党建工作与中心工作脱节的现象。党建工作融入中心促进发展的创新思维不够，找不准融入中心的切入点，缺乏更好地发挥党组织作用的途径和方式。如何有效地解决融入中心抓党建、进入管理起作用的问题，迫切需要把党建工作的好传统、好经验上升为规律性认识，建立一套行之有效的、科学的新型党建工作体系。

制定和实施"量化有效型"党建工作体系的根本目的是要引导集团公司各级党组织，牢固树立党建工作也具有创造价值能力的理念，进一步提升党建工作的价值创造能力，使党建工作更好地服务于中心工作，不断提高本单位科学发展。

"量化有效型"党建工作体系的构建，必将有力推动全系统干部党员思维方式的转变，促进党建工作的方式方法创新，完善党建的制度规范，引领各级党组织紧紧围绕中心工作，充分发挥思想、组织、作风等各方面的保证作用，全面提高党建工作，推动集团发展。

在"量化有效型"制度体系建设中，党组注重将比较成熟的经验做法上升为考评标准和制度要求。在加强学习型党组织制度建设方面，总结提炼出理论联系实际的"三位一体"学习法，即学习变思路，做到理论与实践结合，防止党建工作与中心工作脱节，通过理论学习、务虚研讨，将班子和个人的学习体会转换成符合单位实际的改革发展思路，明确关系单位改革发展的各项大事；思路变措施，领导班子成员带着改革发展思路深入调研，进行验证和完善，及时提出落实改革发展思路的具体措施建议；措施变成效，领导班子成员齐心协力抓好具体措施的贯彻落实，完成若干项单位改革发展的大事，推动年度各项经济指标任务和

重点工作任务的完成。2014 年初，集团公司党组认真学习习总书记关于设计装备就是设计未来战争、提高基于信息系统的体系作战能力等有关国防装备现代化建设的一系列重要论述，大力转变思维方式，站在国防现代化需要的高度，重新思考全军综合电子信息系统如何建设、全军网络信息体系如何构建，带着问题深入基层调研，深入市场和用户沟通，有力促进了一系列国家重点工程的立项和实施。

在加强干部人事制度建设方面，党组在贯彻习近平总书记关于“好干部”20 字标准的基础上，结合集团公司实际，提出了“七好五强”好干部具体标准。“七好”是“坚定信念好、担当务实好、创新协同好、学识素养好、廉洁自律好、绩效贡献好、关爱员工好”；“五强”是“战略思维能力强、经营管控能力强、市场反应能力强、塑造团队能力强、文化引领能力强”。把好干部选拔任用的“动议—考察—决策”三道关口，严格工作程序，防止临时动议、个人说了算等现象发生。建立干部“三察预警”机制，重点考察三个关键点：一是在第一个任期中，主要考察干部选得是否正确，对拿不出办法、打不开局面的，及时调整；二是在第二个任期中，主要考察干部的经营管理行为是否正常，对投机取巧、玩数字游戏或搞短期行为的，进行调整；三是在第二个任期结束时，主要考察干部经历两个任期后的经营管理行为是否能长效化，与同行业比，业绩优秀、不断创新经营管理方法、推动本单位持续发展的领导干部，可以连任。

“量化有效型”党建工作体系的实施，使全系统对党建工作制度的落实有了统一的评判标准和尺度，提升了党建工作的规范性和科学性，使党组织发挥的作用组织化、制度化、具体化，保证党组发挥“把方向、管大局、保落实”的领导核心作用，党委发挥“参与决策、带头执行、有效监督”的政治核心作用，基层党组织发挥“推动发展、服务群众、凝聚人心、促进和谐”的战斗堡垒作用，广大党员发挥“牢记宗旨、心系群众，立足本职、干事创业”的先锋模范作用，形成了中国电科独特的精神动力，有力促进了集团公司持续快速发展。

三、“量化有效型”党建工作认识思考

中国电科党组通过加强党建工作推动思维方式、组织方式、工作方式“三个转变”，不断总结实践，探寻规律，逐步加深对国有企业党建工作融入中心、发挥作用、创造价值的认识。

第一，把国有企业党建工作的独特优势转化为企业的竞争优势、创新优势和科学发展优势，关键是要融入中心，搭建好与中心工作整合的“路”与“桥”。

第二，搭建好党建工作与中心工作紧密整合的“路”与“桥”，关键是要抓住“人”这一核心纽带。

第三，抓住“人”这一核心纽带实现党建工作的价值创造，关键要以“人”作用于中心工作的效果作为检验的标准。

第二节　“量化有效型”党建工作体系运行机制

一、“量化有效型”党建考评指标体系

中国电科“量化有效型”党建工作考评指标分为五大建设、九大保障、五项争创、党建满意率测评和党建品牌加分与党建负面清单六类指标。

五大建设指标分为思想建设、组织建设、作风建设、反腐倡廉建设和制度建设五项指标。

九大保障指标分为思想引领保证、作风形成保证、基础建设保证、干部人事保证、人才支撑保证、激励驱动保证、内控监督保证、文化凝聚保证、群团合力保证九项指标。

五项争创指标分为“七好”领导班子、“七好”党组织、“七好”处室、“七好”

党员、“七型”员工五项指标。

党建工作满意率测评指标对本单位党建工作总体满意度测评达到90%以上。

党建品牌加分指标分为集体荣誉加分、工作创新加分两项指标。

党建负面清单指标分为评优否决项负面清单、合格否决项负面清单两项指标。

二、“量化有效型”党建工作考评机制

（一）“量化有效型”党建工作的组织机制

要建立健全党委抓党建，书记对党建工作负第一责任，行政领导“一岗双责”，党委各有关部门齐抓共管，行政部门积极支持的“大党建”格局。集团公司党组书记、总经理与各成员单位党政主要负责人签订《中国电科党建工作责任书》。党委书记是第一责任人，单位行政正职是主要责任人。

集团公司成立党建工作领导小组，组织制定党建工作体系建设目标任务和年度计划，督导和检查成员单位党组织贯彻落实情况，根据情况变化及时总结并修改完善体系文件，组建考评小组对各成员单位党委的党建工作进行考评及分类定级、晋位升级管理。

集团党群工作部行使党建工作领导小组办公室职责，负责建设项目任务和年度计划的贯彻实施，检查指导成员单位党组织深入开展“量化有效型”党建工作体系建设，负责考评小组成员的培训和保障，负责对成员单位的现场考评并及时协调现场考评工作，做好考评资料的收集、整理、保存和归档工作，组织撰写考评工作总结、专题报告等材料，发现和推广先进典型，受理成员单位的申请、复查申报和申诉，及时听取成员单位的意见和建议，并根据领导小组的要求，修订完善体系文件，负责对体系文件进行解释。

成员单位成立党建工作领导小组和办公室，推进体系建设和管理工作，接受地方党委的指导，执行好有关规定和要求。

（二）“量化有效型”党建工作考评机制

中国电科党组以加强党的基层组织建设为抓手，深入落实“党要管党，从严

治党”的要求，以党的五大建设为核心，以“量化有效型”的考评指标的可量化、可考评、可改进、可自我完善为要点，开展了考评工作。

每年由集团党组专门组织量化有效型专家组成的考评组，对所属各级党组织进行全方位的考评，并将考评作为全面经营管理绩效考核的重大权重系数。

“量化有效型”党建工作考评实现了党建工作融入中心的路线图，把党建工作的成效与成员单位的经营考核有效衔接，与成员单位主要负责人、班子成员的绩效工资有效对接，与全体员工的收入水平间接相关，使党建工作彻底摆脱了“说教”，摆脱了“两张皮”的现象。

（三）“七好”系列荣誉评选机制

根据中组部“四强四优”考评要求，结合电科实际情况，落实党组“七好”党组织建设的要求，评选“七好”领导班子、“七好”党组织、“七好”处室、“七好”党员、“七型”员工。

（四）党建融入中心工作的路径机制

集团党组全面落实党风廉政建设责任制，明确党委主体责任和纪委监督责任，把“权力关进制度的笼子里”，通过思想引领保证、作风形成保证、基础建设保证、干部人事保证、人才支撑保证、激励驱动保证、内控监督保证、文化凝聚保证、群团合力保证九大保证制度的建设，建立行之有效的制衡和监督体系。着力提高制度的科学性、系统性、权威性，切实做到制度管权、制度管人、制度管事，推进党风廉政建设和反腐败工作的规范化。

（五）考评流程机制

按年度实行考评，考评时间为次年第一季度。

考评流程为：各成员单位年度自评（年度自查报告、评分表、评分汇总表）、现场考评（现场考评的准备工作、召开首次会议、进行现场考评、形成考评意见、召开末次会议、提供相关佐证材料）、形成考评结果（考评记录表、结果汇总表、满意度测评表、考评意见表）、上报汇总考评结果、领导小组提出分类定级意见、党组审定、成员单位整改、办公室落实督查。

（六）持续改进机制

“量化有效型”党建工作体系追求卓越，通过持续改进，不断提升科学化水平，通过学习优秀企业、系统内较好单位的经验，系统梳理考评中暴露出来的问题、差距和薄弱环节，查找原因，制定整改措施，落实整改责任。在重点突破的基础上，以点带面，带动党建工作其他问题的改进。在整改的过程中，不断完善制度，改革创新机制和方式方法，实现制度化、规范化、程序化、长效化，及时进行总结和自我评价，推广体系建设中的好经验、好做法，形成管理提升的长效机制。

（七）分类定级和奖惩机制

按照成员单位体系考评得分结果进行排序，并按照“优秀”、“良好”、“合格”、“较差”、“差”五个等级进行分类定级。出现“评优否决项”的，最高定级为“良好”，出现“合格否决项”的，最高定级为“较差”。考核结果用于单位、领导班子成员、工资总额的奖惩。

三、“量化有效型”党建考评结果应用

“量化有效型”党建工作考评结果，一是纳入成员单位领导班子年度业绩考核体系进行综合评价；二是直接应用于对成员单位的考核之中，以直接权重影响着经营业绩的考核结果；三是直接应用于对成员单位主要负责人的绩效兑现之中，以绩效系数的权重影响个人绩效总额；四是间接应用于对成员单位其他负责人的绩效兑现之中，与岗位系数相关联，间接影响领导班子副职或相应的非领导职务人员的个人绩效总额；五是间接应用于对成员单位全体员工的工资总额的核定之中，与主要关联系数和辅助关联系数一起间接影响成员单位的工资总额。

CETC
中国电科大学

中国电子科技集团公司2016年成员单位主要领导专题培训班

第二章

|第三章|

“新”益求新的组织驱动力

《乔家大院》里的孙茂才，由穷酸到落魄至乞丐，后投奔乔家，为乔家的生意立下汗马功劳，享有“大掌柜”的一定地位。因私欲被赶出门后，孙茂才又想投奔乔家的对手钱家，钱家对孙茂才说了一句话，让人记忆深刻：不是你成就了乔家的生意，而是乔家的生意成就了你！最终孙茂才再次陷入了落魄。

组织建设的中心，就是搭平台。搭建什么样的平台？如何搭建平台？是经营者的思虑，是人才寻觅的舞台，也是企业精益求精、新益求新、历久弥新的不断创新发展的机遇，因为，平台成就人才，善用人才，方能成就事业。

几个人在一起，为完成一个共同的目标而努力的时候，组织便产生了。在当今社会中组织无处不在，不论多么小微的公司，都是一种最广泛和最普遍的组织。今天，不得不承认，正是公司这种组织最大限度地加速了财富的聚集，推动了技术的进步，促进了经济的繁荣，改变了世界的容颜。

据统计，在当今世界最大的 100 个经济体中，有 51 个是公司，49 个是国家；全世界 256 个国家中有 161 个国家的财政收入比不上一个沃尔玛公司。而近代推动社会进步的所有重大发明，80%以上是由公司产生的，也就是说，现代意义上的公司经过严密的组织后，通过管理、激励手段，极大地激发和放大了公司员工的创造性和潜能，最终取得了 1 加 1 远远大于 2 的经营效果。当然，国家也是一种形态的组织，只不过与经济体相比，目标任务不同罢了。所以说，组织的力量是无穷大的，就看你如何构建组织、如何发挥组织的效能。

正如北京大学教授孔庆东先生所说："现代化的核心体现就是组织，现代和传统的差别就在于组织的程度。帝国主义为什么能够打败一个拥有 4 万万人口的大国？败就败在组织上，跟什么船坚炮利，跟什么科学、民主、自由都毫无关系，人家来了 100 人，这 100 人是有组织的，八旗子弟几十万，这几十万是没有组织的，有没有组织是一个本质性的差别，所以数量没有意义，这就叫现代化，这就是现代化的威力。"

组织的力量来源于哪里？近代，以泰勒和德鲁克为代表的一批管理学家，经过研究给出了答案：一是组织中的个体对于组织目标的高效认同并产生一种使命感；二是组织成员之间的相互影响、相互学习；三是职责明确后让成员能专注于自己负责的领域从而显得更专业和更有效率；四是资源合理配置后产生的效率；五是组织领导人的坚强有力的意志和示范作用对组织成员的影响；六是组织领导人的远见和智慧对组织目标的巨大贡献；七是组织领导人的冒险精神和精于管理、善于合作、敢于利用比自己能力更强的人的胆识。

传统企业的原始动力向创新型企业的新动力的转变，是企业由小到大、由弱到强、由内敛到开放、由常规发展到跨越式发展的本质蜕变。不断通过思维方式、工作方式、组织方式的"三大"转变，通过"互联网+"的新型商业模式，通过习近平总书记设计的"一带一路"的新战略布局，通过企业与市场的深度融合，把传统企业推入转型升级的轨道。这一切活动产生的外在动力，时时刻刻冲击着企业变革的敏感神经，集聚着改革创新升级发展的内在动力和驱动力。

习近平总书记提出"必须把发展基点放在创新上，通过创新培育发展新动力，塑造更多发挥优势的引领型发展"。中国电科依托前瞻性的战略布局，影响着产业生态变量，撬动着电子信息领域市场的变迁；中国电科努力把激励打造成为多主体、多元素共同协作的统一行为，着力塑造企业创新发展的管理长板，积极探索多元激励协同动力机制，以集团化管控为主导，推动建立了“三层三级”组织管理体系，创新设计 3D 架构的薪酬管理工作模式，有效形成了激励协同的工作组织模式。

第一节　组织驱动的分层架构

一、集团组织管理架构

中国电科通过主管业务体系改革，理顺资源配置关系，构建“三层架构、两级经营”的组织管理架构，缩短经营链条，控制管理成本，提高管理效率，提升集团公司战略管控能力。

（一）三层架构

集团公司领导、发展战略委员会及战略规划管理、业务综合管理、科技创新管理、资产经营/资本运作管理、预算管理、业绩考核与薪酬管理、风险管理等主营业务发展相关部门共同构成主营业务体系战略管理层。总体院、功能系统院、产业子集团、民品产业研究院等构成主营业务体系经营与服务层。研究院所、专业公司、重点实验室等构成主营业务体系经营与支撑层。其中经营与服务层、经营与支撑层的研究院所同属集团公司二级成员单位。

（二）两级经营

集团公司总部逐步实现对二级成员单位的战略管控，各主营业务体系均设置两级经营主体。其中：

军工电子按照体系类、功能类、产品类等层面分为集团公司/总体院与功能系统院、集团公司/总体院与研究所、集团公司/研究所三种模式。

民品产业分为集团公司与产业子集团、集团公司与上市公司、集团公司与专业公司三种模式。

（三）创新组织架构

中国电科以构建开放协同的技术创新体系为主线，以自主创新能力建设为核心，以体制机制创新为动力，以汇聚创新资源和高层次人才为重点，加强顶层设计，优化专业布局，为成体系开展攻关，实现重点突破，促进军民融合，充分发挥科技对军民业务的引领和支撑作用，实现创新驱动发展，满足国民经济和国防建设的需要。技术创新体系重构＝“三三制”技术创新体系＋运行机制。

一是重构“三三制”技术创新体系架构。实现军工、民品、科技“三业互动”，强化系统、整机、元器件/软件“三级协同”，形成核心层、紧密层、松散层“三层布局”。

三业互动：军工，加强国防武器装备以及工程的创新；民品，加强国民经济建设领域的产品和工程的创新；科技，加强基础性、前沿性和共性关键技术研究，组建专门机构和队伍。

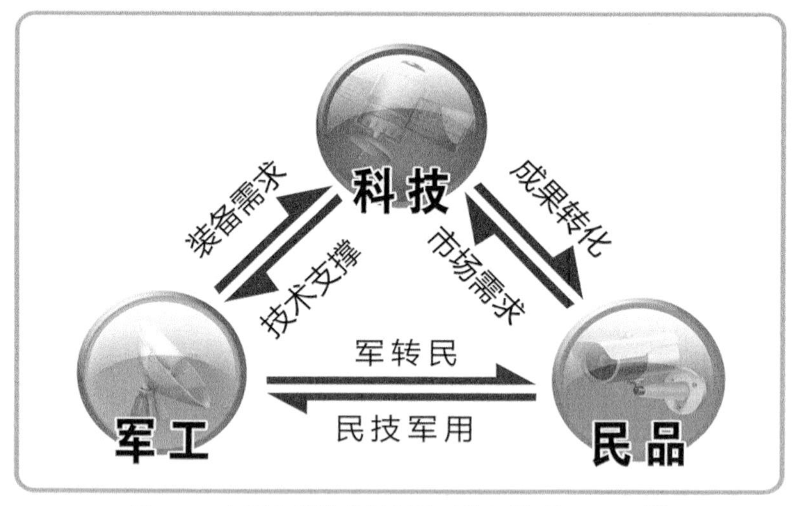

图 3-1　中国电科技术创新体系构架的“三业互动”

三级协同：以提升综合竞争能力为目标，为成体系布局系统、整机、元器件/软件等产业链上下游的技术攻关，三级协同推进，实现关键技术群体突破，避免“短板”效应，确保核心技术自主可控。

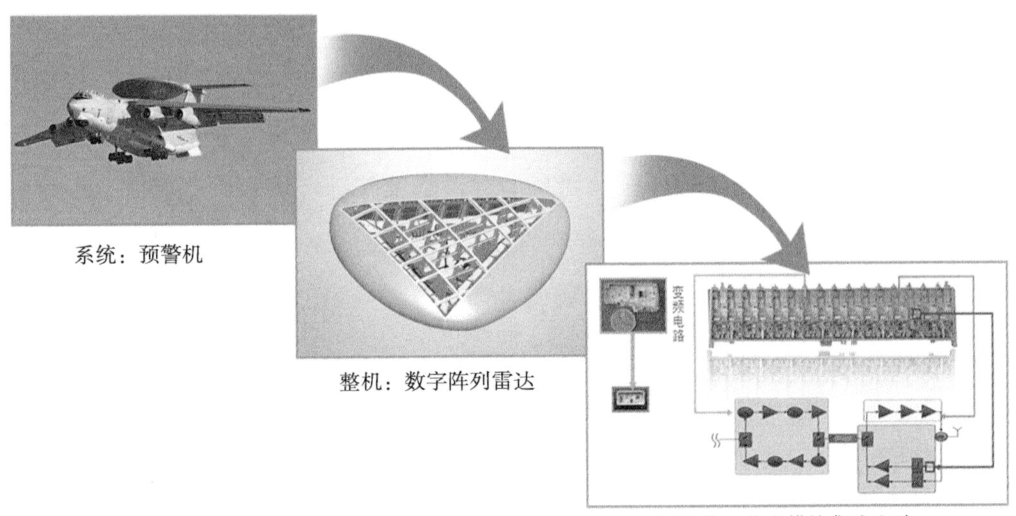

图 3–2　中国电科技术创新体系构架的“三级协同”

三层布局：按照核心层、紧密层、松散层构建开放协同的创新平台。

核心层，指中国电科投资并负责运营的创新平台，如国家、国防、集团公司重点实验室、工程中心、技术中心等。

紧密层，指与院校、用户等投资共建共管的协同创新中心，如中国电科—西安电子科大雷达协同创新中心，中国电科—电子科大核心材料与电子器件协同创新中心，中国电科—南京军区某协同研究平台等。

松散层，指与国外优势创新机构建立了常态化技术合作机制的创新平台，如中国电科—欧洲微电子中心技术合作平台，中国电科—法国泰雷兹技术合作平台等。

二是建立保障技术创新体系良好运行的机制。围绕“三三制”技术创新体系建设和运行要求，中国电科在体制机制方面做了大量工作，发布并实施了一系列规章制度以保障技术创新体系的良性运行，即七大机制：

（1）跨专业领域的协同创新机制。与南京军区、空军等军队用户共同建立专门的协同创新平台，共同研究作战需求生成机制，建立作战应用效能评价和综合保障体系。大幅缩短了“需求—研究—应用”的转化周期，有力促进了新型装备研制开发，提高了信息化武器装备适应实战需求的能力。

（2）基于技术显性化的知识产权全过程管理机制。设计了关键技术结构表述方法，每项关键技术通过模型、方法、流程、工具等要素进行具体细化描述，实现技术“显性化”，为知识产权策划布局提供坚实基础。将知识产权全过程管理贯穿科研工作流程，实现知识产权与科技项目“三同”：同立项、同检查和同验收。以此使科研项目攻关目标更加明确，创新着力点更加集中，创新成果更易于得到及时保护、运用和管理。

（3）基于市场价值的科技考核评价机制。中国电科制定了《知识产权管理办法》、《专有技术认定与管理办法》等制度；在国家相关制度出台之前，已在相关管理办法中明确将不低于30%的知识产权转移、转让和作价入股所得收益奖励给发明人，并不占工资总额，同时兑现了激励政策。

（4）基于智力要素参与分配的奖励激励机制。如技术要素参与分配的岗位分红、知识要素参与分配的成果转化收效分红等。

（5）科技人才跨单位良性流动机制。在重点实验室、协同创新中心等各类技术创新平台中，建立高层次专家流动机制，通过设置首席科学家冠名工作室、重大项目协同论证与专家监理等方式，构建高层次人才“引得进、用得好、回得去”的良性流动环境，使人才在流动中拓展视野、提高创新能力。

（6）基于创意辅导孵化的市场化创新资源配置机制。建立“创意—技术”、“技术—产业”两级孵化和导师辅导机制，为项目团队提供技术、产业、投资、商业模式、财务管理等全方位指导和服务的创新资源市场化配置模式，成功策划并举办了中国电科“熠星”创新创意大赛。

（7）建立了以“预警机精神”为核心的创新文化。形成了“自力更生、创新图强、协同作战、顽强拼搏”的预警机精神。

图 3-3　中国电科技术创新平台

二、集团薪酬管理架构

着力构建“三层三级”薪酬管理组织架构。针对集团总部、事业部/子集团、成员单位的三层架构，建立集团公司薪酬委员会、片区薪酬专业联盟、成员单位薪酬委员会的三级组织架构，形成一体化薪酬激励工作责任体系。

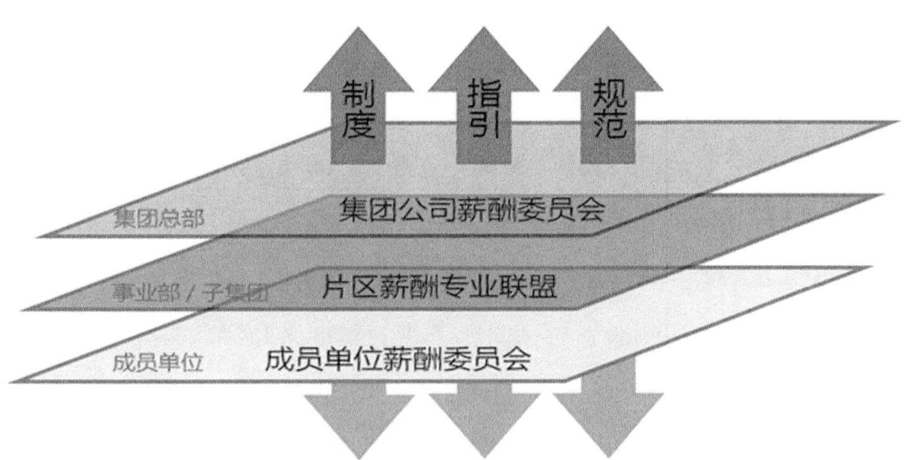

图 3-4　中国电科“三层三级”薪酬管理架构

系统梳理国家部委与地方政府、集团公司、各成员单位在薪酬激励方面的制度、指引和规范，构建起“三级三类”的薪酬管理制度架构，又通过建立薪酬专项课题研究机制，采取“先试点、后规范、再固化”的工作步骤，使薪酬管理制度“纵向相容、横向互补、内部贯通”，形成全系统相对统一、分级分类的薪酬、绩效、福利一体化的激励制度体系，实现了“考核有规则、兑现有依据、过程有记录、结果可追溯”的集团化薪酬管理目标，推动薪酬激励工作的标准化、规范化、科学化。

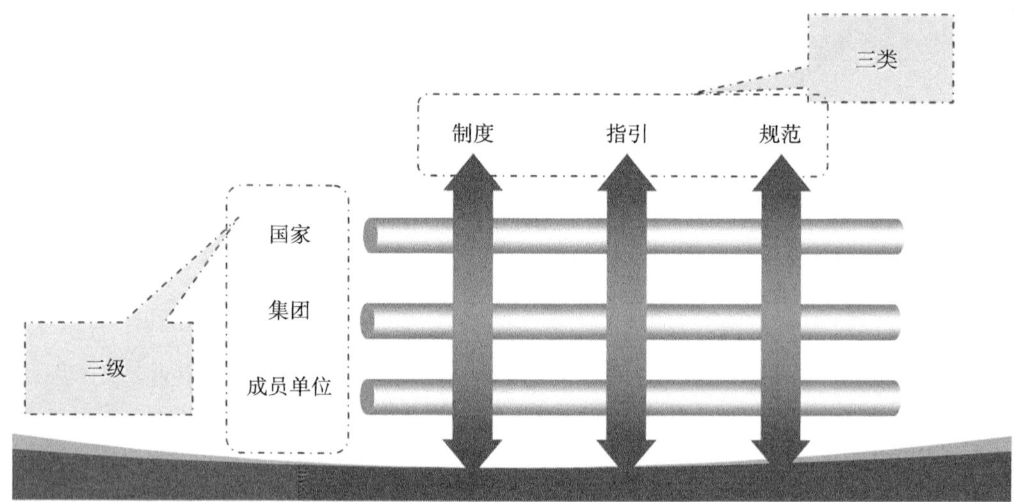

图 3-5 中国电科薪酬管理的“三级三类”管理制度架构

三、集团薪酬业务架构

中国电科对标业界最佳实践，紧密贴合集团公司和成员单位的工作实际，构建业务共享中心、专家团队和合作伙伴族群组成“3D”业务架构。将 63 家成员单位划分为四大片区，并以片区为单元组建合作伙伴族群，定期开展专题研讨，发现制约集团发展的薪酬激励瓶颈问题，作为年度激励课题研究指南的重要输入；集团公司聘任内外部专家组成专家团队，针对激励课题，快速响应并组织专项攻关，量身打造专业化解决方案；集团薪酬业务共享中心为薪酬管理制度的规范执行和有效运营提供支撑。

2015 年，以中国电科薪酬管理实践为蓝本的“国有大型企业集团提升人力资本价值创造能力的薪酬管理”研究成果获得第 22 届全国管理创新成果一等奖。

新的业务架构与工作模式，在短短的 2 年时间内，迅速解决了薪酬管理的规范性和管理方法工具的科学性问题，通过政策、制度、方案的研究，结合外部专业团队的加盟，塑造了一支理论功底深厚、实践经验丰富的薪酬专家队伍，有效提高了薪酬管理的专业化程度和工作效率，全系统薪酬管理工作效能明显提升。

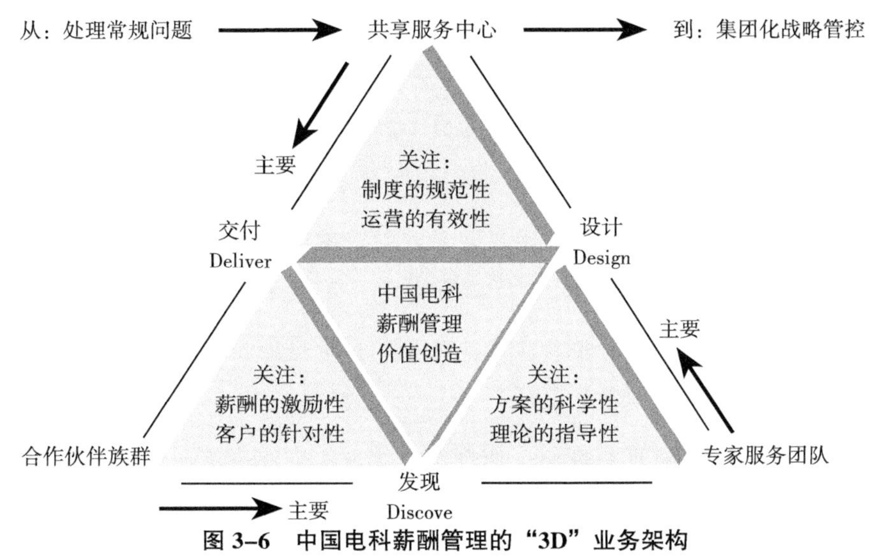

图 3–6　中国电科薪酬管理的"3D"业务架构

第二节　组织驱动的管理模式

一、集团薪酬工作手册管理机制

集团公司建立薪酬管理手册和工作规范制度，明确薪酬管理的内涵、职责、工作流程、规范和评价标准。薪酬手册涵盖了全部薪酬管理的业务工作，体现了集团公司以薪酬管理为抓手的集团化管控的思想。

薪酬手册共有七本：

第一本手册是成员单位负责人薪酬手册，规范管理成员单位负责人的薪酬标准、绩效核算、职级待遇、津补贴以及中长期激励，实现正常发放、绩效兑现、监督评价和负面清单的管理一体化。第二本手册是成员单位工资总额手册，规范二级成员单位的工资总额的配置预算、正式预算，实现单位与单位之间的额度分配管控、单位内部的额度分配调控，按“4111”协同调度的工作方法和“月管控、季分析、半年评估”的协同管控方法的要求，实现工资总额的集团化管控。第三本手册是成员单位薪酬竞争力手册，规范成员单位的薪酬外部竞争力评价的标准和参考系，为开展薪酬对标、平衡员工薪酬预期奠定基础。第四本手册是成员单位工资薪酬报表手册，规范上级和集团的各类与薪酬有关的报表的填报口径，统一数据来源，为精准分析和数据决策提供依据。第五本手册是成员单位收入台账手册，记录单人单笔的收入数据和总账。第六本手册是薪酬管理成熟度评价手册，记录管理水平的评价与排名。第七本手册是集团公司薪酬调查手册，开展集团内外的薪酬调查。

集团公司把薪酬管理手册与工作规范作为对二级成员单位规范管理的手段，一方面保证了薪酬数据来源的真实性，另一方面为薪酬管理的信息化奠定了规范化的标准，保证了薪酬信息系统的数据的一致性规则。

中国电科快速成长并且一直在换挡提速，依托的是研发技术、生产技术、管理技术的多种要素革新求变，具备商业价值、社会价值乃至产业尊严的多重意义。我们关注创新者，更关注从创新者到领军者的蝶变，他们顺应也加速了这个时代的变迁。

二、集团工资预算告警约谈机制

中国电科建立了工资总额全面预算管理，按照“月管控、季分析、两评估”的管控模式，设置了四级告警约谈机制。

（一）一级告警

一级告警的条件：工资总额超过配置预算的 60%，同时责任目标指标完成率低于 50%的成员单位。

一级告警的约谈：凡达到一级告警条件的成员单位，由集团人力资源部主任或主管副主任（集团薪酬处长和单位人力资源部主任参加）对单位的主要负责人和总会计师进行约谈，提出整改要求，确保当年工资总额不出现严重的超提超发问题。扣减薪酬成熟度评价 20 分。

（二）二级告警

二级告警的条件：工资总额超过配置预算的 60%，同时责任目标指标完成率高于 50%的成员单位。

二级告警的约谈：凡达到二级告警条件的成员单位，由集团人力资源部主管副主任（集团薪酬处长和单位人力资源部主任参加）对单位的薪酬管理负责人和总会计师进行约谈，提出整改要求，确保当年工资总额不出现超提超发问题。扣减薪酬成熟度评价 10 分。

（三）三级告警

三级告警的条件：工资总额超过配置预算的 50%，未超 60%，但责任目标指标完成率高于 50%的成员单位。

三级告警的约谈：凡达到三级告警条件的成员单位，由集团人力资源部集团薪酬处长对单位的薪酬管理负责人和总会计师进行电话提醒，确保当年工资总额不出现超提超发问题，确保当年责任目标的完成。

（四）四级告警

四级告警的条件：工资总额超过配置预算的 50%，未超 60%，但责任目标指标完成率低于 50%的成员单位。

四级告警的约谈：凡达到四级告警条件的成员单位，由集团人力资源部集团薪酬处长对单位的人力资源部主任进行电话提醒，确保当年工资总额不出现超提超发问题，确保当年责任目标的完成。

三、集团专业培训机制体系建设

中国电科通过培训（教育）体系来实现员工的培养激励。

（一）培训理念子体系

体系之所以能够把自身各要素有机地整合在一起，形成一个自组织系统，关键在于独到的理念的引领与支撑，在教育培训体系大厦中起着奠基石的作用。

中国电科的培训理念体系分为四个层级，一是培训文化层级，二是培训理念层级，三是培训基础理论层级，四是培训理论模型层级。四个层级以鲜明的中国电科特色为标志，体现了中国电科领导人员系统思维、文化引领、理念为先、创新协同的培训体系设计思想。

（二）培训组织管理子体系

在中国电科培训体系中，组织管理体系、信息化网络体系等共同成为理念体系向具体实践转化的桥梁，它们是理念体系外化的中间环节，在整个体系中起着承上启下的作用。

为使培训资源有力支撑培训运营活动，通过培训组织管理体系，运用信息化手段，建立中国电科培训信息化网络体系，形成国家级、集团级、成员单位和培训管理部门的四网一体信息化系统。运用组织系统论的方法，建立起组织管理体系、培训制度体系、培训机构体系、预算保障体系、运营机制体系，使组织管理体系高效有序、管控有力。

中国电科统筹集团公司教育培训资源，成立中国电科大学。依托相关成员单位，分区域归类合并设置各类人员培训基地，形成行业领先的多个国家级人才培训基地。搭建起集团公司各类人才能力素质培养提升的公共平台。建成以“电科党校”（干部学院）、战略学院和“研究生院”为核心的中国电科大学北京总部，分区域、有计划、分步骤地建设“五大学院”（商学院、经管学院、技术学院、技师学院、网络学院）、“四大板块”（培训板块、资格认证板块、职业鉴定板块、研究生教育板块）、“六大基地”（东北、华北、北京、西北、西南、华东国家级人才培养基地），初步形成中国电科教育培训的“一二五四六”新格局（一个总部，二级管理，五大学院，四大板块，六大基地）。

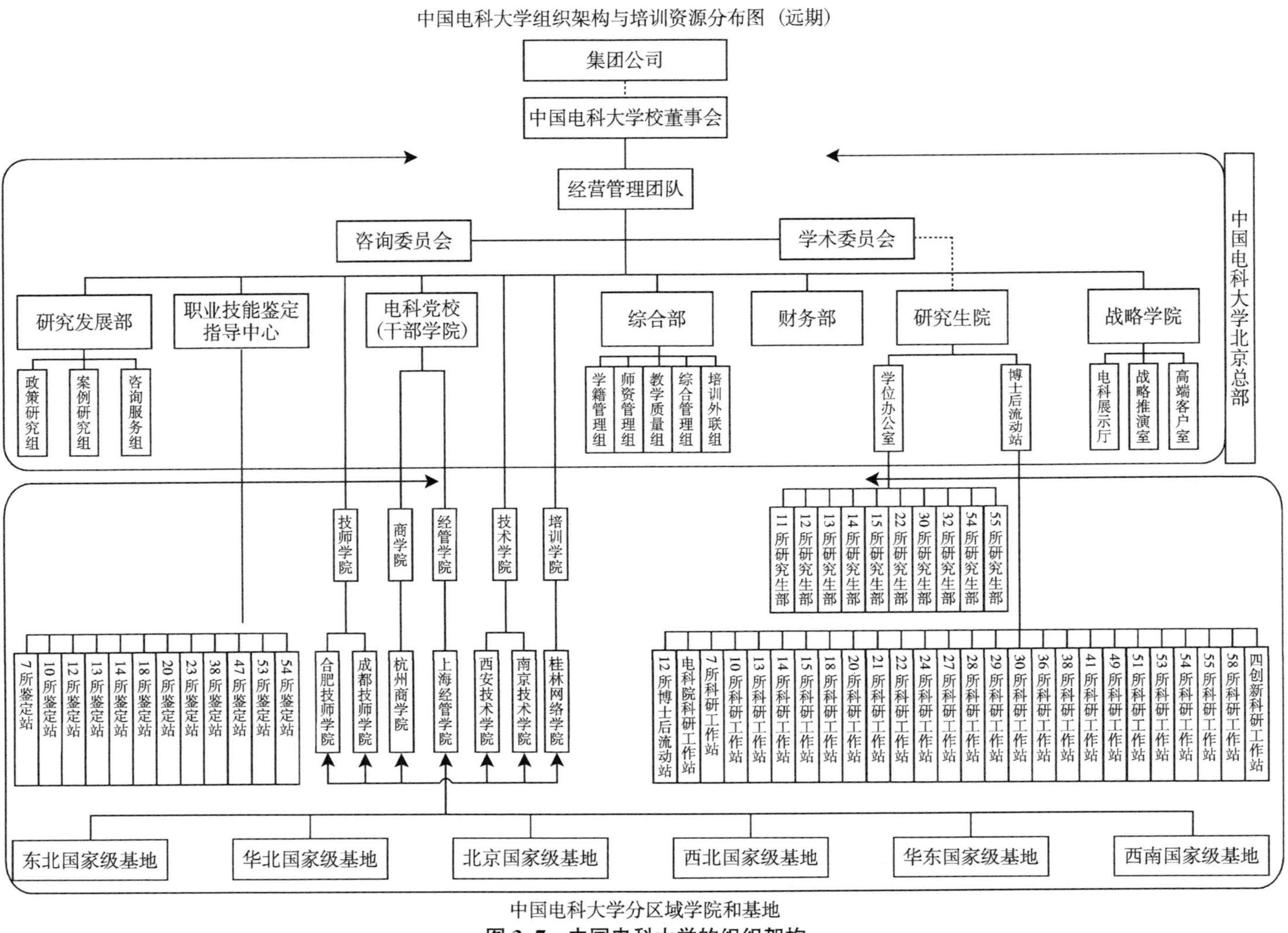

图 3-7 中国电科大学的组织架构

（三）培训资源子体系

中国电科培训资源体系设计了六大资源保障子体系，即培训课程体系、培训师资体系、培训教材体系、培训知识体系、培训方法体系、培训效果评估体系六大子体系。每个子体系都以满足“三层四类”培训运营活动的需求，结合中国电科的企业经营、科研生产、服务保障全过程的实践活动，形成独具特色的“三层四类”培训的资源保障能力。

（四）培训运营子体系

结合中国电科人才队伍结构，运用分层分类培训的理念，将培训活动分为国家管控级、集团管控级和成员单位管控级，将培训对象分为技术型、经营管理型、市场营销型和技能操作型人才，将培训课程分为战略性、关键性和系统性课程，形成基于胜任力的中国电科“三层四类”培训的运营体系。

（五）培训目标子体系

中国电科培训目标体系由人才总量目标、人才质量目标、四支队伍的结构目标、五大业态的人才配置目标、各专业领域的人才需求平衡目标五大目标构成。

要不断根据形势和任务的变化，滚动修编规划目标，调整培训目标体系的各项指标，使中国电科培训更具企业特色，做到新员工培训系统化、全员培训经常化、干部培训制度化、接班人培训专业化、专业培训持续化。

（六）中国电科“三层四类”培训体系图

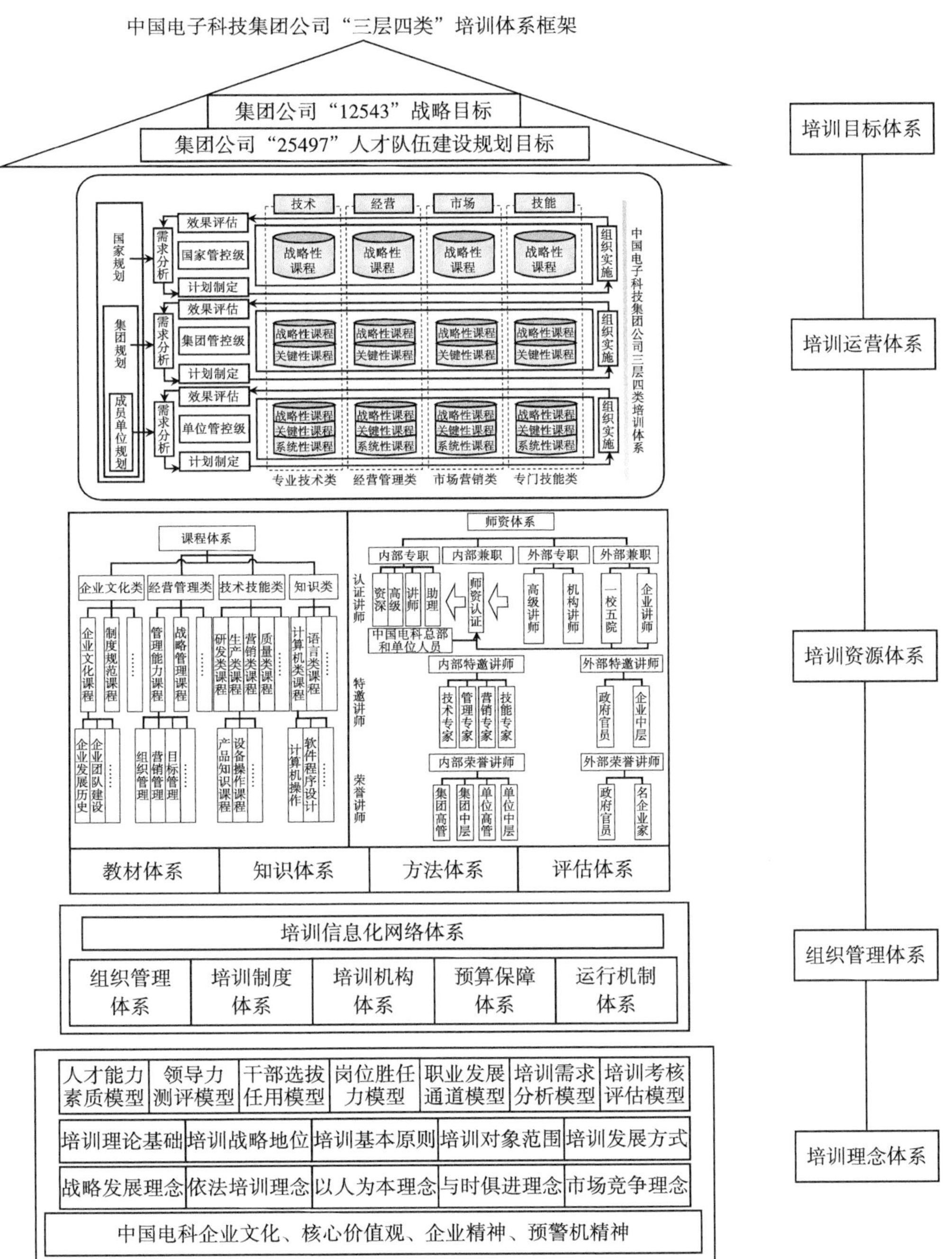

图 3–8　中国电科大学的“三层四类”培训体系架构

CETC
五级
薪
中国电子科技集团公司第二十九研究所
“五元”薪酬管理体系先进单位标兵
中国电科人力资源部

第三章
薪

| 第四章 |

“薪”酬分配的利益驱动力

利益是最小化的信仰，利益的力量既有凝聚力，又有离心力，追逐利益的极端是走向毁灭性的力量。信仰是最大化的利益，是焕发无穷的、稳定的力量的思想动力、精神动力。利益与信仰是天下大势“分与合”的决定性力量，利益主“分”，信仰主“合”，只有利益与信仰求得平衡，天下才会和谐稳定。

薪酬是职业人的利益追求，是劳动力价值的度量衡，是个体劳动力价格的利益最大化的驱动力，没有薪酬就没有持续稳定的劳动力供给。劳动创造财富，财富是现代社会的基石；薪酬分配是生产力得到解放的最重要、最核心的生产关系，是促进生产结构向最优化流动的推动力，薪酬是现代社会发展的利益驱动力。

习近平总书记要求“逐步规范国有企业收入分配秩序，实现薪酬水平适当、结构合理、管理规范、监督有效”。中国电科以提升人力资本价值创造能力为核心，构建了一套既有正向激励，又有负向约束，既鼓励创新，又宽容失败的“3+1”薪酬体系，其中 3 是三个制度，即工资总额管控制度、五元薪酬制度、谈判工资制度，1 是一个机制，即多元激励协同动力机制，劳动、知识、技术、管理和资本“五重”生产要素参与分配，形成多元激励的利益协同驱动力。

第一节　薪酬分配管理体系总体架构

一、薪酬分配原则

（一）按劳分配的原则

按劳分配的原则是我国收入分配的最基本原则，也是中国特色社会主义理论的重要构成部分。按劳分配原则是马克思在《哥达纲领批判》中首先提出的，列宁在《国家与革命》中进一步加以阐述。对这一原则的认识及其在我国社会主义建设中的贯彻，有一个曲折的发展过程。按劳分配原则是指把劳动量作为个人消费品分配的主要标准和形式，按照劳动者的劳动数量和质量分配个人消费品，多劳多得，少劳少得。

按劳分配的核心是“劳”，但是，对“劳”却有不同的理解。“劳”首先被理解为个体的“劳”，其次被理解为劳动本身，最后被理解为只有复杂简单之分，而没有优劣之分。这种理解是职工对分配不公产生疑惑的根源。笔者认为，在当前市场经济条件下，“劳”应该理解为有效劳动（适合市场需求的劳动），当需求不断地大于供给，有效劳动就会不断地降低，这是劳动价值的基本规律。如何在薪酬体系设计中提升有效劳动，这是供给侧改革中最关键的要素，许多人将按劳分配错误地理解，迎合民粹主义的幻想，提出薪酬能升不能降的观点，是一种彻头彻尾的认识误区，特别是在国有企业中。

在计划经济条件下，国家实际上是一个大企业，不同的职工在不同的工厂里，但实际上仍然是国家这个大企业的一分子。那时，按劳分配是由国家进行的，每个职工都是平等的，因而把“劳”理解为个体的“劳”，尚有某种合理成分。改革开放后，国家不断向企业放权，最终使企业成为独立的法人。在这种情况下，国家进行按劳分配，面对的不再是职工个体，而是企业。因此，再把“劳”理解为个体的“劳”，就很不妥当了。笔者认为，在市场经济条件下，按劳分配的“劳”首先应当理解为是企业的“劳”。国家通过宏观管理这只“手”，市场通过“看不见的手”，共同对企业进行按劳分配。企业的“劳”越多，获得的分配也就越多。

（二）工效挂钩原则

工效挂钩是指企业工资总额同经济效益挂钩。工效挂钩办法是国家对国有企业工资总额进行管理的一种形式。具体做法是，企业根据劳动保障部门、财政部门核定的工资总额基数、经济效益基数和挂钩浮动比例，按照企业经济效益增长的实际情况提取工资总额，并在国家指导下按以丰补歉、留有结余的原则合理发放工资。

最早的工效挂钩发生在20世纪80年代改革开放初期的国营企业，当时是计划经济时期，工人工资管理得很严，为提高企业和工人的生产积极性，当地财政部门尝试着将企业当年的经济效益与该企业的全年工资总额进行挂钩，即效益越好，工资越高，当然，还有底线工资，这也是20世纪80年代工资改革的一项重要内容。

工效挂钩随着我国改革开放的征程，走过了三十多年的岁月，可以说，它对我们薪酬管理理念的形成，对国有企业的改革发展，都起到了巨大的作用。

希望工资水平只升不降，共享改革开放的成果，这个诉求听起来合情却不合理，因为我们的国有企业，它首要的属性是企业，企业会受到市场的影响，效益有好有坏，西方企业在效益不好时，有两种途径可以应对市场的变化，一是减员，二是降薪，而我们的国有企业，要义不容辞地承担社会责任，要维护社会稳定，减员是不可轻易而为的举措，所以只有减薪一条路可走。因此，对工效挂钩的认识，就是对推进“三能”改革的深度认识。

（三）市场化原则

中共十一届三中全会开始改革开放、十四大确定社会主义市场经济体制改革目标以及十四届三中全会做出相关决定以来，我国经济体制改革在理论和实践上取得了重大的进展，社会主义市场经济体制初步建立，以公有制为主体、多种所有制经济共同发展的基本经济制度已经确立，全方位、宽领域、多层次的对外开放格局基本形成。纵观三十多年的改革历程，集中到一点就是逐步探索和推进我国经济市场化的进程。

市场化原则是市场交易活动中必须遵循的规则和秩序的根据，主要包括自愿、平等、公平、诚实信用。它从不同的方面，规范着市场上买卖双方的交易方式和交易行为。

但是，在薪酬的市场化方面，存在着一个很具有欺骗性的误区，那就是薪酬的市场化对标。很多专业咨询公司，片面地强调薪酬的市场化，在对标对象上的选择、数据的获取、边界条件的界定等维度方面，存在很大的缺陷，造成了社会上对薪酬水平的认识偏差：一是薪酬的市场化对标，理应是全方位的对标，要对标分配理念、管理水平、企业发展阶段、所处行业、所处国家地区、效益水平等多个维度，不能仅仅对标薪酬的水平；二是对标的市场必须是成熟的市场或是完善的市场，如果市场不成熟、不完善，对标数据的获取就会存在不真实的情况，数据的有效性就会存在质疑，也就是说会使对标结论不产生偏差，同质化的对标结论基本上认为国有企业是激励不足的问题，而真正的结果，也许存在约束不足的可能；三是对标要有人力资源管理的基础，对标企业要有薪酬战略，对标的指标体系、评价方法体系等，按照市场化的薪酬管理，不是否认市场化，而是要认识、认清、认准市场化，要从多个维度、多个要素来对标市场化。

二、薪酬分配体系

中国电科薪酬体系由“3+1”体系构成，“3”是三个体系，分别是工资总额管控体系、五元薪酬体系、谈判工资体系，“1”是一个激励体系。工资总额管控体系解决的是集团化管控和宏观层面的利益分配问题；五元薪酬体系解决的是全系统薪酬管理的规范性问题；谈判工资体系解决的是特殊人才的待遇问题；激励体系解决的是全系统的微观利益分配问题。

（一）工资总额管控体系

集团公司把工资总额的管控作为集团化管控的手段，逐步把工资总额的预算管理转变为绩效总量预算的管理。固定部分通过对人数的管理计算出来，绩效总量通过与效益的联动，与主要经济指标挂钩来进行测算。

集团公司负责成员单位收入水平的宏观调控、总额的调控。

工资总额=工资总额基数+工资总额效益联动转固数+工资总额单列数

集团公司工资总额管理实行全口径预算，从2017年起，成员单位工资总额由固定部分和浮动部分组成。

工资总额的固定部分，由成员单位所在地的社会平均工资标准与单位的人数来决定，单位人数是指全口径人数，包括合同期在一年以上的各类人员。

工资总额的浮动部分，以经济效益为主的单位，由成员单位的经济效益、上年度的全面经营责任目标的考核情况来决定；以战略投资为主的单位，在战略投资期内由以经济效益为主的成员单位的平均值、上年度责任目标考核情况、战略投资系数等来决定；以研发为主的单位，由成员单位的经济效益、上年度的责任目标考核情况、研发创新系数来决定。

工资总额单列项目包括：

（1）成员单位负责人工资总额单列。

（2）重点实验室、创新中心等机构的工资总额单列。

（3）千人计划、青年千人计划等工资总额单列。

（4）职业经理人工资总额单列。

（5）高端人才工资总额补助单列。

（6）低于当地社会平均工资的工资总额补差单列（二次分配）。

（7）新型激励试点的工资总额单列（二次分配）。

（8）完成奋斗目标的工资总额奖励单列（二次分配）。

（9）五元薪酬体系达标奖励单列（二次分配）。

（二）五元薪酬体系

明确集团公司薪酬管理的定位，集团管工资总额的固定部分，成员单位管工资总额的浮动部分，通过工资总额的宏观调控，实现固浮比在一定范围内。

五元薪酬的占比为基本工资：岗位工资：绩效工资：津补贴社保福利：中长期激励=1：1.5：5.5：1：1。

系统、基础、元器件的单位，固定比例可以高一点。

1. 基本工资

基本工资占五元薪酬的10%左右。

学历工资：集团公司制定全系统统一的学历工资标准，按博士、硕士、学士、大专、中专、高中及以下六个层级，制定全系统各成员单位均能接受的学历工资标准。

年功工资：集团公司制定全系统统一的年功工资起点标准，按照工龄和司龄相结合的原则，与任职年限、人员类别、岗位层级等因素相融合。

正常增长工资：全系统统一设计一套符合集团要求，又适应各成员单位发展需要的基本工资正常增长机制，正常增长的规则全系统统一，正常增长的初始值以成员单位所在地的最低工资标准为参考，按一定的规则设计。

2. 岗位工资

按照集团公司岗位序列的层级将全系统的岗位工资薪级和薪档统筹在一定的岗位工资带宽内。

3. 绩效工资

预发绩效工资：一般按上一年度绩效工资的50%计提，分月发放。当年签订的责任目标低于上一年度的，计提比例分段下调。

兑现绩效工资：一般一年兑现一次，根据当年的考核结果，按照统一的规则进行测算，经过正常的程序流程后，由党组确定发放总额，并在扣减预发绩效工资后发放。

4. 津补贴社保福利

社保：养老保险、医疗保险、生育保险、工伤保险、失业保险、住房公积金、企业年金（职业年金）。

国家地方津贴、补贴：国家津贴补贴、地方津贴补贴。

福利：住房补贴、交通费、通信费、过节费、午餐费。

5. 中长期激励

集团公司通过试点和先行先试，构建了劳动、知识、技术、管理、资本等要素参与分配的利益共享机制，实现薪酬的激励性。

（三）谈判工资体系

谈判工资制主要是针对特殊群体的工资核定制度，特殊群体主要是指市场化猎取的职业经理人、千人计划人选、专业高端技术人才、海外引进人才等，谈判的内容包括工资性收入、股权期权、分红权等，谈判的结果是一个收入包，分为现金收入、股权收入等。单位要将谈判的结果按照五元薪酬体系的项目进行分解，谈判只谈总额，分配按照五元薪酬的管理进行兑现。

应注意的是，谈判工资中包含了保险、福利等单位承担的部分，简单地说，谈判工资制的人员收入是全面薪酬的概念。

（四）激励体系

集团公司构建了一套多元激励协同动力机制，设计了牵引、激励、约束三大机制、14种激励方式，设计了激励方式的组合、激励包的协同、激励模式的组合协同，形成了强激励、强约束的激励体系。

用多元激励协同动力机制构筑实现“中国梦”、“电科梦”腾飞的翅膀，动力引擎！

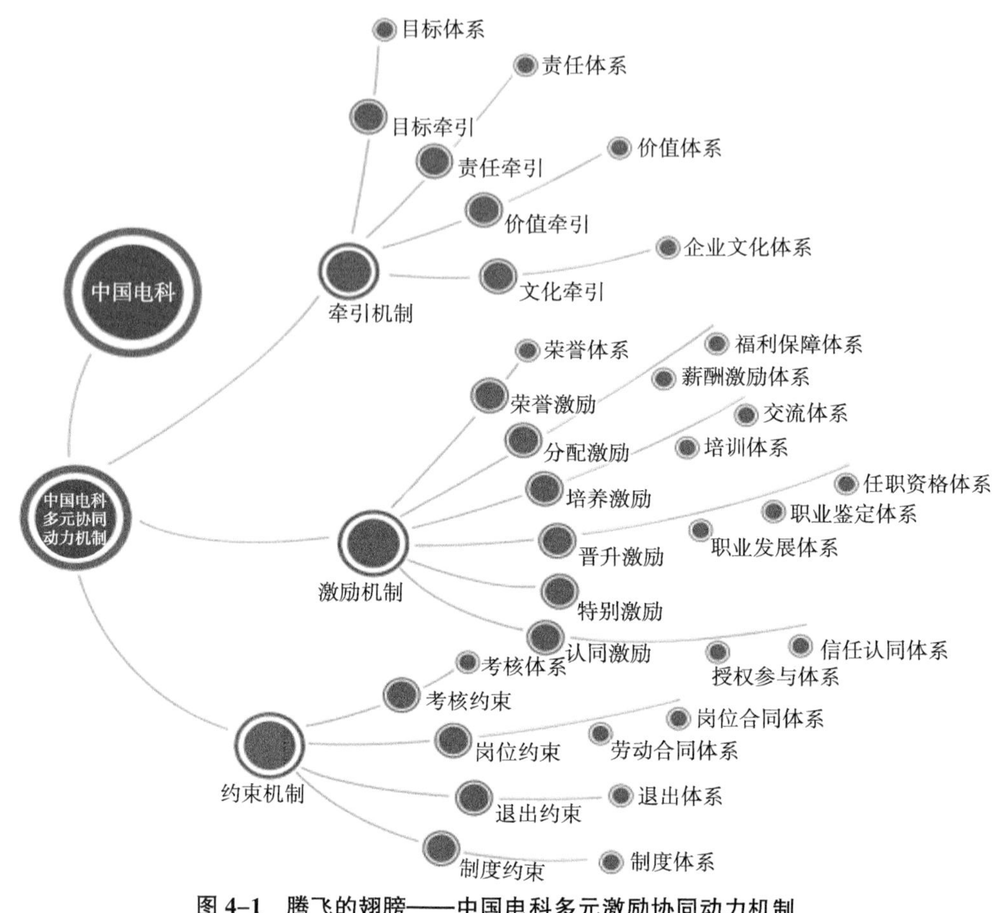

图 4-1 腾飞的翅膀——中国电科多元激励协同动力机制

三、薪酬管理体系

中国电科以企业化、市场化、集团化、国际化、信息化为方向，以军工电子、科技创新、民品产业、国际化经营、资产经营与资本运作五大业务板块协同发展为主线，适应体制机制变革和技术创新体系重构的要求，以薪酬分配激励与公平的协调统一为核心诉求，遵循薪酬确定的传统原则和现代原则，重点关注人力资本提升要素的战略性、统一性、竞争性、经济性、激励性、公平性六大属性，一体化设计了中国电科薪酬管理的组织架构、薪酬结构、薪酬水平、总额调控、利益共享、分类考核六大体系，构建了“六维一体”的薪酬管理系统（见图

4–2）。形成一个规划引领、指标完备、全员覆盖的分类考核机制；形成一个结构优化、竞争有力、激励有效的收入分配机制；形成一个科学合理、增长有序、调控有度的工资总额调控机制。推动从各自为政、松散型薪酬管理向相对统一、集约型薪酬管理转变；推动从单纯的业绩考核向全面经营管理绩效考核转变；推动从绩效薪酬“两张皮”的管理状态向绩效薪酬一体化的管理模式转变，充分调动各类人员的积极性和创造性，实现事业与员工的和谐发展。

图 4–2　中国电科“六维一体”薪酬管理体系

第二节　薪酬管理体系的运行机制

一、“五元”结构的岗位绩效工资制

（一）定义“五元”薪酬结构

综合考虑到成员单位性质多样、业务领域广泛、发展阶段各异，结合事业、企业、上市公司等单位的不同属性与发展阶段，中国电科按照基本工资、岗位工资、绩效工资、津补贴和中长期激励的“五元”架构，规范薪酬结构与标准，形成全系统相对统一的岗位绩效工资制。在此基础上，合理统筹工资与福利的关系、即期激励与中长期激励的关系、固定薪酬与浮动薪酬的关系，优化薪酬结构，最大限度地发挥薪酬各要素的激励保健作用。运用薪酬杠杆作用，撬动各项业务工作的资源利用效率；发挥薪酬激励作用，激发全员的创新创业激情；提升薪酬价值牵引作用，利用成熟的薪酬工具实现人力资本的升值，使人力资源管理从传统的成本中心向创新型的利润中心转变，提升工作的质量效益；进一步增强集团公司岗位管理能力，重新梳理形成了全系统统一的 5 族群、46 族、296 系、13 级岗位体系，实现“以岗定薪、岗变薪变”，有效带动全系统基础管理水平和集团化管控能力的整体提升。

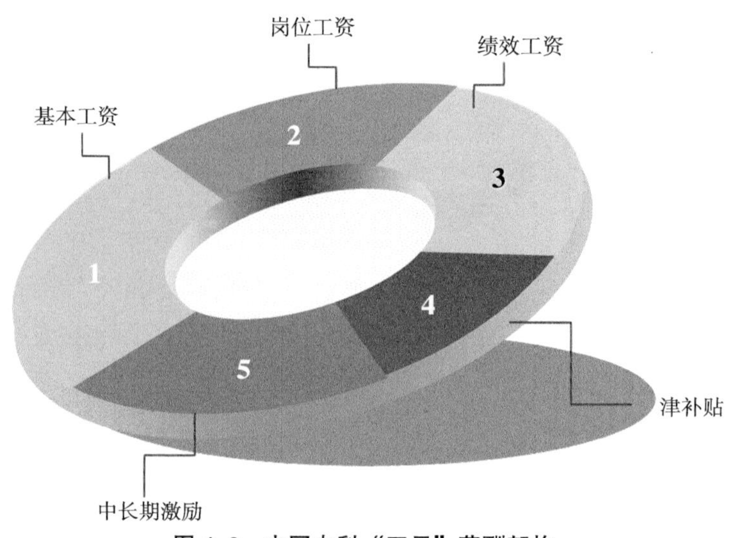

图 4-3　中国电科“五元”薪酬架构

1. 五元薪酬体系的内涵

集团公司提倡对工资结构的“五元”结构统一，但绝不是强调在成员单位内部只简单地采取一种分配形式，而是提倡多种形式的并存或组合。在“五元”架构的总体结构下，成员单位可按市场营销、管理、技术和技能四大类岗位的情况设置差异化激励模式，并可结合单位的规模进行岗位类型的再细分，将岗位工资与岗位职责、岗位层级、员工能力、市场薪酬水平等要素挂钩。针对四支队伍的中高端岗位，集团公司对固定薪酬（保健性薪酬）与浮动薪酬（绩效性薪酬）的占比进行分析，进而对整机单位和元器件分类给出一定的比例区间指导各成员单位设置薪酬的整体结构；通过岗位薪酬分析，每年发布中国电科的典型岗位薪酬指导价。对于一般性岗位，由成员单位根据属地劳动力市场价位的变化及市场的供求情况，按市场化原则，灵活确定劳动者个体的不同薪酬水平，以适应市场竞争的需要；对于技能型岗位，可以推行计时工资制、计件工资制，集团公司可组织分析，形成行业标准工时工资，每年可以向成员单位发布。

2. 五元薪酬结构中的人才奖励项目

对新入职3年左右的潜力人才，可以开设30岁以下的“启蒙星”人才奖励专项，即期激励潜力人才，目标是解决购房首付等安家立业的基本保障。

对高端特殊柔性工作模式的激励，可以利用博士后科研工作站、重点实验室等创新平台，柔性引进高端人才为我所用，对高端人才可以采用谈判工资制、协议工资制等。

（二）提升“五元”薪酬管理成熟度

中国电科制定薪酬管理成熟度评价标准，建立“优化级—预测级—定义级—管理级—初始级”的5级薪酬管理成熟度模型，运用3级评价指标、65项细化标准刻度值，从规范性、科学性和激励性三个维度开展薪酬管理的成熟度评价工作。

* 二级成熟度和基础达标为集团公司强制要求。

（三）编制五元薪酬体系落地的规划

中国电科编制“五元”薪酬落地的中长期规划，“十三五”期间，按照“三阶段实施、两步走达标”的工作思路，逐步实现全系统相对统一的“五元”薪酬架构体系。

1. 三阶段实施（2014~2017年）

（1）第一阶段：2014年4月至2015年12月。

表 4-1 中国电科薪酬管理五级成熟度评价体系

<table>
<tr><th>成熟度等级</th><th>企业发展阶段</th><th>定义</th><th>成熟度评价阶段性特征</th><th>针对的问题</th><th>表现形式</th></tr>
<tr><td rowspan="2">五级（优化级）</td><td rowspan="2">衰退期</td><td rowspan="2">管理再造</td><td>追求薪酬管理的集团化、信息化、自动化，重点是薪酬激励的针对性、有效性</td><td rowspan="2">解决激励的“效”</td><td rowspan="3">集团薪酬管控标兵单位</td></tr>
<tr><td>实现有效的激励，实现信息的自动化、实现全系统统一的薪酬体系，实现体系的自适应、自提升与自完善</td></tr>
<tr><td rowspan="2">四级（预测级）</td><td rowspan="2">成熟期</td><td rowspan="2">管理优化</td><td>追求方法的科学性、理论性，制度的统一性、系统性、完整性，重点是薪酬管理的信息化和有限度的自动化</td><td rowspan="2">解决科学的“据”</td></tr>
<tr><td>实现全系统统一的制度体系、信息化系统，有成熟的薪酬工具运用，有系统的理论支撑，有统一的岗位序列与层级，有统一的价值评估体系</td><td rowspan="3">集团薪酬管控达标单位</td></tr>
<tr><td rowspan="2">三级（定义级）</td><td rowspan="2">快速扩张期</td><td rowspan="2">管理整合</td><td>追求建立全系统相对统一的岗位序列，有集团化的严控手段</td><td rowspan="2">解决规范的“控”</td></tr>
<tr><td>实现各成员单位有完整的制度体系、有信息化手段、有效率、有规范</td></tr>
<tr><td rowspan="2">二级（管理级）</td><td rowspan="2">成长期</td><td rowspan="2">管理发展</td><td>追求全系统相对统一的“五元”薪酬架构、有成员单位自成体系的岗位序列</td><td rowspan="2">解决规范的“管”</td><td rowspan="2">集团薪酬基础达标单位</td></tr>
<tr><td>实现成员单位有机构、有职责、有业务、有资源、有制度、有管控</td></tr>
<tr><td>一级（初始级）</td><td>初创期</td><td>管理启蒙</td><td>实现成员单位有机构、有职责、有业务</td><td>解决职能的“有”</td><td>放养</td></tr>
</table>

主要任务：明确“五元”薪酬架构的内涵，规范全系统的“五元”薪酬结构，其核心是将事业单位的工资体系纳入档案动态管理。

标志：下发《“五元”薪酬体系工作指引》，通过基础达标考核。

工具：基础达标（规范性达标）考核标准，薪酬管理二级成熟度评价标准。

（2）第二阶段：2015 年 7 月至 2016 年 12 月。

主要任务：明确岗位序列，规范岗位动态管理，其核心是完善基于单位《岗位序列职级表》的岗位工资薪级薪档标准。

标志：下发《岗位序列职级表》、《岗位工资薪级薪档标准带宽表》。

工具：薪酬管理三级成熟度评价标准。

（3）第三阶段：2016 年 7 月至 2017 年 12 月。

主要任务：全系统实现统一的“五元”薪酬管理，建立起与工资总额分类管控相适应的新机制，其核心是建立全系统规范的“五元”薪酬管理信息化系统。

标志：下发《集团公司基本工资标准》、《集团公司薪酬管理信息系统指南》。

工具：薪酬管理四级成熟度评价标准、管控达标考核标准。

2018 年前，统一全系统的基本工资，2020 年前，明确全系统的岗位工资带宽，规范固定部分。

2. 两步走达标（2014~2020 年）

（1）“一步走”达标：基础达标，也称为规范性达标，成员单位的“五元”薪酬体系方案通过集团公司的评审，实现“五元”薪酬架构的名称相对统一，内涵相对统一，同一类别单位岗位序列相对统一，岗位工资在集团公司同一薪酬范围内相对统一等。

要求：2017 年，全系统所有单位均要求通过基础达标。2018 年起，未通过基础达标的单位，严格执行“月管控、季分析、半年评估”的管控机制，严格控制工资总额的增长，不超过工资增长指导线“中线”标准。

（2）“二步走”达标：管控达标，也称为体系化达标，成员单位在规范性达标的基础上进一步完善“五元”薪酬体系方案，实现单位主要负责人与人均工资的倍数关系在 12 倍以内，单位负责人的平均工资与人均工资的关系在 7~8 倍以内，集团公司五级以上核心岗位的人员薪酬水平在军工行业内具有较高的竞争力，集团公司六级以上重要岗位的人员薪酬水平在当地军工行业内具有较强的竞争力，薪酬的固浮比与单位激励约束关系相匹配，即期激励占比与中长期激励占比的关系符合集团公司对单位发展的要求。

要求：2020 年，全系统重点单位无法要求通过管控达标。2021 年起，未通过管控达标的重点单位，严格执行“月管控、季分析、半年评估”的管控机制，严格控制工资总额增长，不超过工资增长指导线“中线”标准。

“十三五”期间，凡通过基础达标的单位，成熟度由二级升到三级，将授予

“中国电科薪酬管理基础达标先进单位”称号；凡通过管控达标的单位，成熟度由三级升四级，将授予“中国电科薪酬管理管控达标先进单位”；成熟度达到五级，将授予“中国电科薪酬管理标兵先进单位”。

图 4–4 “中国电科薪酬管理管控达标先进单位”荣誉证书

2014 年以来，集团公司按照 5 级薪酬管理成熟度模型，先后对 15 家重点单位开展成熟度达标评价工作，大幅度提升了成员单位薪酬管理的规范性；在规范性达标的基础上，开展管控达标考核，实现薪酬管理成熟度由二级向三级的跃升；制定了薪酬管理负面清单，实施“月管控、季分析、半年评估”与四级告警制度，对在规定时间内未达标的单位，实行更加严格的管控措施，进一步增强薪酬管控的科学性和激励性。

（四）“五元”薪酬体系建设的愿景

通过“十三五”、“十四五”两个五年的努力，实现薪酬管理的基本目标有三个，一是效率，二是公平，三是合法。其中合法是前提，公平是基础，效率是合法和公平的薪酬的价值创造。中国电科的薪酬管理追求企业组织绩效的价值最大化，通过规范性提升合法性和公平性的效率，通过科学性解决公平性和效率最大化，通过激励性发挥薪酬的效率最大化和价值创造的最大化。

1. 规范性薪酬工作由信息化系统的有效性验证来解决（业务共享中心）

建立薪酬管理共享平台，实现日常管理的信息化，能够极大地提升薪酬管理的效率。通过共享信息平台，实现数据传输、存档、测算、分析的信息化，能够有效提升数据的准确性和及时性。

2. 科学性薪酬工作由专家团队来解决（专家服务团队）

建立由系统内专家和系统外专业机构组成的专家服务平台，为薪酬管理提供专业化指导，快速提升薪酬管理人员的专业知识和能力，改变薪酬管理基础薄弱的现状，系统化设计薪酬制度体系，提供匹配成员单位特点的差异化解决方案，提高管理水平。

3. 激励性薪酬工作由合作伙伴按照集团公司的激励政策及相关策略有针对性地解决（合作伙伴族群）

一方面，实现对于不同对象，有不同的激励方式、激励组合、激励协同，通过对合作伙伴的管理效度的评价，来决定对其的授权权限程度。

另一方面，实现市场化薪酬的集团化管控，充分发挥薪酬的杠杆作用、激励作用、约束作用和价值牵引作用。杠杆作用，指用薪酬撬动各项业务工作，提高资源的利用效率，提升工作的质量效率，倒逼各领域的改革发展。激励作用，指用薪酬的调整来推动各项业务工作的完成，推动资源的使用和工作效率的提升，推动改革任务的激情。约束作用，指对出现负面清单的人、团队进行负激励，约束其回到集团希望发展的轨道上来。价值牵引作用，指利用薪酬工具，来实现人力资本的升值，通过跨单位系统内人才的有序流动，使人力资源管理从传统的成本中心向创新型的利润中心转变，不断促进人才资本的升值。

（五）福利激励

中国电科职工福利费包括非货币集体福利以及各项现金补贴。

1. 津补贴福利计划

根据国家规定，中国电科的福利项目包括：职工因公外地就医费用；暂未实行医疗统筹企业职工医疗费用；职工供养直系亲属医疗补贴；职工疗养费用；自办职工食堂经费补贴或未办职工食堂统一供应午餐支出；符合国家有关财务规定的供暖费补贴、防暑降温费等；探亲假、婚假、带薪年假等假期全额支付待遇；给职工发放的其他项目，包括节日补助、交通、车改、异地安家费等。2014 年，中华全国总工会出台的《关于加强基层工会经费收支管理的通知》进一步明确，福利项目主要为：逢年过节向全体会员发放少量节日慰问品；会员个人和家庭发生困难情况的补助；会员本人过生日的慰问等。

2. 企业年金计划

企业年金是在国家政策指导下，企业及其职工在依法参加基本养老保险的基础上，自愿参加的补充养老保险制度。集团公司建立和完善企业年金制度，既有利于保障和提高职工退休后的基本生活水平、构建多层次养老保险体系，又有利于改善企业薪酬福利结构，增强薪酬的长期激励作用，提高企业的凝聚力和竞争力，是一项关系到企业长远发展和职工切身利益的制度建设。

为确保企业年金充分发挥其应有的作用，中国电科企业年金管理主要遵循以下思路：一是坚持效益。企业年金的实施水平，取决于集团公司总部及成员单位的经营效益状况。集团公司总部或其成员单位经营状况发生变化时，可适时调整缴费办法、缴费水平、缴费方式等。二是保障性与激励性相结合。集团公司企业年金制度既要有利于保障、提高职工退休后的基本生活水平，又要发挥即期和长效的激励作用。分配既要体现公平，又要体现职工的岗位责任、工作业绩和贡献大小，以发挥企业年金的保障和激励作用。三是控制风险。企业年金是职工退休生活的保障基础，因此集团公司企业年金基金的投资运营要严格控制风险，在确保资金高度安全的基础上，追求资产长期稳定的合理收益，使企业年金切实成为职工退休生活的保障。

在上述思路的指导下，按照国家法律法规，同时借助国内成功经验，集团公司建立企业年金制度依循以下基本策略：一是实行企业和职工共同缴费。坚持企业缴费为主，体现了企业的责任，是企业年金性质所决定的；要求个人缴费，可以体现权利与义务相对应的原则，同时有利于增强个人的自我保障意识，增强企业年金的保障程度和保障水平。此外，根据国家政策要求，集团公司企业年金制度中还应对企业和职工个人缴费设定最高限额，这主要是为了防止个别企业或职工个人利用企业年金计划所享受的税收优惠待遇，进行不合理的高额缴费。二是实行个人账户下的完全积累制。从国际经验看，企业年金计划大概可以分为两种模式：缴费确定型和待遇确定型，也有两者的混合型。缴费确定型企业年金的特点是：缴费水平相对固定（按工资的一定比例缴费）；缴费纳入职工个人账户；养老金待遇水平是不确定的，需要根据个人账户的缴费资金及其投资收益的积累额来决定。待遇确定型企业年金的特点是：将来退休时的待遇水平（一般是按照某个计算公式来计算）是预先确定下来的；缴费则是不确定的，甚至可以不必进行预先的缴费积累，而是等到员工退休时直接支付养老金。两种模式各有优劣。缴费确定型企业年金的优势在于：企业的风险相对较小，企业只履行缴费义务，对员工将来的养老金水平没有任何承诺；采用个人账户式管理，企业年金的所有权相对明确，便于职工流动时转移。三是实行市场化管理运营。我国以前的补充保险在管理上比较简单化，主要由经办机构（如社保经办机构、企业或行业自设的经办机构、商业保险公司）来承担，这些经办机构往往是集计划管理、日常业务管理（账户管理）、基金投资管理等多种角色和职能于一身。这种角色重叠的管理架构在管理规范、防范风险、监督等方面都存在许多漏洞和弊端。正是为了克服上述缺陷，集团公司按照国家有关政策要求，应以信托形式对规定企业年金基金运营进行市场化管理。企业及职工作为委托人委托受托人（企业年金理事会或法人受托机构）管理企业年金基金，具体管理职能则由投资管理人（专业投资机构）、账户管理人（专业账户管理机构）、托管人（商业银行）负责。委托人和受托人之间签订委托合同。

3. 社会保险计划

依照《中华人民共和国社会保险法》规定，中国电科结合总部、成员单位实际情况，以及地方具体政策要求，为职工缴纳社会保险。

养老保险。基本养老保险亦称国家基本养老保险，它是按国家统一政策规定强制实施的为保障广大离退休人员基本生活需要的一种养老保险制度。

医疗保险。医疗保险制度是指一个国家或地区按照保险原则为解决居民防病治病问题而筹集、分配和使用医疗保险基金的制度。

失业保险。失业保险制度是国家通过立法强制实施，由社会集中建立失业保险基金，对非因本人意愿中断就业失去工资收入的劳动者提供一定时期的物质帮助及再就业服务的一项社会保险制度。

工伤保险。工伤保险制度是指劳动者在生产经营或在某些规定情况下，遭遇意外事故，造成伤残、职业病、死亡等伤害，为劳动者提供医疗救治和康复服务，保证劳动者及其家属生活的社会保障制度。

生育保险。生育保险制度是指维护企业女职工的合法权益，保障她们在生育期间得到必要的经济补偿和医疗保健，均衡企业生育费用负担的制度。

住房公积金。住房公积金制度是指由职工所在的国家机关、国有企业、城镇集体企业、外商投资企业、城镇私营企业以及其他城镇企业、事业单位及职工个人缴纳并长期储蓄一定的住房公积金，用以日后支付职工家庭购买或自建自住住房、私房翻修等住房费用的制度。

4. 健康关爱计划

补充医疗保险。补充医疗保险包括企业补充医疗保险、商业医疗保险、社会互助和社区医疗保险等多种形式，是基本医疗保险的有力补充。

大病保险。大病保险是指对城乡居民因患大病发生的高额医疗费用给予报销。

失能损失保险。失能损失保险也称收入损失保险、收入保障保险，是指以因保险合同约定的疾病或者意外伤害导致工作能力丧失为给付保险金条件，为被保险人在一定时期内收入减少或者中断提供保障的保险。

健康体检。健康体检是以健康为中心的身体检查。

商业护理保险。商业护理保险是指以因保险合同约定的日常生活能力障碍引发的护理需要为给付保险金条件，为被保险人的护理支出提供保障的保险。

心理援助（EAP）。为员工帮助计划，又称员工心理援助项目、全员心理管理技术。它是由企业为员工设置的一套系统的、长期的福利与支持项目。通过专业人员对组织的诊断、建议和对员工及其直系亲属提供专业指导、培训和咨询，旨在帮助解决员工及其家庭成员的各种心理和行为问题，提高员工在企业中的工作绩效。

5. 福利设施计划

职工集体福利设施包括的范围较广，如职工食堂、托儿所、幼儿园、婴儿哺乳室、文化活动设施等。

6. 弹性福利计划

所谓弹性福利，是指企业确定对每个员工福利的投入（通常用积分形式体现）的前提下，由员工在福利菜单中选择适合自己的福利，因此也叫菜单式福利。这样企业既控制了总体成本，又使得投入的每一分钱都效用最大化。

弹性福利计划一般包括五种：

附加型弹性福利计划。这是最普及的一种形式，是在现有的福利计划之外，再提供其他不同的福利措施或扩大原有福利项目的水准，让员工去选择。

核心加选择型。由“核心福利”和“弹性选择福利”组成，前者是每个员工都可以享有的基本福利，不能自由选择；后者可以随意选择，并附有价格。

弹性支用账户。这是比较特殊的一种福利，员工每年可从其税前总收入中拨取一定数额的款项作为自己的“支用账户”，并以此账户去选择购买雇主所提供的各种福利措施。拨入支用账户的金额无须扣缴所得税，不过账户中的金额如未能于年度内用完，余额就归公司所有；既不可在下一个年度中并用，亦不能够以现金的方式发放。

福利套餐型。是由企业同时推出不同的福利组合，每一个组合所包含的福利项目或优惠水准都不一样，员工只能选择其中一个的弹性福利制，性质如同餐厅里的套餐消费。

选高择低型。一般会提供几种项目不等、程度不一的福利组合供员工选择，以组织现有的固定福利计划为基础，再据以规划数种不同的福利组合。这些组合的价值和原有的固定福利相比，有的高，有的低。如果员工看中了一个价值较原有福利措施还高的福利组合，那么他就需要从薪水中扣除一定的金额来支付其间的差价。如果他挑选的是一个价值较低的福利组合，他就可以要求雇主补发其间的差额。

弹性福利计划的实施，具有显著的优点：一是满足员工的个性化需求；二是控制福利成本；三是提高员工的福利满意度；四是引导员工的福利使用行为；五是差异于竞争对手；六是发挥福利的激励作用；七是在并购重组情况下整合福利。

二、"特殊人才"的谈判工资机制

在市场经济条件下，工资作为劳动力市场的利益信号，应当由劳动力市场上的供求双方来共同决定。发达的市场经济国家已较普遍地实行了谈判（协议）工资制度。中国电科目前还没有全面推行谈判（协议）工资制度，但在关键技术研发、产业瓶颈突破情形下，部分成员单位开展了积极的探索。

分步骤、有重点地推行谈判（协议）工资制度。一是结合建立现代企业制度和实行全员劳动合同制的改革，积极探索、推行协议工资制度，可先在产业领域选择建立现代企业制度的试点企业和有一定规模、组织管理较为规范的混合所有制企业进行试点，待取得经验后逐步推广。二是确定谈判层次，协议工资谈判首先应在企业内部进行，即谈判的层次先为成员单位级谈判；随着改革的进展，再考虑子集团性、全集团性的协商谈判。无论是集团公司或子集团的工会组织，还是相应的人事管理部门，既要积极推动这一制度发展，又要对谈判过程进行有目的的引导和约束。三是规范谈判主体，对于国内外社会高层次关键人才和团队，谈判的主体应为高层次人才或团队负责人，企业内部应为负责人才引进的主管。对于全员或某类岗位的协议工资谈判，企业的谈判代表可由企业的劳动人事部门或专门的机构来担任，工人代表自然由工会担任。

集团公司要主动引导并规范谈判。一是规定谈判的程序，明确谈判者的权力和责任。作为谈判主体，无论是哪个部门代表企业，还是哪个组织代表工人，在每次谈判中，谈判代表都是唯一的，不能由两个或两个以上组织同时代表某一方进行谈判。谈判代表必须得到所代表一方的授权，并经有关部门认可。谈判过程可分为准备、谈判、协议修改、批准和签约四个阶段。二是加强引导与管理，框定利益范围。由于工资是一个敏感和复杂的问题，集团公司应制定工资指导政策，作为谈判的依据，包括工资总额管理办法、薪酬管理办法和工资增长指导线。三是强化法制意识，协议工资的谈判必须在法律的保护下进行，谈判过程、谈判协议执行以及执行中所产生的矛盾的解决，均需依赖法律保护与约束。因此要严格遵守《劳动合同法》、《工资法》、《社会保险法》等，健全集团及成员单位内部劳动监察等仲裁、调解机构。四是加速建立现代企业制度的改革，为适应实行协议工资制度的需要，应加速现代企业制度的建设。抓紧培育产权明晰、制度规范、管理科学的现代企业制度，使企业真正成为独立的利益主体，并依法保护、增进企业的利益。推动企业的竞争就业、合同用工制度以及工资自主分配和社会化养老、失业保险制度的改革，使企业内部的劳动、工资管理更加制度化、规范化和科学化。五是加强工会建设，这无论是从实行协议工资制度，还是从劳动力市场的运行来说，都是至关重要的。要使工会成为真正代表、维护工人利益，反映工人要求的工人自身组织。否则，单个工人面对有组织的企业，这种市场组织的不对称性，必然影响市场的公平竞争。因此，要改变目前工会行政化的倾向，使工会干部的选举、任免在法律规定范围内，由工人自己来解决。

三、“五重”要素的利益共享机制

遵循“先易后难、先突破后多元、先试点后推广”的原则，以“要素价值管理”为核心，建立完善知识、技术、劳动、管理、资本“五重”要素参与分配的利益共享机制，打造多要素共享企业价值增值的生动局面。

为激发广大科技工作者的创新热情，在6家成员单位开展“技术要素”参与分配的岗位分红激励试点，取得了良好的实践效果，形成了三类适应不同业务形态和管理基础的中国电科岗位分红模式：第一类基于 IPD 研发体系，依据项目的重要程度、项目中的岗位角色和项目绩效结果确定激励对象及分红额度；第二类基于岗位管理体系，以岗位价值度评估和全员任职资格认证为基础，依据岗位从事业务的战略关联度及岗位绩效结果确定激励对象及分红权额度；第三类综合项目管理和岗位管理两方面特点，以岗位管理体系为基础选取关键岗位，同时依托项目分级分类管理体系确定重点项目中发挥重大作用的角色，通过两者交叠确定激励对象及分红权额度。三种岗位分红模式的推广实施，使员工在岗位和项目中的创新成果和价值创造与分红激励紧密挂钩，加大了对核心技术人员和管理骨干的激励力度，形成了员工与企业共享共赢的良性互动；以分红权激励为切入点，倒逼企业优化科研流程，完善岗位体系设置，畅通人员进出通道，有力推动了企业内部管理能力的提升。

同时，建立“普惠制+激励制”的企业年金制度，完善“劳动要素”参与分配的方式；分步实施“管理要素”参与分配的任期激励方案，有效防止经营管理上的短期行为；推动“资本要素”参与分配的上市公司股权激励，调动核心骨干创新人才的积极性；探索“知识要素”参与分配的项目团队收益提成和成果转化收益分红激励试点，激发企业发展的内生动力与活力。

对于拔尖的优秀成熟专业技术人才，优先实施项目提成、岗位分红权、股权和期权等中长期激励，力争在“十三五”末，实现 20%左右的专技人才享受中长期激励；对于为集团公司改革发展做出突出贡献的优秀经营管理人才，优先建立、规范和完善股权、期权等中长期激励；对于市场营销人才，积极研究实施虚拟股权、谈判股权等中长期激励；对于专门技能人才，在条件允许的情况下，也可以考虑探索实施股权激励方式。

（一）年金激励

中国电科经国资委批准，自 2014 年 1 月 1 日起建立企业年金计划。这是在国家政策的指导下，中国电科及其员工在依法参加基本养老保险的基础上，根据自身经济实力和经济状况自愿建立的、旨在为本企业员工提供一定程度退休收入

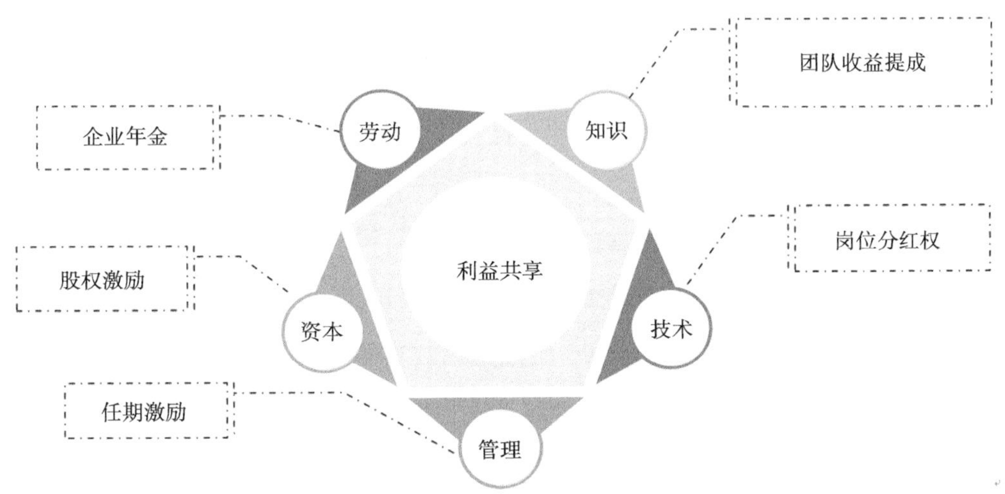

图 4-5 中国电科“五重”要素的利益共享模型

保障的补充养老金制度。

企业缴费基数为公司上年度职工工资总额。

职工个人缴费基数 = 职工上年实际收入 × 调整系数

调整系数范围为 70%~100%，每年根据补偿性缴费预计资金需求量，由公司企业年金管理委员会（或企业年金领导小组）研究决定。公司于每年 4 月 30 日前完成本年度缴费基数的核定和调整。

根据国家现行的相关政策规定，建立企业年金制度初期，企业缴费总额为公司上年度职工工资总额的 5%，个人缴费比例不低于公司为其缴费部分（不含补偿性缴费）的 1/4，目前暂按 1/4 缴纳。

目前，职业年金按月在工资中扣减，兑现年度绩效时，统一测算后，在绩效中一次性补扣。

（二）任期激励

任期激励的目的主要是激励企业经营者不仅关注企业当期发展战略、发展速度与发展规模，更要注重企业的中长期发展潜力和发展质量，避免短期行为，因此，任期激励设计应立足未来，把握当下，统筹考虑以下要素：统筹考虑分类推进事业改革国家政策规定的符合性；统筹设计市场化中期和长期的任期激励，增强可持续发展能力；统筹考虑单位负责人与单位全员绩效考核的关联性，形成整体合力；统筹考虑任期激励的即时性、有效性，最大限度地激发潜能，促进企业健康快速发展。

同时，任期激励应遵循以下设计原则：

规划引领原则。任期绩效管理要有利于促进集团公司战略发展规划的实现及各成员单位战略定位优化，强化集团化经营，做强做大主业，持续改进管理。

价值创造原则。促进企业资源合理配置，提高资产利用效率，引导成员单位不断提升价值创造能力。

风险控制原则。引导企业有效控制经营管理风险，有效经营、健康发展。

有效激励原则。建立薪酬水平适当、激励导向明确的任期激励体系。

（三）股权激励

股权激励是一种经理人及公司核心骨干人员通过一定形式获取公司一部分股权，在公司所有者、经营管理者、骨干员工之间建立一种以股权为基础的激励约束机制，从而形成以股权形式为纽带的利益共同体，共同按比例分享企业经营成果，并承担企业经营风险，致力于股权价值最大化，追求企业盈利能力的导向作用的长期性激励方法。股权激励凸显的是强者恒强，是改善公司治理结构、降低代理成本、提升经营管理效率、增强团队凝聚力、增强市场竞争能力等方面的有效举措。

中国电科所处的电子信息行业，是一个完全竞争的开放性高科技行业，人力资源和智力成果所带来的驱动力将是企业成长和发展的核心动力。在已经登陆资本市场的企业中，如何探索实施有效的股权激励，使得经理人与核心骨干人员能够更好地参与企业决策、共同分享企业成长的利润、承担风险，从而更好地为企业的长期发展服务，显得尤为必要。中国电科股权激励在以下三条路径中做出了探索。

股票期权激励。股票期权（ESO）模式是国际上一种最为经典、使用最为广泛的股权激励模式，其内容要点是：公司经股东大会同意，将预留的已发行未公开上市的普通股股票认股权作为“一篮子”报酬中的一部分，以事先确定的某一期权价格有条件地无偿授予或奖励给公司高层管理人员和核心骨干，股票期权的享有者可在规定的时期内做出行权、兑现等选择。

限制性股票激励。限制性股票是指上市公司按照预先确定的条件授予激励对象一定数量的本公司股票，激励对象只有在工作年限或业绩目标符合股权激励计划规定条件时，才可出售限制性股票并从中获益。

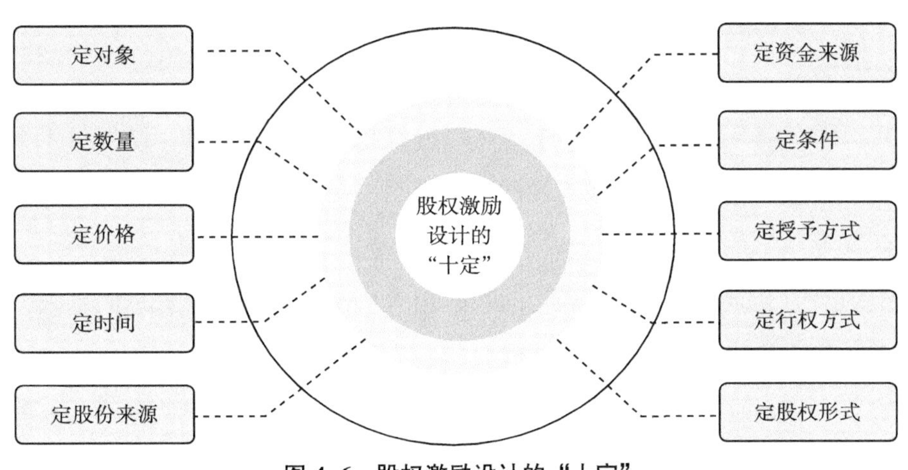

图 4-6　股权激励设计的“十定”

非上市公司的股权激励。对集团公司而言，除了上市公司要加大股权激励探索外，也应加强对非上市公司股权激励解决方案的研究。而在这一方面，少有相关法律法规可供参照，这在带来自由发挥的空间的同时，也带来了管理的非规范性。

（四）分红权激励

分红权激励对于提升科研骨干的价值创造能力，激发集团公司科技创新活力，进一步吸引和保留核心员工，支持集团公司战略实现和可持续发展，推动国有资产持续增值，具有重大现实意义。

1. 实施分红权激励的总体思路

按照中央和国资委的要求，采用“先试点，再推广”的实施思路，在管理基础好、业绩突出、科研人员相对集中且激励不足，地处北京中关村、安徽合芜蚌、上海张江三个国家级高新技术示范区的成员单位，以及比照上述三个地区享受政策的单位先行试点，采取岗位分红权或者项目收益分红方式，再逐步向其他成员单位推广。

2. 实施分红权激励的核心原则

聚焦价值创造，将分红权激励与企业战略目标紧密结合，妥善处理企业业绩存量和业绩增量的关系，倡导价值创造、从增量中分享，实现“多贡献多分红”，激发努力创造价值，持续扩大业务规模。

3. 牵引技术创新

将员工在岗位和项目中的创新成果与分红权激励紧密挂钩，激发员工不断超越，构建员工与企业共同发展的良性互动机制，提升企业科技创新能力。

4. 提升组织效能

组织架构、岗位体系、市场化的选人用人机制是企业内部管理的基础，也是分红权激励的基础。因此，应以分红权激励为切入点，带动企业优化组织岗位体系设置，完善企业市场化用人机制、人员进入与退出通道、岗位能力认证等基础工作，完善企业内部管理。

5. 实施分红权激励的主要方式

实施企业开展分红权激励，主要采取岗位分红权和项目收益分红两种方式。

岗位分红权激励：实施重大科技创新和科技成果产业化的，可以实施岗位分红权激励，按照岗位在科技成果产业化中的重要性和贡献，相应确定激励总额和不同岗位的分红标准。

项目收益分红激励：单位通过自行投资、合作转化、作价入股、成果转让等方式实施科技成果产业化，可以科技成果产业化项目形成的净收益为标的，采取项目收益分成方式对激励对象实施激励。

6. 实施分红权激励的流程步骤

各成员单位上报分红权激励方案；

分红权激励办公室根据各单位的收入、利润等数据，审核申报单位资格；

分红权激励办公室审核分红权激励方案，报领导小组审批；

分红权实施单位将分红的名单和额度报分红权激励办公室审批确定；

分红权激励实施单位发放分红激励，并将实施情况总结上报分红权激励办公室备案。

（五）项目提成

项目提成是集团公司中长期激励政策的重要组成部分，对于激励关键岗位核心人员进一步发挥其积极性、主动性和创造性具有重大现实意义。

1. 项目提成的实施条件

项目提成的实施条件应具备以下几方面因素：一是项目管理的基本能力，包括项目团队组织、成本控制、进度控制、质量控制、合同管理及风险管理等任务指标；二是与项目管理相关的岗位管理水平，包括职位说明书、岗位价值度评估、绩效管理等人力资源管理能力、水平。

2. 研发类项目提成方法的实践运用

常见的项目提成方法主要见于销售类项目、服务类项目、制造类项目、工程类项目、研发类项目。其中，常规研发类项目首先会对研发奖金进行定档，根据研发项目在国内外、省内外的技术先进水平进行分类，划分相应的奖金级别；在派发的项目总奖金中，一定比例的奖金交由研发部门（上级），计入研发部（上级）总奖金池；剩余的奖金数额交由项目组自行分配。在项目组可支配的奖金额中，项目负责人从中直接获得部分比例的奖金，剩余奖金由项目组全体成员分阶段、按其工作对项目贡献的大小来确定比例进行分配。具体负责工作的难度系数根据所需完成工作量的难度进行定级，然后进行项目奖金的提成分配。如表 4–2、表 4–3 所示：

表 4–2 项目各角色分工的金额度占比

设计阶段	奖金额度占比（%）
项目组长	20
技术储备、工艺实验	20
方案设计	20
图纸、程序及软件设计	15
技术指导及安装调试	10
样机优化	5
专利、图纸等技术资料整理	5
其他（由项目组长支配）	5
总计	100

表 4–3 项目分工的难度平衡

	项目组长	技术储备、工艺实验	方案设计	图纸、程序及软件设计	技术指导及安装调试	样机优化	专利、图纸等技术资料整理	合计
占比（%）	20	20	20	15	10	5	5	95
难度工作量系数	1.0	1.2	1.1	0.9	0.8	1	0.8	0.965
评定结果（%）	20.7	24.8	22.8	14	8.3	5.2	4.2	100

3. 集团公司项目提成实施办法

根据上述分析，可形成初步项目提成实施办法，内容包括以下几个方面：

（1）项目提成资金来源。

集团公司内部重大项目、重点工程项目提成的资金来源有两方面：一是重大项目重点项目的资金支持，包括国家、军队、销售军民品等投入的研发资金，在项目开始之初可以预估项目的成本经费，测算项目利润的大致比例，构成项目提成奖励资金来源的一部分；二是经营年度的留存利润，可以按比例计提。具体提取资金来源可以净利润及净利润增加值作为提取基数。原则上激励总额不得高于当年净利润的 A%，同时不得高于当年净利润增加值的 B%。

激励总额 = 净利润 × X% + 净利润增加值 × Y%

其中：净利润为当年实际完成值。

净利润增加值 = 当年净利润实际完成值 – 上年度净利润完成值

项目提成激励总额包括基础激励总额和预留激励总额两个部分，权重可根据实际情况加以调整。基础激励总额主要用于重点项目、重大项目的激励。预留激励总额主要为预防突发情况而预留的部分资金（比如项目取得重大突破，对项目成员予以奖励等）。

（2）确定项目提成比例。

根据项目的整体难度系数进行定档，划分相应的奖金比例，确定整个项目团队的奖金数额。实际项目提成奖金金额参照项目级别及组成人员调整比例。

表 4–4　项目提成比例参考表

档次	奖励金额	项目难度系数
A	××万	0.75~1
B	××万	0.5~0.75
C	××万	0.25~0.5
D	××万	0~0.25

（3）参与分配人员范围及占比。

参与项目提成分配的人员，根据常规项目提成实践运用，可实行项目全员分配。在实际的项目总奖金中，一定比例的奖金交由集团，计入下一年度项目提成资金奖金池，剩余的奖金数额交由项目组自行分配。在项目组可支配的奖金额中，全员参与分配。项目中的关键岗位核心人员的确定可依据前述的岗位价值评估和参与项目贡献度模型来进行综合测量，根据项目的人员组成结构特点等差异设置激励人数，产业类、行业类项目重点激励对象不超过所在项目团队人数的

20%，研发类项目激励对象总量不超过所在项目团队人数的 30%。

（4）提成分配兑现方式。

分配方法和进度把握方面，可以根据时间分节点来进行激励。

1）短期项目提成激励（1~2 年）。

短期项目的时间节点定于 1~2 年可以完成的项目，项目提成的方式可采用一次性计提的方式进行奖励。根据项目的类型、难度系数大小确定项目的档次级别，然后根据项目的完成情况测算实际项目奖金数额，之后在项目团队内部根据贡献度模型测算出项目组成人员的贡献比率，对项目奖金进行分配。

2）中长期项目提成激励（2~5 年及 5 年以上）。

对于中长期项目，可以采用关键里程碑计划。设定具体的时间节点、每一节点内需要完成的工作任务量及工作进度，项目奖金的金额可采取分次计提的方式。如有延时完成的情况，可在项目奖金上扣除一定比例，以保证项目的完成进度。项目周期内是否可以对阶段完成节点进行修改，可视项目难度、复杂性而定，但所有修改必须事先报集团公司申请，批复后提成约定正常履行，但需扣减一定比例，原则上次数越多（延期时间越长），扣减的比例也相应增加。比如，第一次修改扣除项目提成奖金的 3%，第二次修改扣除项目提成奖金的 7%，第三次修改再扣除项目提成奖金的 10%。最终完成时间在规定时间内，按项目提成奖金总额发放。

四、"集团化"工资总额管控机制

（一）设计"双挂钩、五对标"薪酬水平模型

遵循薪酬管理的竞争性原则，建立"双挂钩、五对标"的薪酬水平核定与联动机制，设计富有市场竞争力的薪酬标准，实现薪酬水平调整的市场化。

"双挂钩"就是指单位薪酬水平紧密挂钩单位年度经济效益，紧密挂钩单位全员劳动生产率。经济效益指标主要包括营业收入、利润和 EVA；效益增，薪酬涨。全员劳动生产率是人力资本投资效率的体现；劳产率增，人力资本升，薪

酬水平涨。“五对标”就是指薪酬水平对标行业薪酬水平、央企薪酬水平、地区社会平均工资水平、地区行业薪酬水平和系统内部薪酬水平（见图4-7）。结合电子信息行业发展趋势、成员单位历史情况和发展阶段，按照集团公司相对统一的岗位序列，将五级以上核心岗位和六级以上重要岗位的薪酬水平作为衡量成员单位薪酬外部竞争力的关键指标，与国内外标杆企业相同相近岗位进行对标，为集团公司工资总额的科学管理和有效调控提供重要依据，同时也为高端人才引进的谈判工资制提供薪酬参考标准值。中国电科在确定薪酬水平时，一方面强化薪酬分配的业绩导向，另一方面确保薪酬的外部竞争力，充分肯定员工个人贡献，提升对人才的吸引、激励和保留能力，体现薪酬分配的市场化导向，适应市场化改革进程中的激励约束需求，增强薪酬的战略匹配度，提升人力资源投入产出效率。

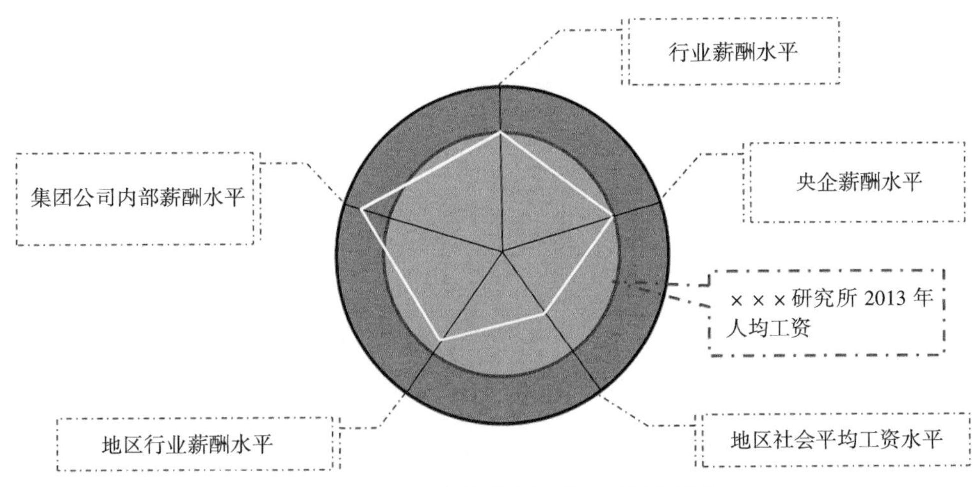

图4-7 中国电科薪酬水平“五对标”模型

（二）建立“蓄水池”工资总额调控模式

遵循薪酬管理的经济性原则，突出激励性、竞争性，确保公平性，通过“三预算”的联动管控实现一次分配的效率优先，通过“蓄水池”保证二次分配的兼顾公平，通过“五大业态”奋斗目标特别奖励发挥薪酬的激励作用，最终实现薪酬的经济性。

1. 建立工资总额“三预算”联动管控模型

完善工资总额配置预算、正式预算和年度清算的评价模型（见图 4-8）；配置预算与成员单位经济责任主要目标挂钩；正式预算在配置预算的基础上，结合年度任务完成情况以及国资委审批的工资总额预算情况进行综合研判，调整预算额度；年度清算对配置预算和正式预算的执行情况进行评价，依据清算的评价结果、年度薪酬管理成熟度评价结果和新一年的经济责任目标情况，对下一年度工资总额配置预算进行核定，强化工资总额预算管理的精细化程度，构建战略规划、年度目标、预算及工资总额的联动机制。通过对工资总额的“三预算”闭环管控，实现成员单位工资总额的自主约束与控制，改变传统的“增人增资”做法，严格控制人员增量，着力盘活人才存量，不断优化人才队伍结构，有效提高成员单位人力资本的使用效率。

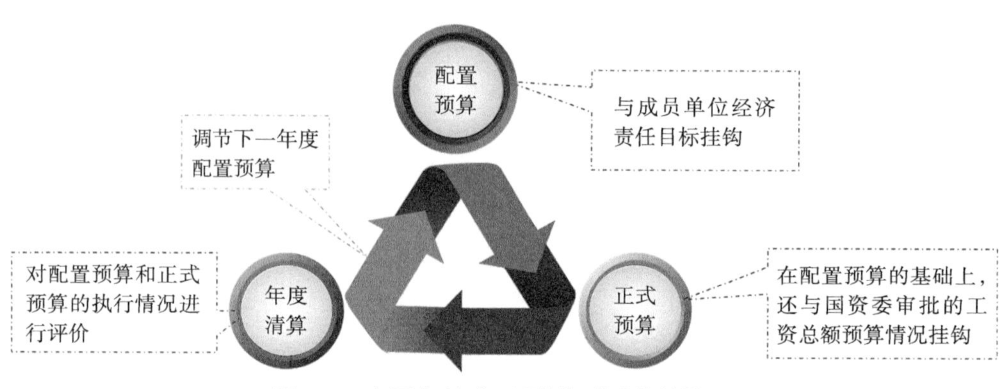

图 4-8　中国电科“三预算”联动管控模型

2. 建立工资总额宏观调控的“蓄水池”

引入效益工资再分配理念和方法，一部分工资总额根据效益、规模、人数、当地工资水平等因素确定，另一部分主要依据对集团公司战略目标达成的贡献进行二次分配，适当兼顾各单位发展阶段和历史情况，促使成员单位整合资源，不断提升劳动生产率，推动集团公司战略规划的落地。

通过建立工资总额宏观调控“蓄水池”，进一步强化了员工个人收入与单位整体绩效挂钩的激励约束机制，实现了员工收入增长与经济发展同步、劳动报酬增长与劳动生产率提高同步。同时，引入人工成本利润率、人均利润率和人工成本投入产出比等指标，促进成员单位发展效益和发展质量的同步提高，真正实现工资总额的“能增能减”。

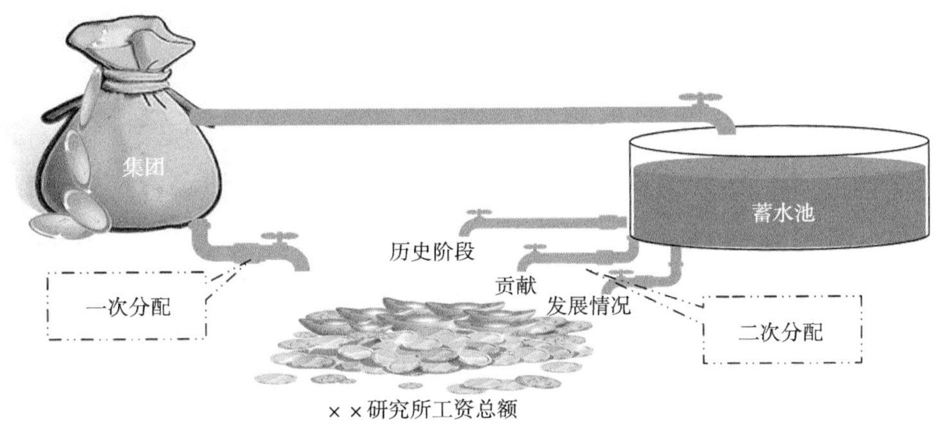

图 4-9　中国电科“二次分配”要素模型

3. 工资总额管理

工资总额是指在一个会计年度内直接支付给单位全部职工的劳动报酬总额。工资总额分配和管理政策在企业引导资源配置、经营战略导向中起着至关重要的作用。为激发要素活力，注入发展动力，科学引导资源配置，优化成员单位投入产出效率，激发全系统干事创业的积极性和创造力，应根据新形势、新任务的需要，探索建立适应市场经济和现代企业制度要求的工资总额核定新机制，健全基于分类的企业工资总额管理新模式。

（1）工资总额分配和管理原则。

一是合法性原则，企业的工资薪酬制度首先必须符合国家法律和政策；二是公平性原则，只有所属单位对工资总额分配体系感到公平时，才会起到较好的激励效果；三是经济性原则，充分考虑各单位的成本承受能力和人才市场价位等因素，合理调节单位内部各类人员收入分配关系，逐步实现职工工资收入与业绩贡献相匹配，实现人工成本投入产出最佳效果；四是战略导向原则，企业的工资总额分配要与企业发展战略有机结合起来，使其有助于所属单位根据自身战略定位进行发展，进而支撑企业整体战略；五是分类考核原则，企业在制定工资总额分配政策时，充分考虑所属单位的战略定位、发展阶段等差异化因素，对各单位进行分类考核；六是特别激励原则，企业在制定引才策略时，应充分考虑不同层级人才的特殊性，结合人才规划战略布局，对高端人才的引进给予特殊的支持政策。

（2）工资总额分配的绩效联动。

中国电科于 2013 年制定下发了《集团公司工资总额管理办法》，其主体的分配模式为：

本年度工资总额数 = 本年度核定工资总额基数 + 本年度效益工资数 + 本年度单列工资预算数，其中：效益工资 = 工资总额基数 × 效益联动系数；效益联动系数 = 主要联动系数 × 辅助联动系数 × 调节系数，主要联动系数（α）= 利润总额增长率 × 60% + EVA 增长率 × 10% + 营业收入增长率 × 20% + 全员劳动生产率系数 × 10%，辅助联动系数（β）= 人工成本利润率系数 × 50% + 人均利润率系数 × 50%。

（3）工资总额分配的分类管理。为了体现对不同类型的成员单位的分类考核，对决定效益工资的考核指标进行优化设置。

1）以经济类指标为主单位修订。

效益联动系数 = 主要联动系数 × 辅助联动系数 × 调节系数

其中：

主要联动系数（α）= 利润总额增长率 × 60% + EVA 增长率 × 10% + 营业收入增长率 × 20% + 全员劳动生产率系数 × 10%

辅助联动系数（β）= 人工成本利润率系数 × 50% + 人均利润率系数 × 50%

其中：

利润总额增长率 = 本年利润总额增长率 × 60% + 上年利润总额增长率 ×30% + 前年利润总额增长率 × 10%

EVA 增长率 = 本年 EVA 增长率 × 60% + 上年 EVA 增长率 × 30% + 前年 EVA 增长率 × 10%

营业收入增长率 = 本年营业收入增长率 × 60% + 上年营业收入增长率 × 30% + 前年营业收入增长率 × 10%

如前两年增长率为负值，则取零。

修订原因：当前考核办法适用于成员单位的经营业绩稳定的情况，考虑军品市场具有一定的周期性和波动性，修订办法通过对相关指标以三年为周期进行修正，能够做到“峰谷互补”，降低工资总体增长水平的波动幅度。

2）以市场开拓类指标为主单位修订。

效益联动系数 = 主要联动系数 × 辅助联动系数 × 调节系数

其中：

主要联动系数（α）= 新签合同额增长率 × 40%+合同回款额增长率 ×20% + 利润总额增长率 × 20% + 营业收入增长率 × 10% + 成本费用利润率增长率 × 10%

辅助联动系数（β）= 人工成本利润率系数 × 50% + 人均利润率系数 × 50%

上述指标可以三年为周期进行修正。

修订原因：该类单位主要战略定位为通过成体系的市场布局与开拓，带动其他成员单位经济效益增长，故增加新签合同额、回款等指标，删除了劳动生产率、EVA 等资产经营效率类指标。

3）以科技研发类指标为主单位修订。

效益联动系数 = 主要联动系数 × 辅助联动系数 × 调节系数

其中：

主要联动系数（α）= 新签合同额（科技创新类）增长率 × 30% + 科技成果数量增长率 × 15% + 科技成果转化率增长率 × 15% + 营业收入增长率 × 20% + 利润总额增长率 × 20%

辅助联动系数（β）= 人均营业收入增长率 × 50% + 人均利润增长率 × 50%

修订原因：该类单位主要战略定位为集团公司科技创新体系管理单位，主要履行科技创新类项目的争取、研发、成果转化，故增加相关指标，同时相对弱化了利润总额指标的权重。

4）以财务金融类指标为主单位修订。

效益联动系数＝主要联动系数×辅助联动系数×调节系数

其中：

主要联动系数（α）＝利润总额增长率×60%＋营业收入增长率×10%＋EVA 增长率×10%＋资产报酬率增长率×10%＋成本费用利润率增长率×10%

辅助联动系数（β）＝人工成本利润率系数×50%＋人均利润率系数×50%

上述指标可以三年为周期进行修正。

修订原因：该类单位主要战略定位为集团公司财务资源的集中管控和运作，在重点考核利润、营收等盈利指标的基础上，增加了资本运作效率、成本费用利润率等考核因素。

5）以战略投资类指标为主单位修订。

效益联动系数＝主要联动系数×辅助联动系数×调节系数

其中：

主要联动系数（α）＝项目平均投资收益率系数×30%＋资产保值增值率系数×30%＋投资计划完成率系数×20%＋成本费用收益率系数×20%

辅助联动系数（β）＝人工成本收益率系数×50%＋人均收益率系数×50%

上述指标可以三年为周期进行修正。

修订原因：突出此类单位的投资回报职能。

6）以支撑服务类指标为主单位修订。

效益联动系数＝主要联动系数×辅助联动系数×调节系数

其中：

主要联动系数（α）＝利润总额增长率×40%＋营业收入增长率×20%＋支撑服务类指标增长率×20%＋EVA 增长率×10%＋成本费用利润率增长率×10%

辅助联动系数（β）＝人工成本利润率系数×50%＋人均利润率系数×50%

支撑服务类指标增长率可分军、民品，并考虑顾客满意度等因素，具体指标根据单位业务类别设定。

上述指标以三年为周期进行修正。

修订原因：突出此类单位的支撑服务职能。

7）以公益保障类指标与经济类指标为主单位修订。

效益联动系数＝主要联动系数×辅助联动系数×调节系数

其中：

主要联动系数（α）＝利润总额增长率×40%＋营业收入增长率×20%＋公益保障类指标系数×20%＋EVA 增长率×10%＋成本费用利润率增长率×10%

辅助联动系数（β）＝人工成本利润率系数×50%＋人均利润率系数×50%

公益保障类指标系数根据单位具体业务设定。

上述指标以三年为周期进行修正。

修订原因：突出此类单位的公益保障职能。

需要说明的是，以上指标修订可能存在一定偏差，需根据各成员单位实际情况做进一步完善，同时，工资总额分配办法也非一成不变，需结合国内外新形势和集团公司改革发展进程，及时对考核指标进行调整优化，使集团公司工资总额分配办法适应市场变化和企业改革需要，从而推动“国内卓越、世界一流”战略目标的实现。

（4）工资总额分配单列办法。

1）人才引进工资总额补助单列。

博士毕业生工资总额补助。对成员单位引进的博士和博士后，集团公司给予当年每人 10 万元的工资总额补助，从第二年起博士、博士后的工资收入给其单列五年的政策优惠。

高端人才的谈判工资单列。对成员单位通过谈判工资或协议工资引进的具有高级以上职称，或有发明专利、成熟技术、成熟产品的技术人员和团队，集团公司给予工资总额单列的优惠。

2）千人计划团队工资总额单列。

千人计划的人才，除国家给予的优惠政策外，集团公司给予引进当年每人

200 万元工资总额的补助，从第二年起工资收入给其单列的优惠。

千人计划配置的团队，给予其工资总额单列的优惠。

中国电科第 29 研究所“献身国防、追求卓越”的景观石刻

考核体系发威力　价值激励成大师

3）重点实验室工资总额单列。

国家级重点实验室，集团公司给予批准当年 200 万元的工资总额补助，从第二年起，国家重点实验室人员的工资总额给其单列优惠。

省部级、集团级重点实验室，集团公司给予批准当年 100 万元的工资总额补助，从第二年起，省部级、集团级重点实验室人员的工资总额给其单列优惠。

4）重大收入分配改革项目工资总额单列。

福利改革项目是交通、通信、午餐、住房、疗养等实行货币化改革的福利项目，从改革批准的下一年起，其工资总额进行单列管理。

集团公司的重点子集团、事业部改革中，为执行统一的收入分配政策而产生的工资总额增量部分，列入其工资总额单列管理。

| 第五章 |

“芯”线牵引的价值驱动力

柳传志认为，在中国企业中，合适的人绝对是第一位的，合适的人就是“1”，后面带一个“0”就是“10”，带两个“0”就是“100”，三个“0”就是1000，没有合适的人作为“1”，再多的“0”也没有用。合适的人的使用也很重要，位置放得不对，也会没有实效，如同“1”前面放的“0”再多，还是“1”一样。

合适的人就是企业的核心，如关键人员、关键环节、关键用户、关键项目、关键岗位等，关键少数的力量不可低估，少数是纲，纲举目张，关键是机，机不可失，激励就是要抓住关键的少数、牵引价值的方向。

合适的人就一定不是一个没有缺点的人；一个没有缺点的人，注定是一个平庸的人。使用一个平庸的人，何谈价值创造，能力提升，企业发展，国富民强。

习近平总书记强调“必须抓住领导干部这个关键少数”，“抓住发展的牛鼻子，用好关键一招”。中国电科以高层次领军人才、成员单位主要负责人以及集团主导和关注的重点项目、重大工程为焦点，以价值创造为目标，设计激励方式的组合、激励模式的协同、激励包的组合协同，实现高端人才的职业发展激励、重大工程项目的协同激励和五大业态差异化激励的智慧组合，形成关键少数的价值驱动力。

第一节　绩效考核体系总体架构

一、全面经营管理分类指标架构

在企业管理过程中，管理者实施管理的核心问题是如何运用激励理论与方法影响企业员工的行为、影响团队的行为，包括如何激发、引导组织所希望的行为，以及如何约束和归化组织不希望的行为，努力追求组织目标和个人的一致性，追求管理制度化和管理人性化之间的动态平衡，通过科学设计并实施包括激励、约束在内的广义激励机制，把各种机制进行组合运用，优化组合资源，充分发挥牵引机制、激励机制、约束机制的三重作用，高质量、高水平地实现预期的目标。

根据中国电科所属单位的特点，我们将成员单位划分为七类，分别为：以经济类指标为主单位、以市场开拓类指标为主单位、以科技研发类指标为主单位、以财务金融类指标为主单位、以支撑服务类指标为主单位、以战略投资类指标为主单位和以公益保障类指标与经济类指标共同考核为主单位，实施薪酬与绩效兑现分类管理。

为推进全面绩效管理，集团公司设立了十二大类绩效兑现指标，根据成员单位的分类不同，选取体现其业务特点的六至七类指标进行考核兑现。十二大类指标分别是：

经营业绩指标：根据集团公司战略规划中经营目标分解的年度绩效兑现指标。

市场竞争指标：反映成员单位市场竞争能力的年度绩效兑现指标。

重点任务指标：反映成员单位承担的集团重点工作任务的年度绩效兑现指标。

持续发展指标：反映成员单位科研投入和整体能力建设的年度绩效兑现指标。

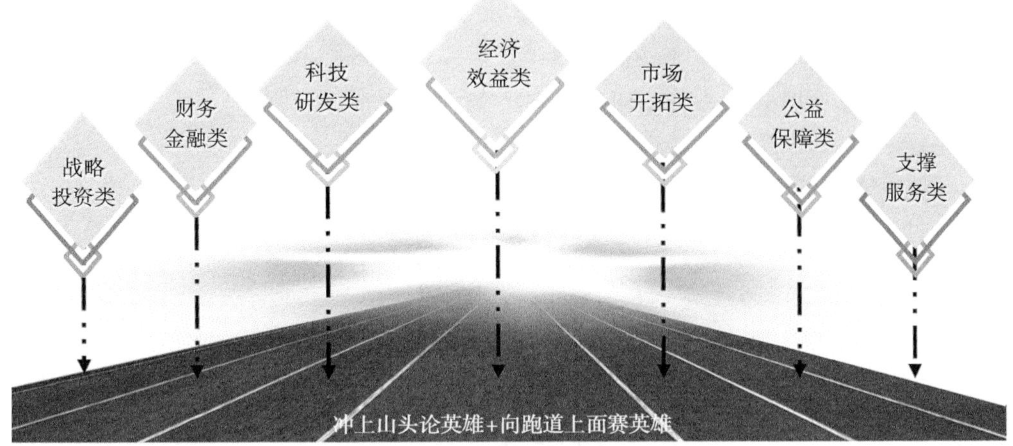

图 5-1　中国电科绩效考核跑道

科技发展指标：反映成员单位承担的研发任务、课题开展情况的年度绩效兑现指标。

金融保障指标：反映资本运作、融资运作、资金保障等任务的年度绩效兑现指标。

金融风险控制指标：反映金融运营风险控制的年度绩效兑现指标。

支撑保障指标：反映重大战略的支撑服务相关任务完成情况的年度绩效兑现指标。

战略发展指标：反映重大战略投资任务完成情况的年度绩效兑现指标。

公益保障指标：反映承担的国家公益性任务完成情况的年度绩效兑现指标。

党的工作指标：反映集团公司党建、纪检监察、人才队伍建设等工作开展情况的年度绩效兑现指标。

保障约束指标：保障集团公司战略目标实现的年度绩效兑现指标。

其中，以经济类指标为主单位根据整机与基础不同、军品与民品侧重不同又进行了类别的细分；以市场开拓类指标为主单位根据经营特点的不同，又细分为总体策划类和贸易类。考核指标实行十二大类考核兑现指标和相应细分指标组成的两层指标体系。考核计分实行线性赋值、矩阵赋值、三维立体化赋值的方式，并采取正负向加减分和预先赋值负向扣分等计分方法。在设计中引入经营业绩、持续发展、重点任务、保障约束等共性指标，同时根据成员单位业务性质、战略定位、主业及发展侧重点量身设计多条“跑道”和游戏规则。

二、全面经营管理绩效考核兑现架构

遵循薪酬管理的公平性原则，通过把当地社会平均工资标准引入到基本工资的组成中，实现薪酬的外部公平；通过建立与单位规模、经营难度、同行业水平相关联的岗位工资标准和岗位序列，实现薪酬的内部公平；通过全员覆盖、全过程参与、全面绩效的分类考核“七跑道”，实现薪酬的结果公平；通过设计严格的发放过程、公正的程序流程和公开透明的结果的制度体系，实现薪酬的过程公平；通过充分尊重员工的价值取向，全员参与设计分配机制，实现薪酬的人际公平。

在考核流程方面，通过对全面经营管理绩效考核兑现体系的流程再造，将全过程划分为六大分流程：目标设置流程、成员单位考核流程、总部部门考核流程、总部员工考核流程、特殊情况沟通处理流程和绩效兑现流程。针对每个流程，按照考核的指标体系和刻度值，设计出考核兑现的122个子流程。对每个流程编制操作说明，通过四网一体化信息系统，逐步把考核兑现流程信息化、网络化，极大地提升了考核兑现的操作性、公平性和可研性。每个单位、每项指标、每笔绩效均可按流程进行追溯分析，通过分析不断优化流程，提升考核兑现的有效性。

在考核实施方面，在考核方法上根据指标性质不同、管理手段不同将定性考评与定量考核相结合，主要根据成员单位战略定位、业务性质、发展阶段、资源能力水平、经营难度等要素的不同，研究设计出分类考核和薪酬管理的不同办法，保证体系的科学性和可操作性，实现由原来的“冲上山头论英雄”向“跑道上面赛英雄”的精益管理转变。在考核经营业绩的基础上，重点关注成员单位可持续发展能力，关注外部竞争和内部协调，关注重大项目和重点任务，突出考核的战略牵引导向。通过设置“考核口径”的收入和利润等指标，推动成员单位之间的联合与协同。同时，通过设置无序竞争方面的处罚性指标，对有损集团公司整体利益的无序竞争行为进行严格约束和处罚，力争通过考核的导向和激励约束作用，有效解决“无序竞争”这一长期困扰集团公司长远发展的管理难题。

在绩效兑现方面，严格按照考核结果，结合分类情况，测算绩效兑现的额度，单位的岗位工资的基数每三年调整一次，岗位工资由基数与单位的规模、效益、经营难度系数来决定，兑现系数由集团公司党组根据全系统的经济效益、工资总额、责任目标的完成情况综合确定，兑现额度由岗位工资、绩效考核结果、兑现系数之积计算得出。

如果绩效增幅超过集团公司的利润增幅，则对兑现额度进行平滑处理；对降幅低于总部处级干部的平均值的成员单位主要负责人，则对兑现额度进行限低处理；对于新成立成员单位，当年兑现总额的80%，下一年度考核兑现时，高于上一年度的绩效兑现额的部分，进行补差处理。对交流干部按照规则，三年内采取就高的原则，三年后到两个任期内，采取对第三年的绩效额度进行限高，其中哪一年出现高于原单位的绩效时，取消补差处理。

绩效总额兑现采取递延支付的方式，延期部分占比为30%，三年为一个周期。绩效的延期支付是一种经营风险的抵押管控机制，如果在任期内出现经营风险，将视其风险情况扣减延期支付的部分，如果没有出现经营风险，期限满后，一次性全额或增额兑现。

第二节　绩效考核激励体系运行机制

一、五大业态的特别激励机制

中国电科借鉴团队工作效率与激励力度的模型，在年度经济责任目标基础上，设计 5%增加值和 10%增加值的奋斗目标，加大激励的权重，目标认领的越高、完成的结果越好、激励的幅度越大。

引入团队工作效率与激励力度模型，为使激励力度达到一定程度时能够收敛，我们对激励力度函数进行积分处理，根据不同业态基本目标与奋斗目标的不同，结合各业态的发展系数，分别计算出各业态的考核系数，实现了业态跑道坡度的不同。

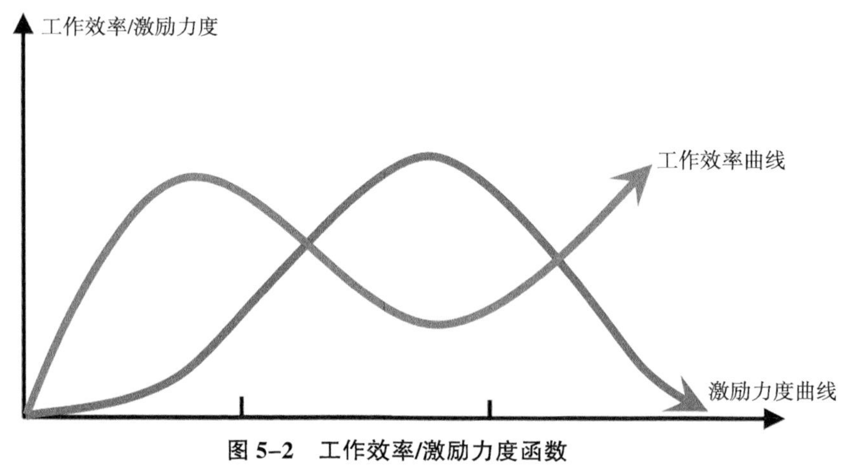

图 5-2 工作效率/激励力度函数

中国电科的激励力度函数模型，体现了在基本目标的基础上，根据成员单位的年度经营工作实际，设定“跳起来，够得着”的奋斗目标的思想，希望成员单位能够量力而行，尽力而为，因此，奋斗目标只作为年度考核奖励的依据，不计入下一年度责任目标的基数中，在激励时，并不是奋斗目标越高越好，只有在奋斗目标与实际完成值相一致的情况下，激励力度系数最大，超过奋斗目标，激励的绝对值最大。

同时，为解决激励力度的收敛性，创造性地对其激励函数进行积分处理，分别形成军工电子、民品产业、国际化经营、科技创新、资产经营和资本运作五大业态完成奋斗目标的五条不同激励曲线（见图 5-4）。

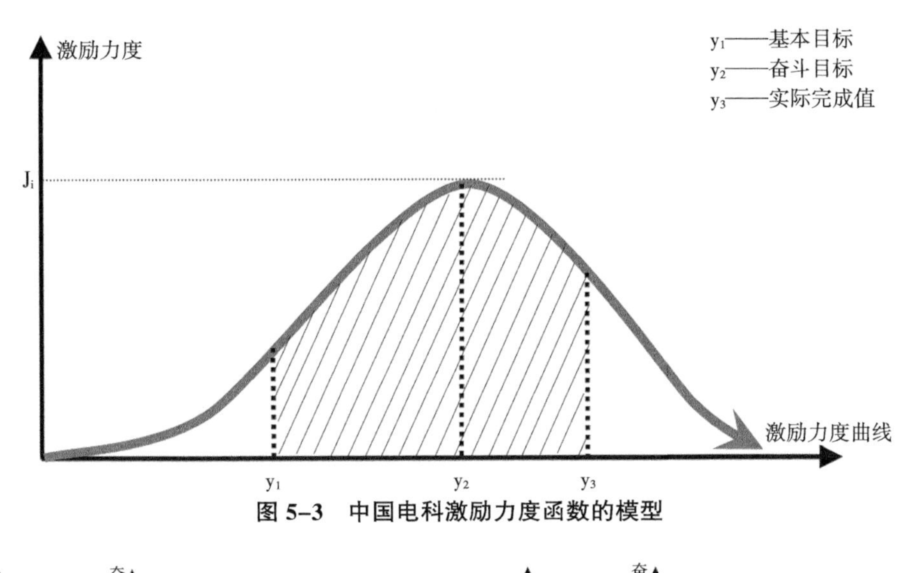

图 5-3 中国电科激励力度函数的模型

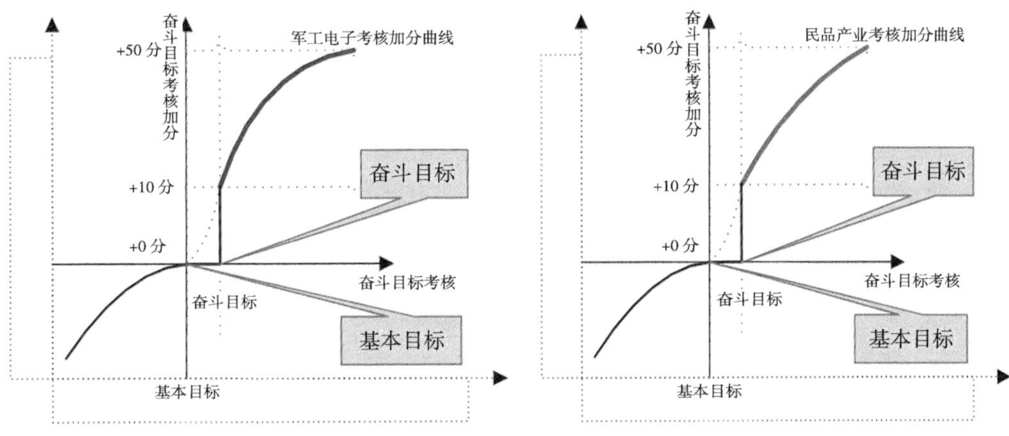

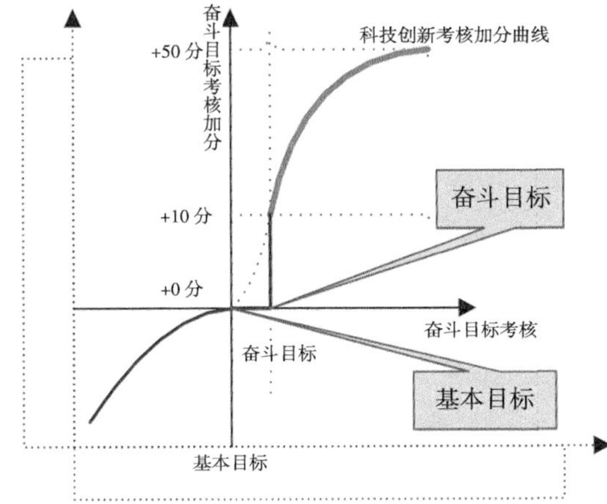

图 5-4 中国电科“五大业态”激励力度曲线示意图

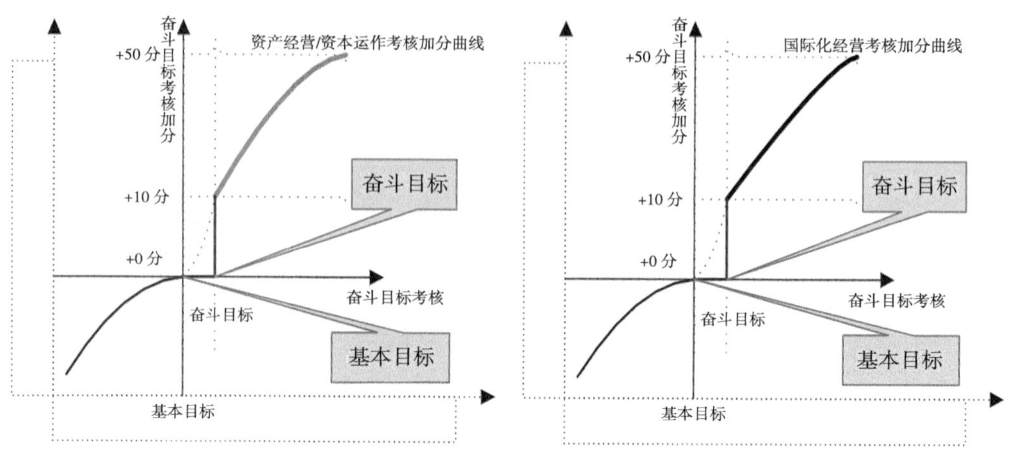

图 5-4 中国电科“五大业态”激励力度曲线示意图（续）

五大业态的激励力度曲线，可以系统地解决评价标准的普遍性和特殊性难题，激励五大业态在长度相同、宽度相同、坡度不同的竞争跑道上竞相驰骋。

为了集团化管控五大业态的激励强度，防止激励过度，也因为年度工资总额的全口径预算管控，特意设计了兑现系数（T），通过奋斗目标占基本目标的权重来调节特别激励的强度，有效地杜绝了有意设低奋斗目标，加大获得超额奖励的份额的问题，进一步完善了激励与约束的制衡机制。

二、特殊人才的特别激励

中国电科统筹谋划、系统设计了四类人才的职业发展通道。对经营管理人才，着力加强“职务+职级”的职业发展通道，完善市场化的职业能力开发体系。对专业技术人才，着力加强“专家+职称”的职业发展通道，完善集团公司首席科学家、首席专家、高级专家、专家的事业平台。对专门技能人才，着力加强“技能带头人+技能等级”的职业发展通道，推进集团公司及成员单位技能带头人的评聘工作，落实技能带头人的待遇和技能等级。对市场营销人才，设计了“营销师+职级+职称”的职业发展通道。与分类分级的职业发展通道相适应，构建了经营管理人才“股权+期权”、专业技术人才“谈判工资+项目提成+股权+

期权”、专门技能人才“谈判工资+项目提成”、市场营销人才“市场开拓提成+销售提成+虚拟股权+谈判股权”的组合激励包，有效调动核心人才的干事创业激情。

无论是哪种激励方式，也无论是哪几种激励方式的智慧组合，只有激发出动力与活力，它才具有价值；每个人都应具有自身的价值，每个企业都应打造核心的价值，这些价值只有大小，没有贵贱，只有适合，没有时尚。只有这样，才会让员工贴心，才会不辱使命，才会不被淘汰。

三、高端人才的发展激励

中国电科的晋升激励由职业发展体系以及与之相适应的任职资格体系两个部分组成。其中，职业发展体系包括技术职业通道、市场职业通道、管理职业通道和技能职业通道四个职业通道组成；任职资格体系则由职业发展子体系、任职资格子体系、职称评聘子体系和后备梯队子体系四个方面组成。

（一）职业发展体系

1. 岗位序列

集团公司岗位体系由经营管理序列、技术序列、市场营销序列、操作技能序列和社会化序列 5 大岗位序列、41 个岗位族（经营管理序列 10 个岗位族、技术序列 20 个岗位族、市场营销序列 3 个岗位族、操作技能序列 3 个岗位族和社会化序列 5 个岗位族）、294 个岗位系和众多的岗位组成，岗位序列划分为 13 个层级 19 个级别。

岗位序列是相同或相近的岗位族的集合，又称岗位族群；岗位族是相同或相近的岗位系的集合；岗位系是相同或相近岗位职责的集合。

岗位序列的层级是按照岗位价值的大小划分的等级。相同岗位序列的层级的岗位价值相同或相近，不同岗位序列的层级的岗位价值可以是不同的。

总部的岗位序列。总部的岗位主要是经营管理序列的领导职务族和非领导职务族。总部职务岗位序列包括董事长、总经理、副董事长、副总经理、总会计师、纪检组长、党组成员、总经理助理、总工程师、总经济师、副总工程师、副总经济师、主任、副主任、处长、副处长。非职务岗位序列包括高级专务、专务、高级业务经理和业务经理，分别与主任、副主任、处长、副处长级别相对应。业务岗位序列分为一级业务员、二级业务员、三级业务员。

成员单位岗位序列。一是子集团/事业部总部职务岗位序列包括子集团董事长、子集团总经理、子集团副董事长、子集团副总经理、子集团总会计师、子集团纪委书记、部门主任、部门副主任。业务岗位序列包括一级项目主管、二级项目主管、三级项目主管。二是成员单位职务岗位序列包括所长、党委书记、副书记、副所长、主任、副主任。非职务岗位序列包括高级经理、经理，分别对应主任、副主任级别。业务岗位序列包括主管、专员、文员、辅助员。

成员单位岗位序列层级从四级到十三级，共十个层级十六个级别。

2. 职业通道

2010 年，《中国电子科技集团公司人才发展规划纲要（2011~2015）》首次提出三支人才队伍建设目标，即经营管理人才队伍、专业技术人才队伍、技能人才队伍，提出了“1626”人才工程，首次提出了“事业平台、社会地位、经济待遇”三位一体人才发展通道建设。2014 年，《中国电子科技集团公司人才队伍建设规划（2011~2020）》再次明确了集团公司建设四支队伍的目标，即经营管理、专业技术、市场营销和专门技能人才队伍，提出“16266”人才工程。

（1）专业技术人才职业发展通道。

构建“两院院士—集团公司首席专家—集团公司高级专家—成员单位高级专家—成员单位专家”的高层次专业技术人才梯次发展通道，明确专业技术人才的职业发展方向和个人成长路径，提供公平的职业选择和晋升机会。在重点专业领域培养选拔若干名集团公司首席专家、高级专家，建立专家库。

（2）高层次市场营销人才职业发展通道。

构建“集团公司市场营销大师—集团公司首席市场营销师—高级市场营销师—市场营销师”的市场营销人才梯次发展通道。

（3）高技能人才职业发展通道。

中国电科研究制定《中国电子科技集团公司首席特级技师和首席高级技师管理办法》，其他成员单位逐步构建“集团公司首席技能带头人—集团公司高级技能带头人—成员单位高级技能带头人” 的高素质技能人才梯次发展通道，并组织开展选拔聘任工作。

中国电科人才发展职业通道建设完善了五大方面的工作机制。一是明确职责任务。从集团公司和成员单位两个层面，以及战略规划、科技创新、军工电子、民品产业和国际合作、能力建设、质量安全与售后服务、人才培养七个方面，明确了职责任务。二是加强条件保障。从人员保障、经费保障和条件保障三个方面加强职业通道建设的条件保障。三是完善运行机制。理顺各发展通道和行政线的关系，优化嵌入科研生产管理的流程，落实资源调配权力。四是健全管理机制。落实政治、生活待遇。五是加强两级考核。按照“出思想、出成果、出项目、出影响、出人才”的“五出”要求，提升集团公司科技创新水平、市场开拓能力和绝技绝活的代际传承能力，避免急功近利和短期行为，努力营造尊重知识、尊重人才，鼓励创新、宽容失败的良好氛围。

（二）任职资格体系

1. 岗位任职资格

（1）任职资格的内涵。

任职资格是指在特定的专业领域内，对员工从事相应专业工作的能力评价。任职资格体系的本质是职业技能，是具备一定素质的员工，综合运用各种知识、基本技能，在组织工作环境中解决实际问题的综合能力。任职资格体系由三个部分构成：职业发展通道、任职资格等级标准和资格等级认证评价。

（2）中国电科建立任职资格体系的意义。

任职资格体系属于企业的能力管理体系（CM），与绩效管理系统（PM）一起，二者同为支撑组织战略目标达成的左膀右臂。通过个体能力提升，促进中国电科的整体能力提升，支撑组织集团化运作，达成组织绩效目标。目前中国电科已经建立从一级至十三级的岗位体系，以之为基础，各成员单位开展了任职资格的积极探索和试点工作，结合集团公司总部岗位管理办法，已经初步形成上至集团总部高级经营管理层，中到成员单位领导干部，下到成员单位一线员工的岗位任职标准和晋升机制。对于员工来说，任职资格明确了员工职业发展的路线图，为员工指明了发展的方向，同时也将中国电科对员工的能力要求清晰化，起到“罗盘”的作用。任职资格建立以后，员工将定期参加能力评估，对自身的能力发展进行检验，就像我们每年去做体检一样。由于有了客观的评价标准，就避免了不同人员评判尺度不一或评价拍脑袋的问题，起到“标尺”的作用。

（3）任职资格等级标准。

任职资格等级标准包括基本条件、核心素质和工作技能三大组成部分。一是基本条件是员工达到某个级别的最低要求。二是核心素质就是简化的素质模型。必备知识与基本技能源于从事某专业工作需要掌握的专业理论知识、行业知识、方法论等，用于设计培训课程体系、认证过程的应知应会的考试。素质包括全员素质和专业素质。全员素质适用于公司所有人员，主要来源于公司的核心价值观和普遍的职业素养要求，主要用于企业核心价值观的牵引、评估价值观的符合度、人才选拔。三是工作技能是任职资格等级标准的核心内容，源于某类别人员持续产生高绩效的工作行为，用于评价专业技术人员的能力水平。四是任职资格等级标准的描述。无法衡量，你就无法进行管理，在管理过程中，我们需要解决的是“可衡量”，量化只是解决“可衡量”的一种手段。目前，国际通行的评估办法是——由行为看素质、由行为看能力。这种行为，是指员工在过去工作过程中已经表现出来的行为。虽然素质、工作技能无法用数字精确量化，但却可以用行为表现进行分级量化。通过行为的分级描述，解决了素质、工作技能可衡量的问题。对于工作技能标准，特别是专业技术类工作技能标准，为了更好地解决评价的问题，提升评价的可操作性，在行为标准的基础上，我们还要求员工尽可能提供举证材料，就是员工实际工作过程中的案例。

（4）任职资格认证评价流程。

任职资格认证评价要经过三个环节：基本条件审查、知识考试、行为评价。知识考试一般适用于初级专业技术人员和基层管理者，目的是牵引其掌握应知应会的知识。需要特别说明的是，任职资格一般适用于管理类通道和专业技术类通道，不适合以生产加工为主的操作类岗位。在业界，生产操作类岗位一般通过应知应会考试和现场操作考试来确定其技能等级。

2. 职务任职资格

领导人员作为中国电科人才队伍的核心力量，是集团公司努力实现“国内卓越、世界一流”企业战略目标的“火车头”，为培养好、选拔好、使用好领导人员，近年来，中国电科进行了一系列积极的探索和研究，研究建立“七好五强”的领导干部职务任职资格，进一步丰富了好干部标准在中国电科的具体内涵。

领导干部的“七好”标准，是对全系统领导干部的普遍要求，主要包括坚定信念好、担当务实好、创新协同好、学识素养好、廉洁自律好、绩效贡献好、关爱员工好。

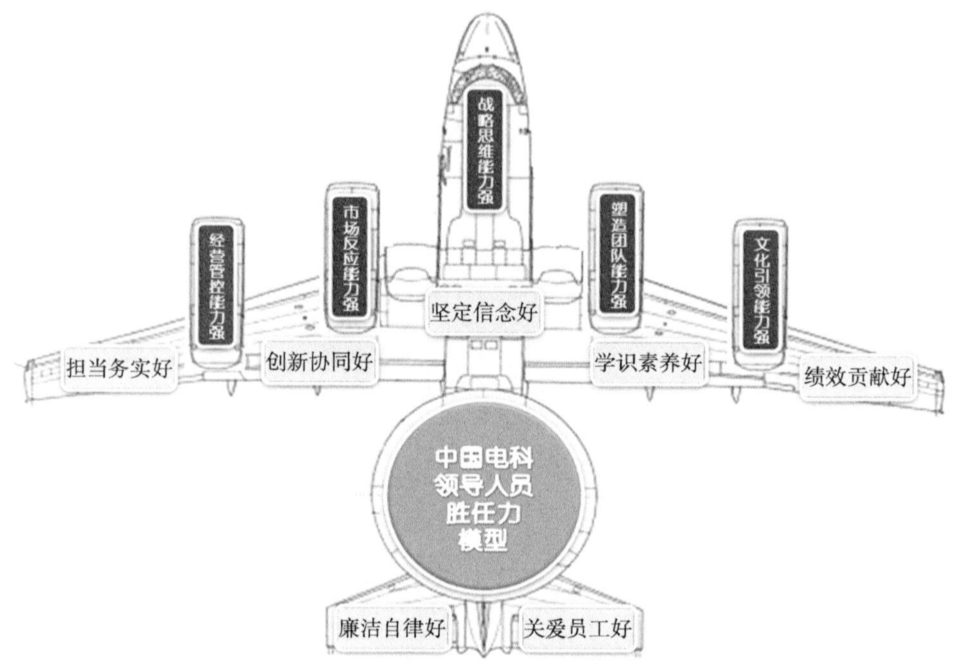

图 5-5　中国电科领导人员胜任力模型

领导干部的“五强”素质，是具有企业家素养的高层次、职业化经营管理人才在具备“七好”标准的基础上，还应具有的素质。主要包括战略思维能力强、经营管控能力强、市场反应能力强、塑造团队能力强、文化引领能力强。

在“七好五强”的标准基础上，设置了负面清单。

3. 职称评聘体系

（1）当前职称评聘现状。

集团公司建立了相对完整的职称评聘体系，包括工程系列职称评聘子系统、非工程系列职称评聘子系统和外部推荐委托评审子系统。工程系列职称评聘子系统包括研究员级高级工程师、高级工程师、工程师、助工等层级的职称评聘，非工程系列职称评聘子系统包括财会系列、经济系列、党务政工系列的高、中、初级职称的评聘，外部推荐评审子系统包括编辑系列、情报系列、卫生系列、档案系列、审计系列等委托相关国家部委进行的评审。

集团公司职称评聘管理工作分为两级，集团公司负责研究员级高级工程师、高级会计师、高级经济师、高级政工师的专业技术职务任职资格评审工作，其他层级的专业技术职务任职资格评审由集团公司委托有能力的成员单位评审，成员单位的评审组织机构和委员由集团公司审批，外部推荐委托评审由集团公司出具委托函，所有的职称由用人单位按岗位进行聘任。

（2）职称评聘工作创新方向。

探索军民品专业技术人才任职资格评审分类改革，推进民品专业技术人才队伍建设。

改革专业技术任职资格评审军民品统一模式，在集团公司研究员级高级工程师评审工作中，探索军民品专业技术人才任职资格分类评审方法，将从事民品的专业技术人员与从事军品的专业技术人员分开进行评审。申报研究员级高级工程师的民品专业技术人员和军品专业技术人员，基本控制相当的通过比例。各成员单位在研究员级高级工程师申报指标上，民品组申报人员暂不占单位申报名额。

调整民品专业技术人员研究员级高级工程师申报条件要求。职称英语考试要求由理工 A 级调整为综合 B 级；计算机考试模式要求由 4 个模块调整为 3 个模块；论文发表要求由 3 篇调整为 1 篇，其中公开发表论文要求由 2 篇调整为 1 篇。民品专业技术评审降低了科技成果奖在评审结果中所占的权重，新增专利、省部级三大规范（可靠性、质量、标准化）、国家标准、行业标准、行业规划报告等评审标准，同时，对获得国家发明专利、国家标准的主要完成人可破格申报。

4. 后备梯队体系

（1）后备干部队伍建设。

一是领导力继任计划。继任管理是对员工的长期关注和培养。继任管理的目标就是预测、发展、保留并且部署适合的具备组织所需领导力的领导人员，并且满足组织业务提出的领导人才的需要。继任计划是基于关键岗位的，需要对人员不断地识别和培养，放在关键岗位上去历练，不是培训，也不是去上学。中国电科每年都会有一个年度任用计划，每一层组织都要向公司提交任用计划，有哪些岗位需要人员，哪些人是继任者，或者哪些人需要调整，都要通过一层一层的讨论通过和各级审查，还要看培养这个人的过程是否合理，是否可以确保公司战略延续。通过这些措施来保证整个任用过程的客观性，符合公司的战略发展。

二是中国电科后备干部队伍建设。按照中央选人用人工作要求，集团公司不断加大后备干部队伍建设工作力度，建设的重要任务之一就是实施后备干部培养选拔的“131”工程，初步建立100人左右党政主要领导职位后备领导人员队伍、300名左右党政副职领导职位后备领导人员队伍和1000名左右的中层正职后备干部队伍。工程提出重点抓好两点工作：

第一，要改进工作方式，规范选拔程序。贯彻落实中央关于后备干部工作思路、方式方法改进的新精神，第一步，党委集体提名。坚持党管干部的原则，由各单位党委根据平时掌握的情况，在一定范围内听取意见后，与班子成员个别沟通、充分酝酿，集体研究提出初步人选，不能由个人说了算。第二步，综合调研。要排除综合调研组，对照“七好五强”好干部标准，开展个别谈话和召开座谈会听取意见和建议。要深入人选所在单位、重要分（子）公司、部门进行实地调研，要突出“管他的”、“他管的”、“与他同班子的”、“对他有意见的”等几类访谈对象，通过直接面谈和查阅材料、档案等形式，全面深入地掌握人选有关情况。整个调研要坚持时间服从质量。第三步，汇总分析提出推荐名单。汇总调研情况，形成综合报告、后备干部推荐名单和有关材料，对后备干部队伍建设工作提出意见建议。第四步，组织确定后备人选名单。坚持人选产生过程全程保密、只做不说，名单由组织掌握，从严控制知情范围，不公示、不反馈。

第二，要注重以用为本、备用结合。要结合实际工作需要，有计划、有针对性地把后备干部放到相应的工作岗位上去使用和锻炼。努力让他们在黄金时期充分施展才干，既要避免“冯唐易老、李广难封”的遗憾和“廉颇老矣，尚能饭否”的感慨，又要克服“拔苗助长、过犹不及”的现象。加强后备干部队伍建设，还要强调备用结合，积极创造条件，及时起用确实成熟的优秀后备干部。干部的提拔使用要面向全体干部，对那些没有列入后备干部名单，但经考察确实优秀的，也应提拔使用。在选拔任用干部时，后备干部要与其他干部同样标准，同样程序，不搞照顾性使用。

第三，注重人才梯队建设。人才梯队建设能够引导企业从企业内部和市场中发现优秀人力资源在职研究生人才，在实践中培养大批人才，同时激发人才的创造精神，形成继任者的人才源泉，为实践企业的愿景和战略目标提供坚实的人才保障。

人才梯队建设将帮助企业实现四个方面的转变，从而更好地造就大批企业所需的人才。即从被动地依据工作岗位需要选拔人才，向主动地依据战略发展需要选拔人才转变；从出现缺口再来应急的低层次人才运作，向重视内部选拔关键人才，外部引进储备战略型人才、管理型人力资源在职研究生人才转变；从满足企业当前生产经营需要，向满足企业获取未来竞争优势转变；从几个部门、少数人才的培养，向各个层次、各个序列的人才培养转变。

（2）人才梯队建设遵循原则。

一是德才兼备原则。既要注重个人品德、敬业精神，又要注重业务水平和工作实绩。二是公开选拔原则。通过公开竞聘，拓宽选人视野，在更大范围内择优选拔人才。三是结构优化原则。以优化专业结构为核心，兼顾知识和年龄结构的优化，形成合理人才梯队。四是优胜劣汰原则。后备人员实行动态管理，结合年度考核情况，每年进行一次调整。五是满足发展需要原则。结合公司、企业发展战略，统筹规划后备人员梯队建设，符合公司或企业的发展对人才的需求。

（3）人才梯队建设的步骤。

一是人力资源部在员工内部建立人才梯队建设计划。由人力资源部专业人员及公司相关管理人员组成专家小组，针对公司现在各岗位的岗位职责说明书和岗位要求，制定出各岗位的发展方向，可以以图文或图表的方式制定出来。职位发展可以是横向的也可以是纵向的。由人力资源部制定人才梯队建设制度，经过专家小组讨论，通过则可实施。二是召集公司管理人员开会，宣导公司人才梯队建设制度，让部门负责人充分理解并支持、配合。一方面人力资源部可以在公司里将人才建设计划充分宣扬，另一方面部门负责人及时将计划贯彻落实到部门中去，在全公司形成一个人才培养氛围。三是部门经理根据符合梯队成员条件对员工进行考察，计划培养人才数量及时间，并把此项工作纳入对部门负责人的考核里，确定一个季度或半年必须培养出具有哪方面能力的人。发现有符合梯队建设的人员，则上报人力资源部备案，由人力资源部填写成员信息表，并及时与成员沟通其自己的发展方向、优势及劣势、需要得到什么样的提升及培训等。四是根据制度对人才培养和选拔，对梯队成员进行工作跟踪及考核，一个季度或半年后对人才进行评估，需要培训的及时安排培训，可以提升的及时提升，全力贯彻人才梯队建设制度，如只制定制度不执行，那么人才梯队建设将形同虚设。

人才梯队建设是员工职业生涯和企业业绩的双赢举措，员工不断地接受新岗位和层次的变化，必须不断地提升自身素质，改善素质结构，而这种职位上升的过程也将给员工们很大的精神满足，自觉地把自己的工作效率提高到最大。员工整个奋斗的过程也是企业业绩增长的过程。

电科第二届青年科技创新
主办单位：中国电子科技集团公司
承办单位：中国电科第二十八研究所
天使成就梦想
第二届 中国电科熠星创新创意大赛
The 2nd CETC Shining Star Innovation

| 第六章 |
“昕”旦熠星的双创驱动力

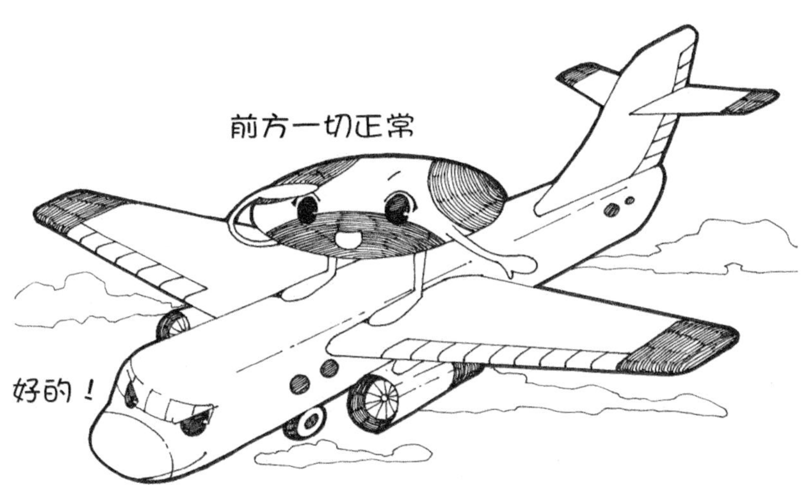

创新早已成为重要的生产要素，驱动企业、产业乃至社会的转型与发展。在这个时代，信息甄别、融合的效率迅速提升，创新的时间成本正在压缩，一步领先，足以颠覆，这就是创新的力量。可是创新到产业化、市场化的征程却任重而道远，政策、资本、市场、产业链的整合等，无一不是摆在创新者眼前的困局，从创新者到领军者，一步之遥，却路漫漫其修远兮。对于创新者而言，很多外部环境是滞后的，可要顺应环境、影响环境甚至改变环境，就要看企业的承受力和管理者的智慧了。

创新者，首先是一个勇敢的担当者，一个不敢承担任何风险者，注定是一个成不了大事的平庸者。创新需要勇气、胆量和冒险精神，就像企业家一样。

李克强总理提出“大众创业、万众创新”。创新创业精神犹如一面旗帜，凝聚着一个企业的思想灵魂，彰显着一个企业的特色风貌，引领着一个企业的未来发展。

第一节　创新创业体系总体架构

中国电科加大实施创新驱动发展战略，以“熠星创新创业”大赛为“双创”实践的生动载体，鼓舞广大怀揣梦想的青年科技人员勇于创新、大胆创业，激发潜能、机会激励，打通创新技术人才“先富起来”的快速通道，搭建“安全与智慧”事业发展的激励平台，形成创新创业的双创驱动力。

一、熠星创新创业大赛的架构

熠星创新创业大赛是中国电科集团在成员单位“蓝星”创新大赛的创意的基础上，以“助推创意、协同创新、产研结合、发展共赢”为理念，发展起来的国家级创新创业赛事，是中国电科以“创”字凸显对国家创新驱动发展战略、“大众创业、万众创新”战略的积极响应与落实，以及“创”出新未来的愿景。

熠星大赛设计了六个流程：一是创意征集，通过大赛官网征集项目，团队提交创意概念卡，含独创声明和授权书等；二是项目遴选，4 个赛区分别与通过遴选的项目团队签署相关法律文书，进入辅导阶段；三是导师辅导，导师对项目团队进行为期 3 个月的辅导；四是天使对接，创意团队逐步与中国电科内外天使单位对接；五是终极路演，邀请中国电科内外天使投资人参加终极路演；六是赛后孵化，天使对接项目进行两级孵化。

中国电科面向全系统和全国高校，广泛征集具有产业化潜力的新概念、新技术、新成果，将“自下而上”的群众式创新和“自上而下”的集聚式创新有机融合，集聚了大批创新人才与独特创意。引入“天使投资人”，将创新创意与资本市场无缝对接，实现了投资者与创新者的合作共赢。

2014 年首届“熠星”大赛共征集 447 个项目，遴选出 51 个项目进行了为期

3~4 个月的辅导，通过天使对接，有 17 个项目获得了 7000 余万元的天使投资意向，最后 8 个优秀项目参加了终极路演与孵化。

2015 年第二届"熠星"大赛有 500 多个有效创意参与角逐，80 多个创意获得天使投资的高度关注，8 个创意获 7540 万元的投资意向并参与终极路演与孵化。

中国电科先行先试了科技成果转移或作价入股时团队权益不低于 50%，单位权益不低于 30%，剩余的 20%由双方谈判决定。

为进一步提高双创团队成果转化的积极性，在确保团队利益的前提下，由团队自由选择向单位转移自己控制的利益部分。

二、协同创新中心的架构

中国电科为推动技术创新，充分运用在电子信息领域内的影响力、控制力和带动力，以技术体系重构为牵引，与西安电子科技大学、电子科技大学、北京理工大学等著名高校合作，成立协同创新中心，充分利用高校的创新资源，发挥技术原始创新的积极性，运用中国电科的项目技术需求，实现技术需求牵引、技术创新推动，从体制机制上解决了制约创新激情的制度藩篱，形成了鼓励创新、扶持创新、牵引创新、推动创新的技术创新体系重构的内外环境氛围。

高校的创新资源活跃，需求方向不确定，经费难以保障，但技术攻关的能力较强，而企业的需求旺盛，经费资源充裕，创新能力薄弱，两者强强联手，可以发挥资源协同的优势，形成有利于技术创新的宽松环境，把高校的创新成果，通过企业的工程转化应用，实现产业化，开辟"创意+技术+产品+产业"的新模式，创造出新的技术需求，形成创新、转化、再创新、再产业化的商业模式。

第二节　创新创业体系运行机制

一、创新成果转化机制

（一）搭建成果孵化的平台

中国电科搭建“创意—技术—产品—产业”的高速通道，突出体现“一、二、三、四、百”的五大特质：专注一个领域，基于中国电科的主业定位和专业优势，熠星大赛聚焦电子信息技术领域，征集具有产品化、产业化潜力的新概念、新技术、新成果，引领科技与产业发展方向；建立二级孵化模式，针对不同成熟度的创新创意项目及其对投资主体、孵化模式、创新资源的不同需求，设计了“创意→技术”和“技术→产业”的两级孵化模式，为创意团队提供贴心服务；对接三类优势资源，对进入孵化平台的项目和团队提供技术、产业、科研条件等方面优势资源的支持和配置，加速产业孵化过程；建立四个孵化平台，分别位于北京、南京、成都和西安，辐射华北、东南、西南、西北四个国内电子信息发达片区，便于创新团队就近入驻孵化；打造百名创意导师团队，从中国电科 6 万余名科技与经营管理人才中精选出 100 余名创意导师，对熠星大赛入围的项目从专业技术、市场定位、商业模式等方面进行多维度、全过程辅导，帮助项目团队走向成熟。

（二）兑现成果转化的收益

通过构建“众创、众包、众扶、众筹”四众模式，在搭建服务双创支撑平台的同时，积极研究兑现成果转化收益分红，将创意激情转化为利益驱动，转化为激发创新的长效激励机制。

中国电科制定了《知识产权管理办法》、《专有技术认定与管理办法》等制度；

明确将不低于30%的知识产权转移、转让和作价入股所得收益奖励给发明人的激励政策。积极落实科技成果转化法，允许成果转化净收益的50%以上用于科技人员奖励。成果转化收益的兑现，在本单位工资总额之外进行单列，不计入单位工资总额基数。

二、技术攻关协同创新机制

没有刘备，张飞就是个卖肉的，关羽就是个编筐的。所以，没有协同与合作，就没有“少不读水浒，老不读三国”的感慨，就不会唤起当年纵横四海、气吞山河的豪情壮志。

没有唐僧，孙悟空就是只猴子；没有悟空，唐僧也只是个和尚。所以，没有协同与合作，就没有一路降妖伏魔，九九八十一难，也就没有功成名就、流传千古的佳话。

土豆身价平凡，番茄也不过如此，但是自从薯条搭配番茄酱以后，你能想到它们的价格翻了几倍吗?

所以，协同合作很重要，协同合作能共赢，协同合作也能成大业。能在一起合作，能为一个任务协同，对于我们，真的很难得，且行且珍惜吧!

人是企业最大的资本，必须把对人的管理转向发挥人的主观能动性中，其中最关键的因素是把人安排到最能发挥其能量的地方。人才的价值不仅体现在当前的价值水平上，更重要的是发挥他潜在的能力。人尽其才应考虑员工的个性、兴趣及其能力的结合。同时，可以做适当的、合理的岗位轮换和交叉任职，使人们在固有的思维方式和知识结构中得到创新。

中国电科大部分成员单位长期在事业单位这个体制下运行，国有事业单位“高稳定”、“高保障”的依赖心理容易使人产生“小富即安”、裹足不前的惰性心理；许多事业单位的员工，在新的任务面前，不思创新，面对企业发展中出现的新问题，“老虎吃天，无从下口”，从而表现出一种茫然、一种焦虑、一种事不关己的状态。改变这种惰性，就需要通过合理的激励和动力机制协同安排，调动各阶层员工和管理者的积极性。一方面在激励方式上进行创新组合，另一方面在机制上进行组合协同，把员工这两个方面的积极性和利益捆绑起来，围绕着企业的目标，围绕着个人的发展，形成干事创业的氛围。当每个员工都能朝着“把自己最想干的工作干好，把本部门的人才用好”的目标努力时，企业的人事管理的效

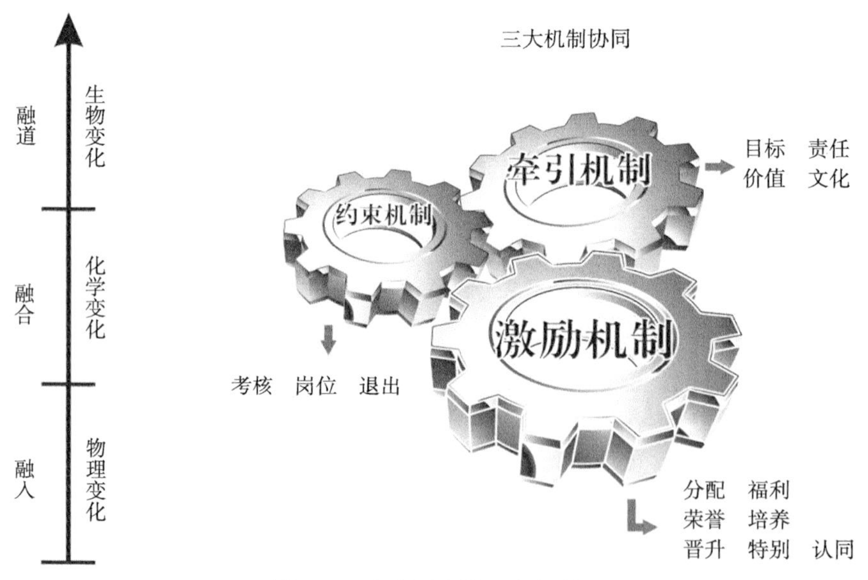

图 6-1　动力驱动的三大机制

益才会充分发挥出来。当然，强调机制的重要性，并不是否定体制的主导作用，也不是只有体制才是企业走出困境的良方妙药，机制在某种程度上，在微观层面上，甚至比体制更能发挥出巨大作用，因此，效率和效益方面，不是靠体制、不是靠垄断，而是靠机制。

在协同理论的应用中，协同创新是科学发展的必然选择，它作为一个政策标识，不是简单地推出了一个新概念，而是揭示了在科研机构中存在着不能协同的现象。科学家之间的不协同，不是一个新鲜事物，不仅在中国电科的组织中存在，在国内其他研究机构甚至世界各国都不同程度地存在。这就是协同激励需要研究的创新政策的激励效力问题，只有以选择性激励为基础的制度设计和机制保障，才能有效地提高协同激励的效力。

在中国电科的创新实践中，组织不完善，绝不是科研工作所遇到的最严重的缺陷，更严重的是所属的不同科研院所之间、各地的科研工作者个人之间普遍缺乏协调。实际上，科研工作的全面组织和各部分之间的联系一直处于原始水平。“目前，非正式的合作方法，虽然在一个成员单位内部取得相当的成绩，在各成员单位之间几乎就完全失灵了。不同成员单位的研究人员相互之间见面的机会要比同一单位研究人员少得多。由于专业化程度大大提高，他们即使见面，谈话的内容也可能完全和科研无关。也许有人希望大学对这种情况加以补救，不过实际上，系与系之间的猜忌往往战胜共同的利害关系。一个教授对地球另一端的一个实验室的了解，可能远远超过他对隔壁房子里的实验室的了解程度。这种现象的后果之一是：科学在最需要科学发展的地带——各门公认的学科之间的中间地带被卡住了。”一位研究人员批评的科研症结，也正是央企当前政策激励中所必须面对的潜在的或现实的积弊。

世界知名的“曼哈顿工程”是一个比较成功的协同创新案例。无论是科学后果还是国际政治后果，“曼哈顿工程”的影响都是巨大的。从科学上看，它留下了一个国家实验室网，它对国际秩序和国际政治而言，影响更为深远。这样一个巨型工程如果没有当下的“协同创新”是难以想象的。总体而言，从工程的发动看，科学家的使命感和知识优势、国家精英的远见卓识和意志决心、公共资源和人力资源的强大支持和保证起着关键性作用。在工程运行过程中，战时国家的急迫需要是危及生存的“外部压力”，科学家自身的社会责任和“智力”兴趣是“内部动力”，切割知识边缘的“智力”资源和心无旁骛的“精力”集中，是行动效率的基本条件，科学家和政府及其他行政人员辅助人员的密切“合作”和协同配合是最终取得成功的根本保证。那么，在外部压力不足以危及生存的“常态时期”，面对“国家急需和世界一流”的抽象而模糊的目标，如何保障特殊时期为特殊使命驱动的巨型工程所遵从的集体行动逻辑能有效呢？那就是非常协同激励手段。

从发起的动机上看，协同创新政策是一项开放政策，所有企事业单位、高校、研究机构可以自愿申报设立相应中心。这种要求虽然不是强强制性的，但也是一种强制性政策，只不过是弱强制性的罢了。因为合作的发动已经不再是出于一个组织的意识自觉，而是通过自上而下的“国家权力”干预做出的反应，是唤醒合作意识后的主体间“应对性”策略，是因应“制度环境”而做出的“合法性”选择。在对中国电科所属企业领导没有界定明确的卓越标准的环境里，对单位领导力的评价与评价单位的硬性指标密切相关。而硬性指标无不与可计量的公共性符号有关，如“创新群体”、“基地”、“实验室”、“工程中心”等。一个不去竭尽全力争取公共资源的单位领导是不可理喻的。“跑”公共资源成为评定单位领导能动性的“约定俗成”。因而，对作为组织的中国电科企业而言，政策激励的效果如何，取决于集团公司投入的“激励当量”，即中心的数量和入门标准。从协同创新的实质性行动看，启动阶段的政策激励仅仅是“符号性激励”，或通过将协同中心“冠名”而采取的激励措施，实施过程中所遵从的是集体行动的逻辑，它所需要的乃是“行动性激励”。

而任何强制性的合作行为，如果不能转化为个人的意愿，都不会产生希望的行为结果。在中国电科与高校合作创新的过程中，高校社会地位的获得、巩固或改变，成为其行动选择的动力。在外在政策和制度变化的驱动下，虽然在组织层面高校更倾向于对外部行政力量的响应，而对内部状况的嗅觉减弱，但是在亚组织和个体层面，即使政策动员和政策激励的信号没有衰竭，完全为其理解，也不一定得到充分响应。因为"附加身份"对大学成员而言是一种大学范围内的"公共物品"，为大学里的所有成员共享。大学中的个体或小集团在促进获得这样的公共物品的过程中，完全可以采取"搭便车"的选择策略。一方面，他的行动具有增加公共物品的可能性；另一方面，他的贡献的缺失又不显著影响公共物品的获得。与直接带来个人利益（经费、办公条件、生源、声望、社会地位）的行动相比，集体行动并不必然是最优的选择。如果对个人收益与成本进行的"协同"计算中出现负数，拥有经济理性的"正常人"便会放弃集体行动。协同创新政策的激励传递以大学组织为中介，最后到达个体。对大学组织激励的诱因和对大学内个体及小集团激励的诱因存在强度差别，也存在时间延滞。

协同创新政策在实施过程中必须要正视在微观层面从组织（间）到集体再到个体的激励衰竭现象。"所谓的激励问题，是在信息不完备、信息不对称的情况下，委托方无法观察到代理方的努力程度，只能通过给予激励来促使对方努力。""委托方只能观察到实际结果，而无法把努力程度和随机事件的影响区分开来。"结果往往不是在激励员工的努力程度，而是在给随机事件激励，因此毫无意义，可以说是一种无效激励。要克服无效激励，需要建立面向集体行动的旨在激励"努力"而非"随机事件"或"名牌效应"的制度。大学内部的"叠床架屋现象"表明，"另起炉灶"或"另立山头"的组织分化行为乃是个体或小集团自利倾向的外溢。这既是微观性权力紧张的一种权益性解决策略，也是组织内部的一种选择性激励措施。高校是一种以学术职业为核心的高度"专业化"组织，享有相当程度的独立性，这是学术职业的基本特点。在没有认识到合作对组织和个人利益的重要意义的前提下，通过（弱）强制性的"协同激励"不会有实质性的作用，最多只能有形式性的表面效果，比如起草一份形式化的协议，盖几个橡皮图章，"拉郎配"式地捏合一段"姻缘"。从选择性激励的角度看，政策（经费）激励的强度、集团（协同中心）的容量、计划运行过程中的管理自主性和信息透明度是制度设计中必须考虑的因素。

因此，中国电科从系统的高度，运用协同理论，以国家重大专项“预警机”项目为突破口，协同中国航空集团等大集团、大企业，协同所属 47 家科研院所，协同系统、整机、基础、元器件等各领域的科研人员，发挥了“自力更生、创新图强、协同作战、顽强拼搏”的预警机精神，用了不到美国 1/2 的时间，创造了预警机领域的九个世界第一，这一成功的协同案例，体现出中国电科在协同创新、协同激励方面探索的成功，成就了国家最高科学技术奖获得者、中国“预警机之父”王小谟院士。

精神情感齐上阵　文化激励特色新

第七章

“心”动情感的文化驱动力

情感不是虚无缥缈不可触及的幻影，它是一种实实在在的力量，好像一阵风，你摸不到它，但云聚云散、枝摇叶动、沙尘漫天，你可以看到、感觉到它存在的力量。

只有真情，才有感染力，才能感受到大爱、勇敢与坚持；只有真爱，才有生命力，才能收获到友情、爱情与亲情。友情代表着纯真与信任，它犹如雨天里的一把伞、晴天时的一缕阳光；爱情代表着炽热与真诚，它犹如阳光照在我的脸上，温暖却留在我的心里；亲情代表着永恒与力量，它是一种要比爱情更持久、更内敛而热烈的永恒。

总有一种爱能让我们泪流满面，总有一种情能让我们抖擞精神，总有一种力量能驱使我们不断探索与追求。这种力量来自你，中国电科里的每一个人。

这就是：情感的力量！

习近平总书记指出，“感人心者，莫过于情”，“要鼓励创新，允许试错，宽容失败，营造想改革、谋改革、善改革的浓郁氛围”。情感是人在满足生理安全需求之后的首要诉求，文化是情感的载体，也是情感力量的源泉，企业文化是企业无法复制的核心竞争力！生活是文化的沃土，文化深深地扎根在人们的生活中，深刻反映生活、揭示生活、美化生活、激励生活。心灵是文化的主脉，文化深深地镌刻着人们心灵的脉络，生动抒发人们的情感，描述人们的心境，展现人们的追求，振奋人们的精神。文化潜移默化地影响人，情感从心灵深处塑造人。

第一节　企业文化总体架构

“心之所想，激励所向”，中国电科把对各类人才的激励设计，融入到企业精神文化的内核之中，用心激励，用情感动，充分发挥收入分配的价值牵引作用、杠杆作用和激励约束作用，倒逼各领域的改革创新，形成全系统“强激励、谋改革、促发展”的新氛围、新驱动力。

一、企业文化的架构

中国电科肩负着圆满完成国防重点工程任务的光荣使命，不断发展自己，创造可持续发展的历史机遇，就必须要发扬、挖掘并培育自身独具特色的企业文化。中国电科的企业文化建设是企业自身发展的需要；是活跃在企业中的新思想、新观念的最好体现；是增强企业活力，创造经济效益的需要；是发挥员工积极性、智慧和创造力的最佳选择；是促进管理科学化、制度化、规范化的最好机制；是创造和谐氛围、优良环境，使企业生机勃勃并辐射到企业内外的保证。

企业文化内容包括三个层次：精神文化、制度行为文化、物质文化。表层是物质文化，幔层是制度行为文化。企业的制度文化由企业的规章制度、组织形式和管理形式等构成，它是企业文化的中坚和桥梁，把企业文化中的物质文化和精神文化有机地结合成一个整体；行为文化则是企业员工在生产经营、学习娱乐中产生的活动文化。最核心层则是精神文化。企业的精神文化是用以指导企业开展生产经营活动的各种行为规范、群体意识和价值观念，是以企业精神为核心的价值体系。企业精神是企业广大员工在长期的生产经营活动中逐步形成的，并经过企业家有意识的概括、总结、提炼而得到确立的思想成果和精神力量，它是企业优良传统的结晶，是维系企业生存发展的精神支柱。企业精神具有号召力、凝聚力和向心力，是一个企业最宝贵的经营优势和精神财富，它不是可有可无，而是必不可少的。

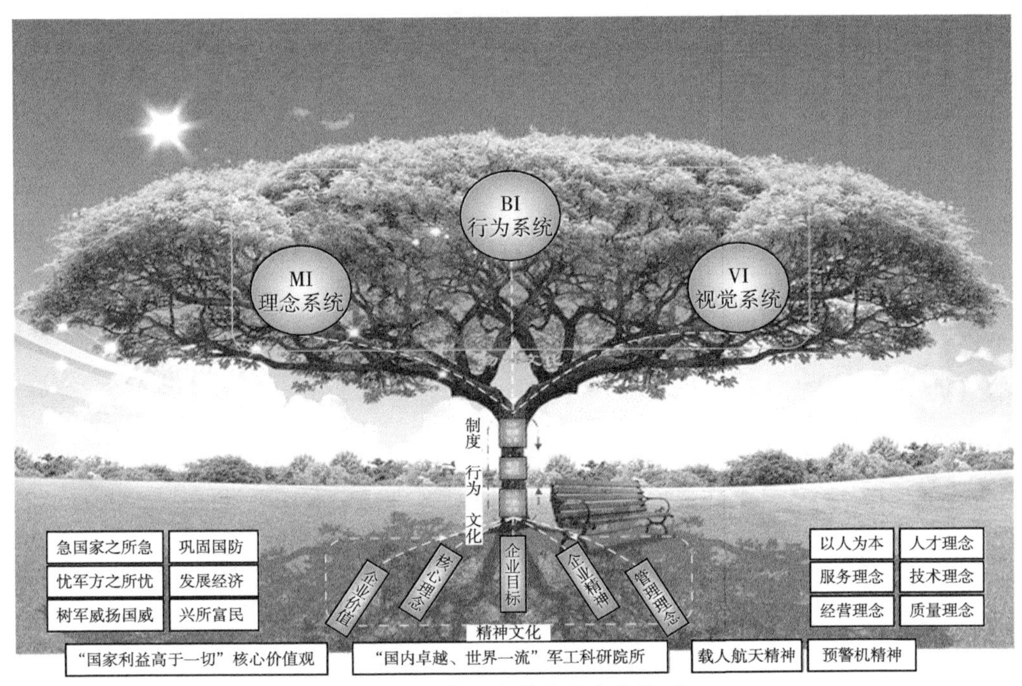

图 7–1　中国电科企业文化体系

中国电科的企业文化建设应当紧扣精神文化、制度行为文化、物质文化三个层次的主题，挖掘行业特色。国防科技和武器装备赖以生存和发展的国防科技工业，是国家重要的战略性资源，是综合国力的重要体现。作为国家掌控的核心战略团队，国家安全是我们重要的政治任务和神圣义务，是一切工作的中心。从经济学的角度讲，也是回报投资主体（国家）的必要任务。企业文化的主要特色应是全心全意为国防现代化服务，为打造非对称的常规战略威慑能力进一步增强而奋斗。同时，借助自己的技术优势，聚集智慧事业，以智慧城市、智慧政法、智慧农业、智慧医疗、智慧能源等国民经济领域中的核心，为中国的城镇化战略贡献自己的力量，体现“大国重器”的使命承担。

为实现中国电科的可持续发展，就必须实行观念创新、体制创新、组织创新、技术创新、市场创新，而要做到这些创新，首先要进行企业文化的变革和导入，要努力形成有利于军工科研院所上下齐心奋斗的文化氛围和文化力，有了这个文化力，全体员工才能自觉地朝着总体目标前进。

二、企业文化的理念

（一）赢的智慧

人生如梦，岁月如歌。蓦然回首，才发现人生不过是一种心情。穷也好，富也好，得也好，失也好，一切都是过眼云烟。想想看，不管昨天、今天、明天，能豁然开朗就是美好的一天，不管亲情、友情、爱情，能永远珍惜就是好心情。曾经拥有的不要忘记，已经得到的更要珍惜。想要赢取人生，就一定要给自己以动力。

人的一生就是一个“赢”字，小到赢取一场牌局或是一个游戏，赢取一个心仪的职位或一份称心的工作，大到赢取一份珍贵的爱情或一场战争的胜利，赢取无尽的财富或到达权力的巅峰。想想也的确如此，人从出生开始就不断有着梦想和目标，短短几十年，怎样才能把这些梦想变为现实、把这些目标变为结果呢？关键就在这个“赢”字上。其实这个“赢”字本身已经把方法、秘诀告诉我们了。

“赢”字拆分，由“亡”、“口”、“月”、“贝”、“凡”5字组成。赢的确是一种美好的愿景，也的确是一种美好的现实。但关键如何才能赢？

“世上本无赢，赢在笔画间！”老祖先已经在造字之初，把赢的秘诀隐含在“亡”、“口”、“月”、“贝”、“凡”之间，只要你参悟到这五个字的真谛，“赢”便也静水流深，水到渠成！

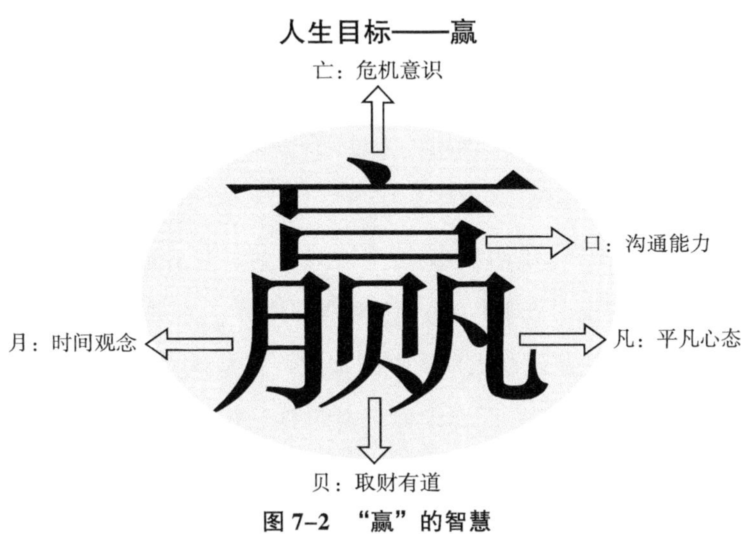

图 7–2 “嬴”的智慧

“嬴”者，亡、口、月、贝、凡也！

“亡”在“嬴”字上，“亡”与“嬴”正反相对，欲“嬴”必先想到“亡”，正如《朱子家训》中所言：毋临渴而掘井，宜未雨而绸缪。唐代大学问家房玄龄也说过一句话：思危所以求安，虑退所以能进！在现今的市场经济竞争格局中，如果不事先考虑到危险，那么就寻求不到安定繁荣的大好局面，如果我们不知道当危机来临时该如何退却，那么怎能更大踏步地前进呢？说白了，也就是现在很多大企业家提到的危机意识。君不见，那些金卷毛、蓝眼珠，被划在世界 500 强圈子里的老外们，其思维的逻辑就是这样。在每一个决策之前，首先进行科学的调查，但这些外国人，其调查的取向大多是找寻不利于自己项目的要素。按照他们的话说，“我如果找到所有不利于我的要素，我把这些所有的不利因素都尽可能地解决或规避，那么在我运作项目的时候，剩下我所能直接面对的也就都是有利的因素了”！再来看，海尔的总裁张瑞敏先生也说自己是如履薄冰，胆战心惊！更有华为总裁任正非曾经写过一篇文章《华为的冬天》，主要谈的也是企业的危机意识。老百姓也有类似的话，比如：常将有日思无日，莫待无时思有时！这一切，均可以证明，“嬴”的前提就是一定要具有十足的危机意识！预知商亡，便能商旺！

"口"在"赢"字中，中为心所在，言为心之声！也就是说，一个人或者一个企业，欲要成功，要赢，必须要会沟通和传播。首先，现代的市场是一个资讯化的市场，形象的提升，品牌的塑造，资讯的传达，文化的建立，客户的忠诚等这一切都离不开传播，当然，在传播中有一个"好的更好，坏的更坏"的原则。所以，我们只有在通往赢的路上，坚持不懈地累积自我好的传播资讯。

其次，"口"与"说"在此同义。说有两种读音，一是念 shuō，说话，传说；二是念 shuì，说服，《触龙说赵太后》中的"说"就是这个意思。现代的企业和现代的人，不但要求你做得好，也要求你要说得好。正如天桥上艺人所言：光说不练，假把式；光练不说，傻把式；又说又练，真把式！而且，这个说，还要带有强烈的、主动的、真诚的、热切的意识，去说服别人接收你的资讯。我们知道，营销就是一种说服的艺术！

最后，这个"口"还有一层含义：口意味着一种话语权。在商界往往赢者拥有话语权，这个话语权的拥有在某种意义上意味着能制定市场规则，而这个市场规则的制定本身就是一种垄断，是别人步我后尘，唯我马首是瞻的影现；话语权的拥有能有振臂高呼响应者众的效果。

"月"在"赢"字的左下角。月在赢字中的含义是：日积月累，厚积薄发；日事日毕，月清月高！成功遵循春播、夏种、秋收、冬藏的"农场法则"，天上不会掉馅饼，种下什么就会收获什么。更不会一夜之间就建立一个"罗马帝国"，我们都期望成功，但成功只是目的，我们不能把目的混淆为目标，而是应该学会把目的分解成一个一个的目标，把每一个目标尽善尽美地完成，那么才能更圆满地达成目的！

"贝"在"赢"字的下中处。是"资本"的意思。地球人都知道"美丽的贝壳"在原始交换时期，是一种货币，是钱！那么现代的企业所提倡的资本运营，是企业"赢"的一种较为高级的手段。赢也是由你具备的资本多少来决定的！当然，这个资本包含很多方面，如人力资本、资金资本、渠道资本、调配社会资源的资本等。

“凡”在“赢”字的右下角。此处作“平凡、平常”讲，也就是说，在争取“赢”的过程中，也要具备一颗十足的平常之心。不以物喜，不以己悲！赢则不骄，败则不馁！

具备了“亡”、“口”、“月”、“贝”、“凡”五字所雪藏的内涵，便也赢在必然！

增强危机意识、提高沟通能力、强化时间观念、坚守取财有道的底线、保持平常心态，你就注定是一名成功者，成功对你而言只是时间问题。但做到这几个方面应该说很难，我们只有在日常工作生活中不断调整和强化自己，使我们不断接近或达到目标要求，就可以不断接近或达到终极目的，即“赢”取人生。

不要忘记，心安才能赢得一辈子。

（二）输的感悟

人生是一段漫长的旅途。有平坦的大道，也有崎岖的小路；有灿烂的鲜花，也有密布的荆棘。在这段旅途上每个人都会遭受挫折，而生命的意义就是坚强地闯过挫折，冲出坎坷！跌倒了，不要乞求别人把你扶起；失去了，不要乞求别人替你找回价值。

“输”字拆分，便由“车”、“人”、“一”、“月”、“刂”5字组成。“输”的确是人生不愿面对的结果，也的确是人们极力回避的现实。但关键是如何才能避免输？

“车”字，是前车之鉴的意思，不注重前人失败的经验，也一定会重蹈覆辙。

“人”字，代表人际关系，俗话说，做事先做人，如果你不能领悟其中道理，做事必定会一败涂地。

“一”字，是指做任何事情都要一心一意。

“月”是指夜晚，人如果没有一颗积极向上的心态，只有阴暗，做什么事都会失败。

“刂”是一把刀，人的心里如果始终常备这把防人之刀，最终会伤人也伤己，有了它逢事必输。

对于输，大家各有不同的看法。但输并不意味着失败，要知道，每个人的一生不可能总是一帆风顺，挫折失败在所难免！我们不应该迷惘失落，也不应该自暴自弃，要懂得，坚定的信念能把失败超越。

输了，并不意味着我们比别人差；输了，也不意味着我们永远不会成功；输了，更不意味着我们到了人生的终点。失败的终点往往是成功的起点。只要我们敢于正视失败，敢于拼搏，我们就一定会采摘到成功的鲜花——那朵远在天边的奇葩。人生就像川流不息的大海，没有岛屿和暗礁，就难以激起美丽的浪花。输了就输了，不要有什么想不开，我们要把失败作为动力！年轻人应有宽广的胸怀，千万不要去计较那微不足道的创伤。

即使生活有一千个理由不如意，我们也要找出一万个理由笑对人生。“不管风吹浪打，胜似闲庭信步。”只有这样才能保持一个平衡的心态，才能凭着自己破釜沉舟的斗志风雨兼程，才能凭着“可上九天揽月，可下五洋捉鳖”的豪情勇往直前。

无论顺境还是逆境，都要从容面对；无论获得还是失去，都要平静接受。这才是我们青年人的活法。路就在脚下，不管过去多么黯淡，不管未来多么辉煌，一切过去都以现在为归宿，一切未来都以现在为起点！

输并不可怕，为了追寻自己的理想，我们要飞翔，去接受风雨的洗礼；为了实现人生的夙愿，我们要飞翔，去迎接春风和朝阳。虽然我们并不坚强的翅膀也许会受伤，但我们一定要飞向远方，因为那是梦想的地方。像一团燃烧的烈火，一轮滚烫的红日，让我们携手并肩，用青春描绘新世纪的风采，谱写生命的乐章！没有失败的成功者，只有成功的失败者；没有失败，只有失败者。

（三）给现实插上理想的翅膀

有哲人说过，人生有两条要走的路，一条是用心走的，叫理想，另一条是用脚走的，叫现实。心走得太快，会迷路，脚走得太急，会摔倒；没有理想的现实，会灰暗，脱离现实的理想，会苍白；理想与现实，犹如一个硬币的两面，融为一体才有价值。

理想是你为之努力、为之奋斗的目标，是你朝思暮想渴望或希望达到的一种人生境界；现实是你不想承认却又不得不承认的一种结果，是你想要改变却又常常苦于无法改变的一种生存状态。

理想是火种，星星之火可以燎原；理想是灯塔，照亮你前行的路；现实是风帆，没有风再好的帆也是枉然。

因此，才有了"理想总是很丰满，现实却总是很骨感"的感慨。我们总是带着青春的迷茫与孤独，行走在理想与现实的夹缝间，煎熬、挣扎、摸索、坚持，与一次次的失落、沮丧、徘徊、失败擦肩而过。

只要坚持，理想总是可以实现的。

人们常说，读万卷书不如行万里路，行万里路不如阅人无数，阅人无数不如高人指路，高人指路不如自我省悟，自我省悟不如抬头看路，抬头看路还要脚踏实地。

只有这样的现实，才能给理想插上腾飞的翅膀，才能让理想开出现实的花朵。

你用心激励，我无所不能！

（四）努力幸运的电科诠释

十年前你是谁，一年前你是谁，甚至昨天你是谁，都不重要。重要的是，今天你是谁？

人生是很累的，你现在不累，以后就会累；人生是很苦的，你现在不苦，以后就会苦。唯累过，方得闲，唯苦过，方知甜。

趁着年轻，大胆地走出去，去迎接风霜雪雨的洗礼，练就一颗忍耐、豁达、睿智的心，幸福才会来。

这世界上除了你自己，没有谁可以真正帮到你。

鸡蛋，从外部打破是食物，从内部打破是生命。人生亦是如此，从外打破是压力，从内打破是成长。

相信人生不会亏待你，你吃的苦，总有一天照亮你未来的路；你受的累，总会练就你独一无二的成熟与坚强。

心简单，活着就简单，心自由，活着才自由。让心简单，让心透明，让心轻松，抱怨命运不如改变命运，抱怨生活不如改善生活。

任何不顺心都是一种修炼，进锅炉的都是矿石，出来的却分矿渣和金属。

凡事多找方法，少找借口，强者都是含泪奔跑的人！

不管你有多难过，始终要相信，幸福就在不远处。坚持住，你定会看见最坚强的自己。

你努力了，尽力了，才有资格说自己的运气不济。

世上没有一项工作不辛苦，没有一处人事不复杂。

从今天起，每天微笑吧，世上除了生死，都是小事。因为明天，今天永远只是起跑线。

努力过后，才知道许多事情，坚持坚持，就过来了。

一个人在外面，很不容易，没啥，拼的就是坚强。

越有故事的人越沉静简单，越肤浅单薄的人越浮躁不安。

真正的强者，不是没有眼泪的人，而是含着眼泪依然奔跑的人。

人的一生要疯狂一次，无论是为一个人，一段情，一段旅途，或一个梦想。

我们要敢于背上超出自己预料的包袱，努力之后，你会发现自己要比想象的优秀很多。

放下你三分钟的热度，放空你禁不住诱惑的大脑，放开你容易被任何事物吸引的眼睛，停下你什么都聊两句八卦的嘴巴，静下心来好好做你该做的事，该好好努力了！

要相信：越努力，越幸运。

三、中国电科的价值观

（一）中国电科的核心价值观

中国电科的核心价值观是“国家利益高于一切”，具体演绎为“责任、创新、卓越、共享”。

责任是中国电科的庄严承诺。作为党和国家直接掌控的战略性团队，中国电科肩负着神圣的政治、经济和社会责任。对国家、客户、员工、社会及合作伙伴负责是中国电科的天职和义务。中国电科因责任而立，凭责任而兴，伴责任而强，每位电科人都是责任的担当者和履行者。

创新是中国电科事业蓬勃发展的不竭动力。中国电科推崇创新，激励组织和个人大胆创新，营造有利于创新的生态环境，使创新成为推动中国电科发展的常态。创新是一种精神、一种思维、一种习惯，中国电科永葆对创新的孜孜以求和矢志探索，每位电科人都是创新的参与者和驱动者。

卓越是中国电科事业的标准和追求的方向。卓越凝结了中国电科人非我莫属的自信，舍我其谁的担当，敢为天下先的勇气和不达目的誓不休的决心。卓越是起跑线，是冲刺线，是永动机。我们拒绝平庸，不断超越，精益求精，做到更好。每位电科人都是卓越的创造者和引领者。

共享是中国电科的胸襟与情怀。中国电科崇尚共享，以共享最大限度地凝聚更多的力量，成就更大的梦想。共享是一种智慧，一种哲学，更是一种幸福，与天和永续长青，与地和境利顺势，与人和同舟共济。每位电科人都是共享的耕耘者和收获者。

（二）价值信条

1. 铁肩担大任

铁肩担大任是中国电科担当使命、砥砺前行的旗帜。中国电科是强军富国的基石和民族复兴的脊梁，要时刻铭记国家利益高于一切，牢记责任，不辱使命。要敢冲锋陷阵、亮剑搏杀、寂寞坚守，切实担当起报国、兴业、为民的历史使命；敢攻坚克难、较真死磕、责任为重，履行好时代赋予电科人的神圣职责。

2. 冲上山头论英雄

冲上山头论英雄体现了中国电科绩效为先、崇尚实干的企业风范。中国电科强调务实作风，推崇结果导向，以在实际工作中创造出的价值、体现出的能力和态度为评价标准，激励全体员工艰苦创业、激励拼搏。使英雄无悔，功成名就。

3. 联合起来办大事

联合起来办大事是中国电科攻坚克难、奋发图强的法宝。中国电科要以成员单位的广泛联合、合作伙伴的深度协同，提升跨部门、跨区域、跨领域的系统工程能力和大平台运作能力，形成体系化的综合竞争力。精诚协作，共铸宏图伟业。

4. 做就做到最好

做就做到最好是中国电科追求卓越的做事风格。中国电科绝不满足于已有的成绩，务求更高、更快、更强；乐于发现问题，善于分析，精于解决，在每项工作中发现优化的可能，在每个岗位中拓展改进的空间，“新”益求新。要么不做，要做就做到最好。

5. 让创新成为习惯

让创新成为习惯是中国电科发展强盛的DNA。中国电科要具有开放的心态、开阔的眼界、活跃的思维，拥抱变化，应对挑战；要把学习作为创新的基础，不迷信权威，不被模式化羁绊，敢于走别人未走过的路。积极创新，包容失败，使创新成为习惯。

6. 共享才能共赢

共享才能共赢是中国电科基业长青的哲学要义。中国电科要以分享的心态同利益相关方结成使命共同体，用共享成就彼此之间的发展，切实做到与客户真诚合作、实现共赢，与伙伴并肩作战、携手共进，与员工荣辱与共、成果共享。在共享中共进，在共享中共赢。

7. 创造幸福而有尊严的生活

创造幸福而有尊严的生活是中国电科对员工的郑重承诺。我们要为员工提供卓有成效的保障和激励，确保员工的发展状况、幸福指数及收入水平在同区域或同行业位于前列，使能够在中国电科工作成为一种自豪与荣耀。共同奋斗，使员工过上幸福而有尊严的生活。

四、中国电科的价值理念

中国电科的价值理念概括起来就是雇主品牌价值、人力资本价值、员工价值主张。

（一）雇主品牌价值

雇主品牌是企业和员工之间被广泛传播到其他的利益相关人、更大范围的社会群体以及潜在员工的一种情感关系，通过各种方式表明企业是最值得期望和尊重的雇主。在中国电科，雇主品牌价值就是指中国电科的品牌价值，以核心员工为载体，以为员工提供优质与特色服务为基础，旨在建立良好的企业形象，提高中国电科在人才市场的知名度与美誉度。中国电科品牌将员工在企业工作中的感受和经历与企业的目标、价值观整合到一起，这种共同的品牌经历使得企业在内部和外部都会受益。

1. 雇主品牌价值的现实意义

卓越的雇主形象和优秀的产品品牌一样，可以给企业带来优厚的财务回报。华信惠悦在全球的"卓越雇主调查"中发现，在网络经济高涨的 2000 年，卓越雇主的三年总体股东回报率是 108%，而普通雇主的回报率是 66%，接近普通雇主的两倍；到了全球经济低迷的 2002 年，对于卓越雇主这一数字是 24%，而普通雇主是 8%，卓越雇主的财务回报是普通雇主的整整三倍，这说明雇主品牌越在经济萧条的时期越彰显其效益。在中国电科，雇主品牌价值主要体现在以下六个方面：

一是竞争优势的基石。中国电科人力资源的质量、激励水平和绩效承诺对于产品市场上的竞争优势具有重要决定作用。中国电科的雇主品牌是企业与员工之间情感关系的体现，决定了员工在企业中的工作满意度、文化认同感和工作责任感，从而影响了企业产品和服务的质量，因此，雇主品牌是企业竞争优势的基石。

二是优秀人才的蓄水池。中国电科的雇主品牌将会成为人力资源市场上的一面旗帜，吸引优秀人才前来应聘加盟，企业的人才库中英才济济，成为人才的蓄水池。

三是减少雇佣双方适配的风险。中国电科在选择应聘者的时候，即使应聘者已经达到中国电科要求胜任的条件，对于双方而言，这种选择依然存在着双方适配的风险。但通过中国电科的雇主品牌，向潜在的应聘者传递企业价值观、雇佣关系等全方位的信息，能够吸引更为认同企业的人才，屏蔽一些价值观念不一致的人才，减少双方适配的风险。

四是标杆作用，留住核心员工。中国电科的雇主品牌建设过程中，涉及品牌定位，与其他品牌对比，品牌的标杆作用使得中国电科不断向市场上的最佳雇主学习、效仿，保持在人力资源市场上的品牌形象。这种标杆学习同时也推进了中国电科对核心员工激励和保留措施的更新与完善，品牌建设的过程是由内而外的，但是品牌标杆却是由外而内地促进了企业与员工双方情感关系的加深。

五是财务成本优势。中国电科的雇主品牌建设需要企业投入大量的人力和财力，但是这种投入也能够在其他方面给企业带来成本优势。比如，招聘成本支出减少；人才队伍更加稳定，人才的重置成本降低；薪酬成本的压力减小，声名在外的雇主品牌，可以作为求职人才选择的尺度，促使其在选择时心理上更加倾向于品牌雇主；核心人才挽留成本也具相当优势。

六是对企业品牌的影响。中国电科的雇主品牌能够增强企业品牌的无形资产，雇主品牌作为企业品牌的一部分，很多求职者往往也是雇主产品的消费者，雇主品牌效应在人力资源市场乃至产品市场上都是一种宝贵的无形资产。

2. 雇主品牌价值的牵引意义

中国电科的雇主品牌内含了巨大的牵引作用，表现为以下四方面：

一是明确组织定位与战略目标。中国电科通过雇主品牌价值的确立，能够帮助企业内外的优秀人才明确企业未来愿景：长期、短期发展目标及竞争优势是什么？在价值观上我与企业的一致性在哪里？在企业中我能获得的竞争性待遇是什么？在良好的雇主品牌下我能否得到个人的成长？

二是坚持持续性承诺。中国电科的雇主品牌是企业对员工和潜在员工做出的某种承诺，它不仅是企业和员工间所建立的关系，同时它还体现了企业为现有员工和潜在员工所提供的工作经历。例如，如果要建立“高绩效导向的企业文化”雇主品牌，须采用各种量化绩效及行为评价方法，并在晋升、薪酬、激励等配套措施上与绩效充分结合。

三是积极有效沟通。中国电科的雇主品牌与产品品牌一样，沟通与营销策略的制定是非常重要的，市场营销的 4P 原则同样可运用到雇主品牌建设上。明确企业招聘员工的标准是什么？明确员工特征与需求是什么？明确如何来吸引与激励这类员工？雇方品牌营销对于潜在的雇员来说是树立品牌，使他们愿意到企业来工作。对于内部员工来说是在树立品牌，邀请员工参与雇主品牌的发展过程，使员工成为企业的雇主品牌代言人。

四是充实与提升企业文化。中国电科的雇主品牌需深植于企业文化中，员工才能切身体会其影响力。企业文化则需要通过信念与价值观的培养实现长期和全方位的建设。只有那样，才能建立起与企业品牌形象相辅相成的行为、经验、信念和价值观，才能为员工接受与认同。

雇主品牌价值是中国电科价值激励的重要组成，是企业发展战略目标落地的有效抓手，是企业文化的重要内涵。

（四）人力资本价值

人力资本就是体现在劳动者身上的可用于生产产品或提供各种服务的智力、技能以及知识的总和。

1. 人力资本价值的内涵

人力资本的增值对于现代企业保持竞争优势具有战略性的意义，在一定程度上可促进企业的经济增长。人力资本的增值对于增值者本人将来继续受雇于原雇主或另谋他职都是有用的，在一定程度上亦可引起报酬的增值。从这种角度上来讲，人力资本的增值，对于增值者本人和企业都是有益的。

2. 有效激励制度的建立

与激发人力资本增值相适应，中国电科所属企业进行制度的建立和健全，尤其是有效激励制度的建立和健全。中国电科对人力资本增值激励采用“现期激励力+预期激励力”的激励模式。

现期激励力。现期激励力是指企业现在能够为人力资本增值的劳动者所提供的各项激励总和。一般的，现期激励力的建立有两种。其一是物质奖励，包括高薪与重奖。其二是精神奖励，如授予荣誉称号，举行隆重的表彰仪式等。

预期激励力。预期激励力是指企业能够为人力资本增值的劳动者乃至家庭的进一步发展所提供的激励。预期激励力有两种重要形式。其一为职位或职称的晋升。其二为人力资本入股，即按照员工的学识水平和能力，给予一定的股份，作为工资以外的收入，如果员工的人力资本得以增值，则所持的股份相应扩大。

3. 把握好人力资本增值的方向

与劳动者的人力资本增值程度相比，人力资本增值的方向显得更为重要。众所周知，在当今时代，技术、知识并不等于市场，各类企业都应以市场为导向，实现由传统的对市场需求的被动适应向现代的对市场需求的主动创造转变。中国电科员工的人力资本增值方向有必要采用“以市场为导向，以企业战略为基准”的模式。

4. 形成良好的人力资本增值氛围

对于提升企业经济效益来说，仅仅一个员工进行人力资本增值的作用是微不足道的。只有企业里的全体员工或大部分员工都进行人力资本增值，才能够达到人力资本增值的规模效应，进而大幅度提升企业经济效益。一个企业要形成良好的人力资本增值的氛围，最好的方式是将企业构建成学习型组织。

5. 学习型组织

彼得·圣吉在《第五项修炼》中最早提出了“学习型组织”这一概念。学习型组织是将系统动力学与组织学、创造原理、认识科学、群体沟通对话与模拟游戏等结合起来并发展而成的一种新的组织蓝图。这种组织能让团体中的每一个成员学习越多越感觉到自己无知；能让组织日新月异，不断创造未来。学习型企业像学校，更像一个学习“实验室”，致力于新知识的创造、新技能的提升，目标是人力资本的快速增值。

人力资本增值是中国电科价值激励的重要内涵组成，是薪酬分配、福利体系设计的重要目标方向，对中国电科所属企业构建学习型组织发挥着巨大作用。

（五）员工价值主张

员工价值主张（EVP）是指员工或者潜在员工（应聘者）用一组基本价值要素来估量自己在某一企业或组织工作时所能获取的总价值，主要涵盖经济回报、职业发展机会、企业组织、工作及工作环境、员工关系等要素。简而言之，就是员工或者应聘者为什么会选择到某一企业而不是其他企业工作，以及通过工作期望获得的回报内容。这将决定他们对组织的选择和对组织的忠诚度，即管理者在招聘员工或任用员工时要思考给员工什么价值，才能吸引和留住他们。

1. 员工价值主张的模型构建

员工价值的萃取。通过内外部动机分析，提取 EVP 相关因素。其中内部动机分析包括高层管理者访谈、员工焦点小组座谈、员工动力调查和市场研究；外部动机分析常包括毕业生焦点小组座谈、离职者访谈、新入职者访谈和合作伙伴（分销商）访谈。模型建立后，一般根据对员工影响力的大小，区分为几个大的维度，每个维度下面又包括多个细分的变量。

员工价值的企业匹配。模型建立后，还需要进行微调，以便与企业的实际岗位相匹配。匹配过程为：焦点小组测试—修正 EVP 模型—EVP 评价工具设计。企业中，不同层次的人员，甚至同一层次的人员之间，所需求的“工作舒服区域”存在着差别。在评价过程中，可以采取问卷形式，制作 EVP 评价问卷，并采用纸质或在线测试的方式进行测评。也可与其他 HR 工具相关联，如试用管理文件、员工敬业度调查等。根据评价所得的 EVP 等级，分析现有模型的优劣势，并进行适时适量调整，以使其更适合公司的发展和员工的利益。

2. 员工价值主张的实施

内部品牌化。当 EVP 内部品牌化时，我们需要形成一种不断的提示，让员工意识到在公司工作是有价值的。其具体行动包括：第一，宣扬 EVP 标语和行为。第二，观察记录。第三，EVP“半月谈”。

外部品牌化。将公司 EVP 市场化或推广有助于应聘者清楚地了解公司能提供给他什么，同时，清晰、有说服力的外部品牌化能增加一个优秀的应聘者选择加入公司接受工作的可能性。

3. 员工价值主张的维护

正式的 EVP 讨论会。公司定期进行员工调查，以调查数据作为员工需求分析的基础信息。部门内部定期召开 EVP 讨论会，针对最近时期比较突出的 EVP 变量或潜在变量进行讨论，识别其对部门人员产生或可能产生的积极或消极影响，并整理备案。HR 定期组织 EVP 讨论会，综合分析各部门的讨论结果，对现有 EVP 模型进行调整，并规范由此产生的员工行为。

非正式谈话。部门领导、HR 人员不定期地与公司现有人员进行 EVP 变量的讨论，可以是下班后去餐厅的路上，也可以是工作休息的间隙里，了解公司人员对现有 EVP 模型的认知，以及某个变量实际对其工作和生活产生积极影响的案例。

员工价值主张是中国电科价值激励的重要内涵组成，对中国电科的雇主品牌价值、人力资源增值的形成起到重要的作用。

第二节 企业文化的激励方式

一、企业文化的认可激励

认可激励是指员工只要做出有利于公司、有利于客户价值实现、有利于自我成长的事，都能得到公司和员工肯定或奖励的一种激励方式。

认可激励主要有“承认、认可、接受、赞誉、赏识”五种方式，在实际操作中主要包括：一是绩效认可。主要针对员工的高绩效成果或绩效评优结果予以奖励。二是培训认可。指员工参加公司培训或作为内部讲师进行分享时获得相应的奖励。三是管理改进认可。指员工发现公司出现的管理问题，或者提出建设性合理化意见获得奖励。四是合作认可。合作认可包括参与项目团队奖励、参与集体活动（志愿者活动、文体活动）获得奖励。五是日常行为认可。指针对员工日常工作中出现的符合公司文化和价值观所倡导的行为，由其直接或间接领导予以积分奖励。六是客户认可。客户对员工服务的良好表现加以认可，公司给予奖励。七是员工关爱认可。员工关爱认可具有福利性质，即在员工生日、公司成立纪念日、重大节假日给予员工一定的奖励。八是授权认可。将完成工作所需的权力授予给特定员工（或团队）的一种信任。九是参与认可。让一些员工参与到一些重大决策的研究过程中，以激发员工对管理行为的认同。

中国电科的认可激励主要通过授权参与体系、信任认可体系来实现激励方式的落地。

（一）授权参与体系

授权是中国电科经营运作的关键所在，它以员工为对象，将完成某项工作所必需的权力授予所属人员。即将处理用人、用钱、做事、交涉、协调等决策权移转给部属，只授予权力，不可托付完成该项工作的必要责任，即“授权不免责”，这是中国电科授权的绝对原则。

1. 授权的意义

中国电科经营管理的最终目标在于提高经营绩效，基于授权的专门化与人性化的两大原则，中国电科在进行决策、运用资源及协调工作时，要树立授权与目标管理相统一的观念，坚持效率优先的原则。

在目标管理中，授权的必要性具体表现为：一是授权是完成目标责任的基础；二是授权是调动部属积极性的需要；三是授权是提高部属能力的途径；四是授权是增强应变能力的条件。

2. 授权的原则

中国电科授权的基本依据是责权发生制，要根据被授权者承担的责任授予同等的权力。在授权时还要遵循以下一些原则：一是相近原则。这有两层意思：给下级直接授权，不要越级授权；应把权力授予最接近做出目标决策和执行的人员，一旦发生问题，可立即做出反应。二是授要原则。指授给下级的权力应该是下级在实现目标中最需要的、比较重要的权力，能够解决实质性问题。三是明责授权。授权要以责任为前提，授权同时要明确其职责，使下级明确自己的责任范围和权限范围。四是动态原则。针对下级的不同环境条件、不同的目标责任及不同的时间，应该授予不同的权力。贯彻动态原则体现了从实际需要出发授权，具体可采取单项授权、条件授权和定时授权。五是授权不免责原则。在授权约定的范围内，可以向同级或部属授权，被授权者得到权力的同时，必须承担相应的责任，权力可以完全转移，但责任不能全部转移，做出授权决定要承担最终责任。

3. 授权的内容

投资授权。适当简化审批流程、提高集团及下属单位市场反应速度，对于围绕核心主业开展的产业型投资活动，包括股权投资、固定资产投资（含土地）、无形资产投资以及复合型的投资，集团公司在投资管理办法规定的统一授权基础上，向子集团董事会予以一定的投资总额授权和单个项目投资授权，即专项授权，其中投资总额授权限于海康威视开展的投资项目，子集团本部及其他下属公司开展的投资项目不在总额授权之内，以区分考虑海康威视的发展需要和投资能力。子集团董事会获得的授权，可研究对经营层进行授权，但不得对下属公司进行二次授权。

债务融资及担保授权。凡列入集团公司年度筹资计划（含担保条件）的债务融资及担保事项，全部授权子集团董事会决策，子集团决策后须报集团公司备案。一律不得为集团公司外任何单位提供任何形式的担保。

人事授权。目前，子集团的董事、监事、经营层全部人员由集团公司统一任命并核定薪酬，上市公司董事长、党委书记、总经理等相关人员由集团公司统一任命。参照现代企业制度，发挥董事会的核心作用：一是人事任命授权，子集团的董事长、监事长、党委书记人选由集团公司决定，纳入集团党组管理的子集团其他董监事、经营层、党政领导班子、上市公司董事长、总经理、党委书记由子集团董事会（党委）提名，报集团公司（股东）批准，不纳入集团党组管理的副所级干部由子集团董事会决定。二是薪酬核定授权，子集团的董事长、监事长、党委书记薪酬由集团公司考核决定，子集团的董事、监事和经营层的薪酬体系，由子集团参照集团公司薪酬体系结合实际情况拟定，报集团公司批准。

（二）信任认可体系

1. 信任认可的内涵

信任认可是指通过领导者信任或认同职工的成绩而产生的对职工的激励作用。人们取得成绩后得到大家的认可，尤其是得到领导的承认，会信心倍增，产生很大的激励效果。

信任认可是一种重要的精神激励方式，对领导来说非常容易做，既不必花费太多，效果又好，但要随时注意到员工的成绩并及时给予表扬，才能取得好的效果。

2. 信任认可的意义

中国电科认为信任认可这种非物质的激励方法，不再是可有可无的管理内容。在中国电科，工作本身具有激励力量，为更好地发挥员工工作的积极性，在工作设计时注重工作本身的内在意义和挑战性，给员工一种自我实现感。充分运用信任认可这种非物质激励来激发员工的潜能，应该让其认识到自身的能力，并且激励其自我提升。任何人无论是在社会还是公司中都希望得到别人的认同和赏识，真正实现自我价值的提升，为员工创造工作中的乐趣和成就感。

在公司内部，员工希望自己出色的工作得到公司这个大家庭的认同，希望自己归属于同事群体，成为公司不可缺少的一部分。如果得不到这些认同，他们就会没有工作激情，工作效率变得很低。通过信任认可这种激励方式，可以让人员与公司之间拉近距离，增加向心力，让员工感到他们是公司的主人，而不是公司的苦力。

（三）信任认可激励的方法

集团公司制定一系列的员工管理制度，如岗前培训、考核制度、考勤管理、员工评比制度等，以此规范员工行为，使其更好地为客户提供优质服务。此外每月根据员工行为规范考核计发超时工作工资来激励员工。同时，对一些违反规定的员工，制定相应的惩罚制度。总之，多数员工更是希望自己的工作被赞许、被肯定、得到相应的回报。以合适的方式关注大多数、以合适的策略激励大多数，可使大多数员工获得强劲的成长动力。

二、企业文化的荣誉激励

荣誉激励是通过授予员工各种荣誉来对员工进行奖励，实现员工希望得到社会或集体尊重的诉求，调动员工的积极性、主动性和创造性。

荣誉激励是精神激励中很重要的一种方式。企业通过授予为社会或团体做出突出贡献的人一定的荣誉来激励员工，这既能使荣誉获得者经常鞭策自己，又可以为他人树立榜样和奋斗目标。荣誉激励和一定的物质奖励、晋升、外出培训等结合起来，效果会更好。

中国电科的荣誉激励，以荣誉为平台将物质激励与精神激励、即期激励与中长期激励结合起来，以荣誉体系建设为契机，在集团公司内部营造崇尚荣誉、积极进取的良好氛围，形成中国电科荣誉品牌，从而为集团公司改革发展注入精神动力。

（一）完善荣誉体系

完善中国电科荣誉体系，优化创新荣誉激励方法，提高评选表彰激励作用，使荣誉体系与绩效管理体系、培训体系和职业发展体系有效结合，切实激发员工的主动性、积极性和创造性。对原有的荣誉奖项进行梳理、整合和优化，形成更有整体性、更有层级、辐射范围更广的荣誉体系。同时，严格规范荣誉的项目、评定程序、周期、名额，打造出一套相对固定、覆盖面广的荣誉体系。

1. 设置中国电科最高荣誉

中国电科卓越奖是中国电科最高荣誉奖，奖励为中国电科发展做出卓越贡献或取得瞩目成就的、能够充分体现中国电科核心价值观的楷模。具体做法为：每五年评定一次，由党群工作部和人力资源部牵头制定细则、组织评选，原则上按照系统、整机、元器件三大产品领域，兼顾军品、民品、外贸业务领域，评定3~5名获奖者。同时，对获奖者要加大宣传，打造出属于中国电科的最高荣誉品牌。

2. 规范荣誉奖项

将中国电科荣誉奖项分为常设综合奖、常设专项奖和临时专项奖三大类。常设综合奖是指根据国家有关规定或集团公司因工作需要长期设立的综合类表彰项目，有固定的评选周期。常设专项奖和临时专项奖是指根据国家有关规定，因发生重特大突发事件、集团公司因工作需要设立的专项表彰项目，其中常设专项奖有固定的评选周期，临时专项奖无固定的评选周期。原则上，临时专项奖与特别奖励评定结合进行，无特殊情况，不单独增设临时专项奖。

常设综合奖。一是国家级，如全国劳动模范、全国先进工作者、国家最高科学技术奖、全国先进基层党组织、全国优秀共产党员、全国优秀党务工作者。二是省部级，如集体项目的全国五一劳动奖状，个人项目的全国五一劳动奖章。三是集团公司级，集体项目有中国电科先进单位（五一劳动奖状、七好处室（班组））、先进基层党组织（七好党组织）、优秀领导班子（七好领导班子）；个人项目有中国电科终身成就奖、最高科学贡献奖、先进工作者（劳动模范、五一劳动奖章、七型员工）、优秀共产党员（七好党员）。

常设专项奖。以集团公司级专项表彰奖励为主，由各业务归口部门负责提出具体的奖项评定办法。具体见《集团公司级表彰专项项目名录》。

（二）形成阶梯式的荣誉激励通道

梳理规范荣誉体系，构建国家级、省部级、集团公司、成员单位荣誉通道。明确国家级、省部级常设、重要荣誉奖项对应的集团公司级乃至成员单位级荣誉奖项，形成向省市自治区、行业、国家更高层次荣誉奖项输送的层级，打通员工荣誉层级发展通道，建立荣誉候选机制。原则上，国家级和省部级奖项应该从集团公司级同类奖项获得者中进行推荐，集团公司级奖项应该从成员单位同类奖项获得者中进行推荐。提高荣誉分量，增强荣誉推荐的透明度。

1. 集体项目

（1）成员单位先进集体，中国电科先进单位（五一劳动奖状、七好处室（班组）），全国五一劳动奖状。

（2）成员单位先进基层党组织，中国电科先进基层党组织（七好党组织），全国先进基层党组织。

2. 个人项目

（1）成员单位先进工作者，中国电科先进工作者（劳动模范、五一劳动奖章、七型员工），全国五一劳动奖章，全国劳动模范、全国先进工作者。

（2）中国电科最高科学贡献奖，国家最高科学技术奖。

（3）成员单位优秀共产党员，中国电科优秀共产党员（七好党员），全国优秀共产党员。

（4）成员单位优秀党务工作者，中国电科优秀党务工作者，全国优秀党务工作者。

（三）维护荣誉激励的权威和公正

持续、公开、公正地开展各类荣誉奖项的评审、评价工作，探索荣誉评审群众参与机制，特别是提高中国电科最高荣誉奖项的群众参与度，提升荣誉的知名度和影响力。

在荣誉评审程序上严格规范，对于综合类荣誉，引入常态化的提名，公布候选、公示等程序，强化荣誉的权威性和公正性；对于专项类荣誉，引入申报、答辩交流、申报材料内部传阅等程序，借荣誉平台创造业务工作交流学习机会。

（四）提高荣誉激励的含金量和影响力

创新荣誉表彰机制，在物质奖励外探索更具吸引力的表彰办法，将荣誉激励与带薪休假、培训、职业发展等激励相结合，给予荣誉获得者更多提升自己的资源和机会。

同时，将荣誉体系与绩效管理体系、培训体系和职业发展体系有效结合，增加员工获得荣誉的砝码，让员工清晰地明白获得荣誉的途径和努力的方向，使荣誉真正起到引导、激励和促进作用。

三、企业文化的情感激励

（一）真情感动的榜样激励：“馒头花”的故事

2016 年 1 月 6 日晚 20：30，熊董事长办公室，熊董事长要看一下国资委批复集团公司外部董事薪酬的 1 号文件，我送到熊董事长办公室，看到熊董事长一边与靳秘书交谈，一边在喝水啃馒头，靳秘书见我来了，出来和我交接文件，熊董事长听到我与靳秘书的谈话声，从室内走出来，我们三人站着说话，我站在熊书记的右首边，靳秘书站在熊董事长的左首边，当我抬头注视熊董事长时，看到了在他嘴角馒头花，突然间，我的泪水禁不住湿润了眼眶，眼中的熊董事长，已被泪水所模糊……那天夜里，我感动不已，加班到凌晨 1：30。

我见过熊董事长与同事们加班吃盒饭的很多场景，他见过夜深人静，途经 2202 房间时的灯火通明，都不如这次我心灵深处的震撼。因为我知道，熊书记是南方人，不喜欢吃馒头，也因为我清楚，熊书记心细如发，对工作有着完美追求，唯一不知道的是他在生活中，对自己如此漫不经心。

（二）真情感动的榜样激励："午夜零点的邂逅"

2014 年 9 月 16 日深夜 00：30，我们修改完《中国电科企业年金计划审批说明书》，走到一楼大厅，迎面遇到樊总拿着资料走上楼来，才知道他在 29 所办事处开完会，要去办公室审阅文件报告。几天后，才知道，为了几位书记的报告，樊总数夜未眠，逐字逐句地修改、批示。樊总 50 多岁了，不管什么时候见到他，都是神采奕奕，浑身是劲，让年轻人都羡慕不已。听同事讲，樊总在乌镇世界互联网大会期间，三天只休息了 6 个小时，这种干事的激情，这种对工作的责任感，这种全身心的投入，是对 13 万中国电科员工最好的动员。排除干扰、埋头做事，樊总给我们做出了表率。樊总经常说，"用自己的工作实绩回答一切"。人生职业的选择最根本的是选择"老板"，我非常幸运地选择了中国电科，这样有着一支实干队伍的团队，有着一位"从大处着眼，从实处着手"的富有责任感的"老板"，他勤勉而又忠诚，值得每一位员工加以称道，树以榜样。

（三）真情感动的榜样激励："站好最后一班岗的老兵"

军工部的专务赵珊，是一位已经退休一年多的老同志，在军工电子领域奋战了四十年，常常用一个"老兵"的称谓自诩，多年积劳成疾，患有严重的肾病，靠每周两次的"透析"维持生命。但赵珊对待工作兢兢业业，一丝不苟，有一次陪同特情系统的同志去合肥出差，是在医院刚刚做完"透析"后，背起行囊踏上出差旅程的，令同行的集团外同仁们感动不已，特情系统的同志们深情地表达，只要是电科的事，是赵专务的事，他们义不容辞。

（四）真情感动的榜样激励："铁打的柔情女汉子"

人力资源部考核与薪酬管理处前任处长裘颖，负责推进全面经营管理绩效考核项目工作，说不清熬了多少夜，加了多少班，孩子要高考，不能陪在身边给予鼓励，老公遇车祸，都没能去医院陪伴给予安慰，由于过度的劳累和沉重的压力，晕倒在电梯间，身体刚刚恢复，马上出现在研讨会的现场，睿智地解答方方面面的疑虑，令我这位继任者如履薄冰，感动不已。

（五）真情感动的榜样激励："鲜血染红的发展规划"

段洣晶，集团总部规划计划部高级专务、副主任，战略中心副主任，中国电科的"活字典"，把一腔热血喷洒在自己深情耕耘的电科热土上，2014 年 11 月 26 日因公殉职在写规划的书桌前，时年 54 岁，被中国电科党组追任为"优秀党员领导干部"。由于长期积劳成疾，加之囊肿切除手术恢复不佳，2013 年以来段洣晶同志肺结核病复发，又罹患糖尿病。2014 年 8 月以来，段洣晶同志在大病尚未痊愈的情况下，以高度的责任感和忘我的敬业精神，深入细致地做好承担的各项工作。8 月底主持召开了军事电子史研讨会，代表集团公司主动向组长单位 CEC 提出了关于《军事电子史》的具体修改意见，得到了 CEC 的高度认可。9 月，根据集团领导对规划计划部和发展战略研究中心后续工作的安排部署，结合自身对事业的热爱和长期的工作积累，在深入思考的基础上，提出了集团公司战略规划研究的工作思路和工作重点。10 月，段洣晶同志开始逐步将工作重心放到了对集团公司工作报告的研究上，为此，他提出了要"有目标、有组织、有计划"地完成好 2015 年工作纲领研究工作的思路，为承担具体工作的发展战略研究中心提供了工作依据。2014 年 11 月 26 日，段洣晶同志忍着"大出血"的剧痛参加规划讨论会，直到生命的最后一刻。他的事迹在我们为其办理工伤手续时，每每讲到像段洣晶这样的电科人时，令接待我们的海淀区工伤科与工伤政策研究所的领导和同志们感动不已。

还有许多人的故事，无时无刻地激励着我，鞭策着我，让我无法平静。

这些平凡而又至纯至美的故事，是我两年来收获最多的感动，是强大的精神支柱，是电科文化中散发出来的"干事创业"的魅力与感染力，而我自己很内疚，内疚的是能力所限，没有把领导交代的工作干好，还有许多的工作没有完成。在集团公司交流挂职的 672 天的无数感动，用一句话来总结，那就是"天道酬勤、厚德载物"。

世界上有哪一种激励方式能比企业负责人的以身作则、亲力亲为对员工心灵的震撼之深、影响之广、激励之大，这种干事的激情，这种工作的责任感，这种全身心的投入，是对 13 万电科员工最好的激励。中国电科，有这样朴实、勤勉的领导，有这样蛮拼、务实的员工，还有什么困难不可战胜，还有什么目标不可实现！

使命召唤，责任重托，国家期待听到中国电科的声音，看到中国电科的答卷。中国电科栉风沐雨、砥砺前行，在刚刚过去的一年里，实现了经济发展的逆势上扬，收入和利润增长双双突破 30%，有望实现高质量进入世界 500 强的阶段目标。在央企经营业绩考核中，取得了连续 12 年 A 级和连续 4 个任期考核 A 级的优异成绩。

成绩的取得，得益于中共中央、国务院、国资委对中国电科“安全与智慧”的责任赋予和高度信任，得益于十八大关于“信息化和工业化深度融合”的谋篇布局，得益于全系统 13 万电科人戮力同心的卓绝奋斗，也得益于集团公司探索“心”动情感的文化驱动力的成功实践。

激励协同实验田　机制激励创新忙

第八章

“忻”悦莘莘的机制驱动力

一个好的制度可以使人的坏念头受到抑制，而坏的制度会让人的好愿望四处碰壁，中国的企业里，每天上演着“劣币驱除良币”的人生悲喜剧，是体制，还是机制？是道德，还是良知？是是非非，无从辨析，但千变万化之中，孕育着国人的智慧，演绎着机制的创新，莘莘不息，忻悦不止。

国不可一日无法，党不可一日无纪，企业不可一日无机制。

习近平总书记指出“实施创新驱动发展战略，最根本的是要增强自主创新能力，最紧迫的是要破除体制机制障碍”，“关键是要抓住突出问题和关键环节，找出体制机制症结，拿出解决办法”，“不管建立和完善什么制度，都要本着于法周延、于事简便的原则，注重实体性规范和保障性规范的结合和配套，确保针对性、操作性、指导性强”，“使制度成为党员、干部联系和服务群众的硬约束”。机制建设的规则前所未有，制度执行的力度前所未有，贯彻落实习近平总书记的“制度硬约束”重要思想，关键在于制度的遵守，为此，应该打“组合”拳，打赢制度执行的攻坚战。

第一节 “七心”激励组合与协同

1+1<2，是技能人才。装配件之间的工差配合，要小于工件与工件之间的距离，这样干出来的活，才会合格；干的数量越多，单位价值越低。

1+1=2，是研发人才。精准是科研人员的基本要求，精确是研发技术人员的思维素养，研发就是把个人价值向产品价值转移的过程，转移越多，产品价值越高。

1+1>2，是管理人才。管理是对有形资源进行配置的过程，配置的目的是实现资源价值的增值，也就是在配置过程中产生大于资源自身价值的增值，所以说，管理出效益。

1+1>11，是经营人才。经营是利用所有可利用的有形或无形资源，实现利益最大化的过程；经营得好与不好，关键是机制。

1+1>1111，是企业家。企业家之所以能创造出百倍、千倍，甚至万倍的价值，是因为企业家的能力、素养和冒险精神。

企业生产经营的四大生产要素中，最难得的不是土地、资本和劳动，而是企业家才能；在各类人才中，具备企业家才能和素养的人才最难得，古今中外，概莫能外。

企业家最主要的行为特征是追求创新。所谓企业家，无非是那些实现经济要素新组合的人，是经济发展的带头人，其作用在于创新，即实现新的组合。因此，组合能创造价值，组合协同能创造更大价值。

面对新形势，中国电科党组以问题为导向，从激励机制体系建设入手，通过激励的组合、激励的协同、激励模式的组合协同，实现了激励的阶段性目标，实现了驱动力的转换升级。

一、基于四支队伍的激励组合设计

通过构建模块化的系统激励组合包，建立不同功能的一揽子激励措施，实现既定的激励目的。同时，也为在特定组织、对象和情景下的有效激励提供组合的依据。

表 8-1 四支队伍的激励组合

队伍	类型	对象		激励组合包编号
经营管理	领导干部	领导人员	领导正职	CIP1-1-1
			领导副职	CIP1-1-1
		中层干部	技术干部	CIP1-1-2
			行政干部	CIP1-1-2
		产业高管	产业经营层	CIP1-1-3
	职能管理人员	行政管理		CIP1-2-1
		后勤服务管理		CIP1-2-2
	班组长	科研班组长		CIP1-3-1
		生产班组长		CIP1-3-2
专业技术	院士/首席专家	院士/首席专家		CIP2-1-1
	科技创新团队	科技创新团队		CIP2-2-1
	技术研发人员	预先研究		CIP2-3-1
		开发设计		CIP2-3-2
		调试测试		CIP2-3-3
专门技能	技能带头人	技能带头人		CIP3-1-1
	关重件攻关团队	关重件攻关团队		CIP3-2-1
	加工制造人员	核心工种		CIP3-3-1
		生产支持		CIP3-3-2
市场营销	营销大师	营销大师		CIP4-1-1
	市场人员	市场策划		CIP4-2-1
	营销人员	销售		CIP4-3-1
		销售支持		CIP4-3-2

（1）经营管理—领导干部—领导人员组合激励包（CIP1-1-1）（略）。

（2）经营管理—领导干部—中层干部组合激励包（CIP1-1-2）（略）。

（3）经营管理—产业高管—产业经营层组合激励包（CIP1-1-3）（略）。

（4）经营管理—职能管理—行政管理人员组合激励包（CIP1-2-1）（略）。

（5）经营管理—职能管理—后勤服务组合激励包（CIP1–2–2）（略）。

（6）经营管理—班组长—科研班组长组合激励包（CIP1–3–1）（略）。

（7）经营管理—班组长—生产班组长组合激励包（CIP1–3–2）（略）。

（8）专业技术—院士/首席专家组合激励包（CIP2–1–1）（略）。

（9）专业技术—科技创新团队组合激励包（CIP2–2–1）（略）。

（10）专业技术—技术研发—预先研究人员组合激励包（CIP2–3–1）（略）。

（11）专业技术—技术研发—开发设计人员组合激励包（CIP2–3–2）（略）。

（12）专业技术—技术研发—调试测试人员组合激励包（CIP2–3–3）（略）。

（13）专门技能—技能带头人组合激励包（CIP3–1–1）（略）。

（14）专门技能—关重件攻关团队组合激励包（CIP3–2–1）（略）。

（15）专门技能—加工制造—核心工种组合激励包（CIP3–3–1）（略）。

（16）专门技能—加工制造—生产支持人员组合激励包（CIP3–3–2）（略）。

（17）市场营销—营销大师组合激励包（CIP4–1–1）（略）。

（18）市场营销—市场—市场策划人员组合激励包（CIP4–2–1）（略）。

（19）市场营销—营销—销售人员组合激励包（CIP4–3–1）（略）。

（20）市场营销—营销—销售支持人员组合激励包（CIP4–3–2）（略）。

二、基于生命周期的激励组合设计

企业生命周期是企业产生、成长和最终衰落的过程。根据企业生命周期模型，结合被理论界广泛认可的四阶段模型，本书将企业生命周期分为四个阶段。

人力资源管理作为企业管理中的一项重要职能，是一个组织对人力资源的获取、维护、激励、运用与发展的全部管理过程与活动。人力资源观念起源自 20 世纪 60 年代，原被称作“人事管理”。它们的主要区别在于人力资源视员工为组织的资产，因此需要为员工发展各种人力资源规划与招募、薪资福利、教育训练、职涯发展等服务功能，而非传统局限于人事行政的业务。

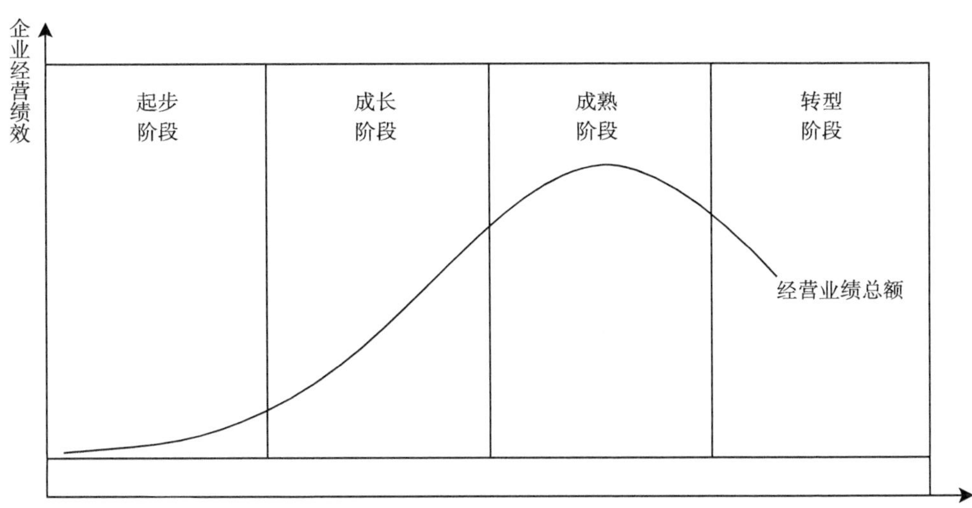

图 8-1　企业经营全生命周期的四个阶段

那么从人力资源管理的角度去思考，在企业的不同生命周期阶段，进行怎样的人力资源管理才能够使企业保持旺盛的生命力呢?

(一) 创业期的人力资源管理

1. 企业创业期特点

企业创业期面临的生存压力较大，在这一经营阶段，企业家精神是整个企业发展的核心，企业的成长和发展必须拥有运作上的弹性和对市场变化做出反应的敏感性；企业人员数量需求较少，培训开发的职能也很少，但质量要求很高，最好能独当一面，支撑一个部门，理想的标准是主要挑选那些有相关工作经验的应聘者；因资金缺乏、知名度低、管理水平低、管理不规范等很多原因，缺乏对外部人才的吸引力；公司的灵活性大，从业人员少，没有明确的分工，常常是以一当十，因此还不可能建立一套成熟的人力资源管理体系，也不可能对职位进行详细的工作分析等。

2. 创业期人力资源管理

在创业期，企业人力资源管理的重点是吸引优秀人才并迅速开拓市场，以谋求在激烈的竞争中存活下来。该阶段企业的发展与绩效主要依靠关键人才特别是企业创业者的个人能力和创业激情。

企业创业期招聘时底薪少、录用标准模糊，强调工作的弹性和能力，鼓励员工刻苦工作和自我发展。人力资源配置上，多为高能低配，即高能力的人配置到低位置上，而实力不足的创业公司在人力资源配置上，多表现为低能低配，即低能力的人配置到低位置上。绩效管理上，更多的是以结果为导向，重视员工对企业目前发展的贡献。薪酬上，通过较高的有竞争力报酬来奖赏，奖赏的方式是鼓励员工追求获得未来的潜在收益，比如通过投资入股、给予股票期权等，用企业愿景吸引大量人才加入公司。

创业期人力资源管理的核心是：充分发挥创始人的人格魅力、创造力和影响力，用亲情留人，并为员工设计自己的职业生涯规划，在工作中发现技术型和管理型人才，为以后企业向规范化、制度化方向发展打下坚实的基础。同时，在这一阶段，由于人员较少，企业常常缺乏专业的人力资源管理知识，而是由企业的创立者直接控制企业，人力资源管理决策与活动大多由企业主直接进行。

（二）成长期人力资源管理

1. 企业成长期特点

经历了创业期的艰难，企业进入成长期。成长期的企业发展迅速，企业规模不断扩大，企业发展战略的核心是如何使企业获得持续、快速、稳定的发展。企业进入成长期，这一阶段企业典型的特征是产品或服务市场扩大、部门增多、规模扩大，企业的生产人员和销售人员也大量增加；处于这一时期的企业员工数量会越来越多，单靠创业者个人或几个人维持企业运行的粗放型管理已经不再适应企业发展，需要有更高效率的规范化管理来促进企业发展；企业需要留住人才，并且确保员工在早期能维持对企业的忠诚度，企业要发展下去，不但要留住内部的优秀人才，还需要从内部选拔和外部招聘相应的技术、管理、市场人员；企业对人力资源数量的需求不断增长，不但要得多，而且要得急；企业对员工素质有更高的要求，不但要求拿来就能用，而且要求上手快；由于规模的扩大、人员的增多，因此需要设置不同的部门，这就要求进行细致的工作分析，来界定各个部门与部门内部成员之间的工作与活动，这要求人力资源部必须改变状况，由专业的人力资源管理人员或部门实施管理。

2. 成长期人力资源管理

随着企业经营的稳定，企业的规章开始建立起来，企业的组织结构也开始明确，企业进入规范化管理阶段。人力资源管理的重点是向专业化、规范化转变。

招聘上，企业在录用新员工时就有了自己的标准，要根据岗位的具体要求来挑选能适应的职员；由于新员工的大量进入，老员工的工作职责与岗位变动较大，培训与开发也变得重要起来，并且对员工培训的针对性要求高起来，要根据不同岗位的不同要求来实施培训；加强组织建设和人才培养，大量吸纳高级人才，让员工从事具有挑战性的工作，丰富工作内容，承担更多责任；随着新员工的加入与规模的不断扩大，原来的老员工要晋升到合适职位上去。企业在快速发展的同时，也存在大量的问题，如人才结构不合理、人才数量短缺，人力资源配置上多表现为低高配置，即低能力的人配置到较高位置上。主要原因是：新进人员熟悉企业环境慢，不能迅速认可企业文化；技术人员不能赶上技术发展趋势，技术优势减弱；市场人员不能充分了解产品和市场情况，服务能力不足；管理人员难以行使有效的职能；岗位工作职责的相对固定，使得对员工的工作内容能够进行清晰的界定与区分，因此绩效管理和薪酬管理能够基于个人来实施，要加强对员工行为的考核，以确保规章制度的贯彻，同时该阶段企业的发展任务是比较重的，因此对员工的薪酬与绩效管理都要与目标和结果联系起来，这样才能更好地激发大家的工作积极性与主动性。

企业领导者不再直接从事人力资源管理的专业职能活动，人力资源管理开始有比较正式的政策和工作程序，人力资源管理制度开始健全，开始引进更先进的程序和系统。例如，采用更成熟的招聘和遴选方法，制订生涯管理计划、培训计划，实施绩效评估系统，组织发展和规范的报酬体系。

但是，由于成长期企业的规章制度还不是很完善，高层管理者对基层管理者的控制较多，使基层人员缺乏必要的自主性，影响积极性的发挥。这就要求人力资源管理要进行详细的工作分析，清楚地界定各个部门和岗位的工作职责与职权；要建立完善的绩效管理体系，对基层进行有效的监督，以保证基层行为的规范性。

（三）成熟期人力资源管理

1. 企业成熟期特点

成熟期是一个企业一生中最辉煌的时期，限制企业发展的一些障碍逐渐被企业突破，企业规模、销量、利润等都达到了最佳状态，到了这个时期，企业有了一系列规范化的制度，企业高层更多地思考战略性与全局性的问题，日常的管理都由中层与基层管理人员完成。企业发展的重点更多地转移到维持稳定的运行和提高企业的效益上。

2. 成熟期人力资源管理

人力资源管理活动更加规范，要依照既定的制度管理；培训开发的重点是对中基层管理者管理知识的培养与管理技能的提高，同时对普通员工的规章制度的培训和对所有员工进行的价值观培训也重要起来；在人力资源配置上，多表现为高高配置，即高能力的人配置到较高位置上；在绩效管理与薪酬管理上，要调整薪酬体系结构，适当增加长期性的报酬，以稳定员工队伍，同时薪酬总额要与企业利润挂钩，同时要从以个人为基础转变为以团队为基础，实行团队薪酬与团队绩效。通过绩效管理，不断注入创新机制，使之青春常在，保持活力。

在这一阶段，企业也容易得“大企业病”，即企业易骄傲自满、沟通不畅、滋生官僚主义、创新精神减弱。由于企业发展相对稳定，工作的挑战性减弱、丰富性减弱，很多经理人在职业生涯中，当谋求进一步发展时，遭遇到了瓶颈，在面对“职业天花板”时，经理们也开始考虑是否仍要在该企业干下去。人力资源配置上，出现高高配置，即高级人才高位使用。这一时期的人力资源管理核心是激励组织的灵活性，具体措施是建立“学习型组织”、提供企业发展远景规划、建立人力资源储备库，采取比竞争对手更为优秀的人才垄断战略；组织岗位设计分析，明确人员职责；加强针对性培训，解决老员工知识老化问题；激励手段多样化，吸引、留住企业所需人才；制订关键岗位的人力接力计划，以防止关键人才跳槽或突发事件的发生。

（四）衰退期人力资源管理

1. 企业衰退期特点

随着企业的继续发展，企业市场萎缩，运营机制老化，企业盈利能力下降，职工队伍不稳定，员工士气不高，不公平感增强，对自己职业生涯发展的期望值降低，敬业精神弱化，人才浪费严重，企业缺乏激励上进的组织气氛，企业会不可避免地步入衰退期。

2. 衰退期人力资源管理

企业管理的重点向“成本管理”倾斜，开源节流，人力资源管理的重点是人力成本控制，通过资源的精细化分配，节约成本以延缓衰老，一般采用制订提前退休政策、淘汰机制、精兵简政等手段。企业的人力资源是低低配置，即低级人才低级使用。此时的企业有两种前途：要么衰亡，要么蜕变。此时的人力资源战略核心是人才转型，对职工后期发展出路给予指导，在新的领域进行人才招聘和培训，实现企业的二次创业。

企业要发展就必须进行大的变革，进入新一轮的发展周期。衰退给企业带来一系列问题，其中很多问题在上一个时期就开始出现了。人力资源的工作重点是如何合理地减少冗员；在绩效管理与薪酬管理上，对人力资源成本加强控制；企业要从外部招聘大批新的管理人员给企业注入新的血液，带来新活力；培训开发要灌输危机意识，为变革者营造良好氛围；在绩效管理与薪酬管理上，加大对高者的奖励与低者的惩罚力度，配合变革的推行。

总之，任何企业都有生命周期的变化，企业在生命周期的不同阶段有不同的矛盾和特点，其人力资源管理的重心有所不同，采取的激励组合也会有所不同，人力资源管理者必须根据企业生命周期的特点，采取积极的创新措施，以制定与企业发展阶段相适应的协同动力机制，使企业具有长足的活力，使企业“永葆青春”。

三、基于五大业态的激励组合设计

为实现集团公司“国内卓越、世界一流”的企业目标，提升人才队伍建设对五大业务板块发展的影响力、控制力和带动力，要吸引一批相关重点领域的核心人才，凝聚一批在相关的重点领域具有国际竞争力的一流人才，建立具有国际竞争力的人才工作机制（牵引机制、激励机制和约束机制），努力培养造就一支与集团公司战略目标、业务发展相匹配的一流人才队伍。

（一）军工电子板块

根据《中国电科军工电子中长期发展规划（2013~2020）》目标，2015 年，集团公司要围绕提升基于信息系统的体系作战能力的发展要求，以解决信息化武器装备体系建设、高新技术发展和军民融合发展等核心问题为主要任务，加快军队信息化建设，加快军民融合、深度发展，促进军品出口与国际合作，加强科技创新体系构建。

第一，要在军事电子信息装备建设领域的核心关键环节具有较强的主导力。尤其要进一步巩固增强集团公司在指挥控制领域、预警探测领域、情报侦察领域、通信领域、电子对抗领域等传统专业领域的优势地位。

第二，要重点突破全军综合电子信息系统顶层设计和推进。尤其是要针对一体化作战和各军兵种作战任务特点，培养面向应用、面向能力、面向市场的军队信息化武器装备发展能力。

（二）民品产业板块

根据《中国电科民品产业中长期发展规划（2013~2020）》目标，2015 年，民品产业销售收入超过 930 亿元，利润达到 90 亿元，基本建成符合现代企业制度的产业平台体系和科技创新体系，成为国家电子信息产业发展的重要力量。在安全电子、软件与信息服务、装备与新能源、半导体材料与电子元器件等领域的产业化技术水平国内领先，部分达到国际领先水平，取得了一批具有重大影响力的重要科技成果，专利数量和质量明显提高。主导产业国内市场占有率居行业或领域前列，主导产品力争进入国内前三名，并在国际市场占有一席之地，形成“主导产业重点发展，第一梯队主导新兴产业重点培育，第二梯队比较优势产业鼓励发展”的梯次型发展模式。

第一，逐步按照总部、业务单元（产业/区域子集团、专业公司）、运营单元来设置业务责任及管理层级，通过划分业务线来构建业务管理框架，将性质相同的业务组成业务单元，强调核心业务线条的划分和职责，以实现业务绩效管理和核心竞争力的提升。

第二，结合改制转企逐步建立现代企业制度，改变传统军工思维经营产业的模式，营造产业发展的良好氛围和环境。

（三）国际化经营板块

根据《中国电科国际化经营中长期发展规划（2013~2020）》目标，2015年，要初步建立起适应国际化经营的现代企业制度和规范的法人治理结构，体制机制建设符合国际化发展的要求；经营模式多元化发展，国际工程和投资业务稳步发展，国际合作有力促进主业发展；统筹国内外两种资源，具备一定的境外人才、科技等资源利用能力，经营能力和水平快速提高，风险防控体系建设不断完善，为实现世界一流企业目标奠定坚实的基础。

第一，建立国际化经营领军人才引进机制，树立国际化选人用人理念。按照国家“千人计划”、“企业经营管理人才素质提升工程”等政策规定，引进国内外高层次国际化经营人才，完善国际业务人才队伍体系，打造一支综合素质高、业务水平强、具有国际视野的经营管理队伍、市场营销队伍和技术专家队伍，保障国际业务快速发展。

第二，建立国际化经营人才选拔和聘用机制，将其纳入集团公司人才发展总体规划并优先实施。选拔管理与业务能力强，且具备较强外语沟通能力的人才，创造机会丰富其工作经验；发挥集团公司丰富的人才优势，在加强各成员单位国际化经营骨干人才交流的同时，吸引各方面优秀人才参与国际业务，通过重点培养、海外任职等方式，促进人才脱颖而出并快速成长。

第三，建立国际化经营专业人才选拔培训机制，确保国际化人才队伍可持续发展。选拔既懂国际业务，又有一定基础的青年专业人才，充分利用外交部、商务部、国资委等政府部门的培训计划，以及国际机构和国际知名企业的专业培训项目，有计划地培养国际金融、财务、法律、经济、翻译、专门技术等专业领域的国际化人才队伍，为集团公司向国际化企业转型提供人才保障。

（四）科技创新板块

根据《中国电科科技创新中长期发展规划（2013~2020）》目标，2015 年，集团公司在电子信息领域系统、整机设备、电子元器件、基础材料、制造工艺全部专业以及先期技术开发、基础研究、应用研究、系统集成试验等方面实现全过程的科技创新布局。在集团公司关注的 22 个大领域、99 个分领域进行整体专业技术水平分析，有 49 个处于领先及优势地位，44 个处于行业平均水平，6 个处于劣势或空白，竞争激烈，需要加强和突破。

第一，要巩固加强传统优势领域技术发展和产业引领。如在电子信息系统、雷达探测、信息对抗、导航测控的重点领域达到国际先进水平；在微电子、光电子、真空电子、电能源等领域占据国内优势地位。

第二，要重点加强系统顶层设计，突破主导产业发展的关键技术。如在航天电子、航空电子、安全电子、新能源、电子装备制造等应用领域具有较强的核心竞争力。

第三，要探索突破新兴领域前沿技术。如在太赫兹、超导材料等前沿技术领域进行了先期布局，具有较强的创新基础。

（五）资产经营和资本运作板块

根据《中国电科资产经营中长期发展规划（2013~2020）》和《中国电科资本运作中长期发展规划（2013~2020）》目标，2015 年，集团公司资产经营要完成投资总额 170 亿元，其中，军工固定资产投资 50 亿元，民品产业投资 90 亿元，其他战略性投资 30 亿元，资产证券化率达到 30%，兼并收购 10 户企业，完成 1 个产业板块上市；集团公司资本运作要坚持以发挥、完善综合型金融控股公司平台为基础，创新盈利模式，提高收益水平；积极利用资本运作业务统筹产业投资，优化产业布局，推进产融结合，降低运营成本，提高资本配置效率；围绕集团主导产业和战略布局，支持新领域、新技术研发和重大资产并购、重组。

第一，发挥财务公司非银行金融机构优势，成为集团公司资本运作业务的平台。

第二，发挥上市公司在资本市场的优势，成为集团公司资本运作业务的投融资平台。

第三，以金融控股公司为核心，涵盖财务公司、证券公司、信托公司、产业投资基金等多形式、多层次的金融业务，构建综合性金融板块。

四、基于组织整合的六种模式组合协同

企业发展的动力，除了人的因素之外，组织因素、体制因素、机制因素以及各因素的组合协同等都是不可小视的动力源泉。

2012 年，集团公司确立了“一二五四三”总体发展思路，发布了《集团公司中长期战略规划纲要》。2013 年是集团公司改革发展的大年，是开启组织方式、发展模式转变的重要一年。为落实集团公司《中长期战略规划纲要》，集团公司加快推进集团相关板块资源整合，探索新的发展模式、运行机制和管理体制，逐步向事业部和功能院结构调整，承担功能系统和装备一体化综合设计、制造与集成，带动相关板块部件、整机、系统整体发展，形成体系。中国电科在加强员工激励机制建设的同时，对企业发展中的体制机制、组织架构、资源配置和专业融合进行了一系列的改革试点工作，通过构建“集团、子集团/事业部、成员单位”三层架构二级管理的新型集团化管控模式，实现资源整合、专业融合，使企业发展焕发出勃勃生机，展示了协同动力机制建设的强劲动力。

中国电科协同动力机制创新出“子集团专业协同”模式、“事业部专业协同”模式、“一体化运营协同”模式、“大所＋专业所协同”模式、“子集团＋上市公司协同”模式、“子集团＋一体化运营协同”模式六种组合协同模式。

（一）“子集团+一体化运营协同”模式

声光电子集团分层次、分步骤推进资源整合和一体化运行，迎来“发力”期。

声光电子集团是集团公司模拟集成电路、微声器件、光电器件的专业型子集团公司，是根据国家国防科工局关于统筹规划、分步实施，逐步推进重庆三所融合、重组，对基础设施和相关共用条件集中建设、避免重复建设、实现优势互补，多渠道筹集资金的指导精神而组建的；是中国电科集团与重庆市政府开展战略合作的重要措施；更是中国电科集团为了整合重庆地区优势资源、打造具有行业领导地位的高科技子集团而做出的一项重要战略部署，是集团公司实施“一二五四三”发展总体思路和转型升级战略的重要举措。

实行资源整合、改革发展，也是中国电科重庆地区适应市场化环境、进行体制机制创新、优化资源配置、发挥优势、克服劣势、提升核心竞争力、履行军工任务使命、大力快速发展民品产业的迫切需要和内在要求。一是以民品产业为突破口，破除体制机制的束缚，发挥示范、带动作用。为解决原民品产业作为军工研究所附带业务，积极性不高、发展后劲不足等弊端，同时扭转散、小、弱等劣势，公司将民品产业从研究所剥离出来，成立专门部门，负责对整个子集团的民品产业进行统筹和一体化经营，并改选公司董、监事会，完善公司现代企业制度，提高管理水平，对各产业公司实行有效激励性考核，让产业发展遵循市场规则，提高了产业公司经营领导班子的积极性，激发了民品产业公司的活力，整个公司的民品产业 2012 年首次超过了军品产值，并且连续实现 30%以上的高速增长，发展态势喜人，彰显了体制机制改革和统筹一体化的活力和效果，可为下一步开展军工专业及其他业务整合提供借鉴。二是在资源整合和一体化运行上稳步推进，按照改革和发展同步推进、统筹兼顾的原则，分层次、分步骤实施。根据公司实际和特点，对资源和业务进行全面梳理，按成熟度、轻重缓急和子集团建设进展需要分层次、分步骤推进资源整合和一体化运行，如规划发展、党建纪检、能力建设、民品产业等已经完成了整合，实现了一体化运行，并取得了良好效果；财务与资产经营、人力资源等正在推进整合和一体化运行；物资采购、检测质量、专业发展等正处于整合和一体化运行的策划阶段。三是充分发挥整合效力和子集团平台优势。通过整合，声光电公司对相关资源进行了重组和优化，不但充分利用了资源，提高了资源利用的效率，还发挥了资源的整体合力，使许多在资源整合前不能做、办不到的大事、要事得以办成、办好，如微系统发展方向的确定、后勤保障的统筹等。同时，声光电公司充分发挥作为集团公司子集团的平台优势，在市场策划、任务争取、对外合作等方面，取得了单个研究所难以取得的成绩，如文博保护项目、国有资本金项目的成功策划，与重庆市地方政府进行北斗导航产业的合作等。

（二）“子集团+上市公司协同”模式

海康子集团强化资源整合，创新发展模式，呈蓬勃之势。

海康子集团体制机制改革是信息时代的技术、市场、商业模式飞速发展的主动应变；是集团公司“世界一流、国内卓越”发展战略的操作实施和“三个转变”思想的工作落地；是安全电子板块进行业务发展部署的需要；也是自身业务突破百亿之后，突破原有的研究院所发展模式，满足资源整合强化、发展模式创新的实际需求。

海康子集团本着有利于创造良好环境促进核心业务的发展，有利于安全电子产业资源的整合，有利于激励约束机制的到位，有利于战略定位和目标明确的改革思路。一是遵循集团主导，保证战略方向。在集团公司的主导下，与规划计划部、民品产业部、资产经营部等集团公司诸多职能部门密切合作，加速推进了海康集团组建工作。海康集团站在集团公司经营顶层来思考本产业板块发展问题，是集团公司在安全电子产业板块战略目标实现的承担主体，将为集团公司可持续发展提供动力和保障。二是以 52 所为基础，实现平稳过渡。海康集团以原 52 所的主要职能部门为顶层管理基础，以原 52 所下属的企业单位、研究机构等为业务运营核心，组建成为中国电科的安全电子产业子集团。海康集团成立以后，52 所作为海康集团的托管单位，主要承担军工业务等职能，并根据国家企事业单位改革的进一步要求，进行二次变革。这种体制改革模式，在管理机制和运行机制上实现了平稳过渡，对人员和业务的影响都比较小，有利于保障海康集团业务的持续稳定发展。三是采用“子集团+上市公司”的创新模式。可以最大限度利用两者的优势，相辅相成、相得益彰。海康集团将充分发挥专业产业集团的功能，为上市公司商业运作和业务布局提供良好保障；上市公司将聚焦战略市场，专注业务发展，为海康集团提供资本化运作的通道。四是强化海康集团顶层职能，推进机制建设。按照现代化企业体制机制改革的要求，海康集团提出了建立和强化“四大顶层平台”的发展思路，包括顶层战略市场平台、顶层项目集成平台、顶层研究院平台、顶层培训平台，以便充分保障业务的发展、资源的整合，以及战略意志的统一和推动。同时，积极进行了薪酬体系改革、风险管控机制等机制的研究，保障企业的健康发展。

（三）“子集团专业协同”模式

装备子集团坚持科技引领、促进产业带动、优化产业链条，着力打造高科技电子制造装备与新能源产业集团。

电子工艺装备是集多种技术于一体的综合系统工程，涉及原材料、元器件、软件、系统集成、零部件、工艺等，是国民经济综合实力的体现，是国防和国民经济自主、可控、创新发展的根本要素，决定了整个电子信息产业的制造水平和国防工业、国民经济效益。装备制造业水平是国家科技综合实力、核心竞争力的重要体现。中国电子科技集团公司 2 所、45 所、48 所是国家级的电子制造装备专业研究所，代表了国内行业发展最高水平，多年来为中国军事电子和电子信息产业提供了大量的电子制造装备。经过几十年的发展，出现了核心业务分散、各单位业务部分交叉重叠、资源分散且重复配置、综合实力不强等问题，难以发挥央企应有的责任。

装备子集团是落实国资委“一五三”战略，整合优势资源提升行业影响力，形成综合竞争优势，向专业化、国际化发展，本着“以自主创新引领高端装备向产业化、成套化发展，打造‘国内卓越、世界一流’的装备产品供应商、服务商、系统集成商”的愿景和目标，在三家研究所科技资源和已有的产业基础上，以科技创新为持续的推动力，面向产业化，首先整合电子科技集团公司相关资源，继而面向市场打造开放式的股权多元化的产业型企业，以期解决电子信息产业的“母机”的自主可控问题，为国防和国民经济的持续健康发展做贡献。一是完善法人治理结构，促平稳过程。子集团是集团公司现代企业制度重点试点单位之一，子集团成立以来，起草多项规章制度（草案），制定了公司章程、议事规则等，为董事会、监事会、经理班子的科学决策和规范管理提供了依据。改革的过程中要保持稳定，核心是高层管理人员的管理问题，通过三个所的高层管理人员交叉任职，确保稳定过渡。二是转变发展模式，促稳定发展。装备子集团是现代法人企业，统筹管理三个所的资源，通过改革重组，逐步实现由科研院所向现代企业运行模式转变，与市场紧密接轨，在市场经济竞争中发展壮大。在资源重组过程中以市场化手段为主，行政手段为辅，促长期发展，避免历史隐患。三是先易后难，以大项目聚人心。三个所在各自的专业领域具备了一定市场、技术、人才、资金等资源，在装备和光伏新能源两大业务板块进行部分业务重合，相对于装备业务板块，光伏新能源板块业务相对清晰。装备子集团董事会决策先期对光伏新能源板块进行改革，先易后难，启动了500MW太阳能光伏产业链核心环节能力建设项目，以大项目聚人心，为子集团任务的完成及产业的发展奠定了坚实的基础；成立了新能源事业部，整合北京、长沙、太原、平凉等地的光伏资源，盘活存量，释放产能，进一步提高了子集团光伏新能源产业竞争优势。四是以市场为牵引，树立统一形象。对核心市场进行顶层策划和统筹协调，重点开发大客户市场，搭建信息共享的市场营销平台，做好重大展会的组织和策划，树立装备子集团的统一品牌形象，参与国际竞争，市场开拓能力进一步加强。

（四）“一体化运营协同”模式

电子测量仪器处于装备制造价值链高端位置，属于电子信息核心基础支撑产业之一。在整个集团各专业板块中，41所电子测量仪器较具特色，具有几十年的技术积淀，在电子测量技术研究领域代表了国家最高科技水平；具备良好的产业基础，已广泛发展了孵化养殖、消防电子、通信电子等民品板块，已在蚌埠、青岛两地分别打造了占地 410 亩、100 亩的依爱电子产业园；2013 年成功立项了国有资本金项目——“电子测量仪器仪表研发及产业化项目”。可以说，41 所未来发展条件较好，空间较大。同时，由于体制机制、行业特性等原因，41 所整体产业规模不大，尤其是仪器仪表主业规模未能达到国家以及集团公司的要求，有待做强做大。40 所距离 41 所直线距离不足百米，在核心元器件领域具有较好的技术资源，但受自身发展等历史原因限制，发展面临空间限制，经营存在困难。

通过实施 40 所、41 所一体化管理，有效利用 40 所存量资产，为发展仪器仪表板块注入更多的可用资源，充分利用 41 所的管理优势、经营优势，带动 40 所核心元器件板块发展。结合后续开展的企业化工作以及仪器仪表专业公司的组建，将在整合 40 所、41 所现有资源基础上打造中国电科仪器仪表板块发展平台，做强做大中国电科仪器仪表板块。同时，也为其他兄弟单位改革提供试点示范经验，促进集团公司整体改革发展思路的贯彻与落实。一是组织架构一体化改革。完成管理中心、技术中心、产品中心、经营中心、保障中心“五大中心”的组织机构调整。二是战略管控一体化改革。依托管理中心统一领导下的规划计划、行政、财务、人事、质量、科技项目等部门，实现规划管控、行政管控、人事管控、财务管控的一体化。三是业务架构一体化改革。重新梳理业务体系，内部重组两所仪器、核心元器件相关资源，形成由技术中心统一领导各研发部门，产品中心统一领导各生产部门，经营中心统一领导各销售部门，保障中心统一领导物资采购、能力建设、信息化部门，实现产品研发、制造、销售、能力建设与资源保障的一体化。四是薪酬体系一体化改革。参照 41 所现有模式，变革 40 所薪酬体系，于 2013 年 8 月实现薪酬体系一体化，统一了考核办法、考核程序、发放时间、薪酬要素。五是企业文化一体化改革。按照“统一党建、统一理念、统一形象、统一行动、统一活动”的总要求，通过各色活动的开展，在“所为人人、人人为所”文化理念指导下，让广大职工深刻理解一体化改革的必要性和抢抓当前发展机遇的紧迫性，用文化凝聚人心，助力一体化管理改革。

（五）“大所+专业所协同”模式

随着技术发展和市场需求的升级，天线与射频、数字信号处理等多专业融合、一体化集成设计，天线和系统整机融合发展，正在成为当前和未来的主流发展方向。许多情况下，尤其是在机载、弹载和星载通信、测控和侦察对抗系统中，天线作为整机系统设备的配套设备独立发展，不仅制约了天线专业自身的发展，也制约了整个系统的发展。国际上，许多知名天线企业都是系统设备和系统集成服务供应商，天线专业仅是一个事业部或分公司。和国外知名天线企业相比，国内天线企业的发展战略、发展模式、路径选择和发展规模、竞争实力都存在较大差距。世界一流企业的发展经验表明，主业相关的并购重组是提升企业竞争实力、实现快速扩张的普遍规律。无论国外天线知名企业，还是国内天线企业，大多数天线专业公司仅是整机系统公司的一个部门或子公司，国际上不乏知名天线公司被整机公司并购的成功案例。

39 所和 54 所进行业务整合是天线伺服领域的强强结合，是系统整机所和天线伺服专业所的整合，有利于板块资源整合，优势互补，做大规模，增强集团公司在国内天线伺服专业的影响力与控制力，同时可以避免两个单位之间的恶性竞争，实现“1+1>2”的聚合效应，为在天线伺服领域实现集团公司“国内卓越、世界一流”的战略目标提供有力支撑。一是建立了有效合作、优势互补、资源共享、协同开发的市场开拓机制，制定了市场开发管理规定，确立了市场信息共享、产品项目互通、优势互补、资源共享、协同开发的市场运作机制和办法，初步实现了两所整体利益最大化。二是按照“业务整合，人事先行”的思路，研究提出了“两所业务整合实施方案”，明确了业务整合工作阶段和整合内容，讨论并确定了两所业务整合期间的工作计划。集团公司批准完成了现阶段业务整合工作组和两所领导班子的个别调整。三是初步建立了两地协同、纵贯一致的管理制度和运行机制，对 39 所组织机构设置、管理运行机制进行了优化调整，完成了 39 所组织机构调整和事业部管理运行模式改革，初步完成了两所管理运行机制、组织机构设置、管理制度、业务流程、业绩考核机制对接，增强了 39 所市场活力、员工动力，提高了经营管理水平。四是巩固发挥两所相关专业部室各自优势，优化存量，做大增量，统一规划相关专业的技术、产品、产业发展，统筹考虑能力建设及产业发展布局，开展了“卫星通信”、“连续波雷达”技术融合交流，组织 54 所相关部门协助做好 39 所旧区建设和信息产业园规划布局和征地工作。

（六）“事业部专业协同”模式

通信产业是国家战略性、基础性和先导性行业，是推动传统产业转型升级、促进经济结构调整、提升国家信息化水平和全面建设小康社会的重要力量。军事通信网络是国家重要的信息基础设施，是国防信息基础设施的核心组成部分，在基于信息系统体系作战能力的建设中，具有基础性、支撑性和战略性地位。增强网络通信能力，提升网络可信水平，构建自主可控的国家网络基础设施，提高基于信息系统体系的作战能力，成为国家的战略选择。

中国电科担负着支撑和引领国家、军队信息基础设施建设的使命责任。集团公司组建通信事业部，其使命就是要成为国家通信体系发展战略的影响者、军事通信体系和装备建设的主导者、民用通信产业的主要力量，成为国家和军队通信及相关领域整体方案提供商、核心和基础产品的供应商以及信息服务的提供商，引领通信信息产业未来发展。一是整合 7 所、34 所、39 所、50 所、54 所等单位，组建以通信业务为主、按企业化运作的事业部。事业部阶段按企业化管理运作，结合军工院所转制注册成为现代企业制度下的独立法人。二是按照网链一体、全产业链统筹构造思路，将相关业务及元配套所纳入通信事业部（子集团），最终形成包括系统、整机、元配套成体系发展的子集团，实现整体上市。三是按照业务统筹发展、增量提速发展、体系化发展、整体上市四个阶段，把通信事业部建设成为股权多元化、以军为本、以民为主、军民融合发展的国内卓越、国际有影响力的子集团。

五、基于企业文化类型的激励组合协同

每个企业因为本身的结构与所处的环境不同，而产生不同的企业文化类型，

故有些学者将企业文化归纳成不同的文化类型，以便更清楚地了解企业文化对企业所造成的影响。表 8-2 是各学者对企业文化类型的理论观点。

表 8-2 企业文化类型汇总

年份	研究者	企业文化类型
1979	Ansoff	稳定型文化、被动型文化、参与型文化、探险型文化、创造型文化
1982	Deal Kennedy	硬汉型文化、努力工作/尽情享乐型文化、长期赌注型文化、注重过程型文化
1983	Wallach	官僚型文化、创新型文化、支持型文化
1983	Quinn 和 Rohrbaugh	团队文化、活力文化、层级文化、市场文化
1990	Botterill	公开型文化、隐秘型文化
1991	Kono	活力型文化、跟随领导者且充满活力型文化、官僚型文化、停滞型文化、强势领导但停滞型文化
1991	郑清祥	支持型文化（内向、弹性）、创新型文化（外向、弹性）、效率型文化（外向、控制）、官僚型文化（内向、控制）
1991	Brink	冷淡的绿的文化、热烈的红的文化、忠实的蓝的文化、愚蠢的灰的文化
1993	Hooijberg Petrock	官僚型文化、家族型文化、企业家型文化、市场型文化
2000	Jackson Schuler	官僚型文化、氏族型文化、创业型文化、市场型文化
2001	王方华	硬汉胆识型文化、努力工作/尽情玩乐型文化、孤注一掷型文化、按部就班型文化
2003	宋佩娟、张添盛	凝聚共识型文化、成长调适型文化、层级节制型文化、理性主导型文化

专家徐北妮认为在当今世界发展变化的新趋势中，文化的力量作为竞争工具已是一个不争的事实，同时也正在被越来越多的企业经营者所重视。Denison 研究指出，企业文化对企业的财务绩效有影响，并认为具有决策参与文化的组织，不但绩效比较好，同时由于时间越长，其所造成的差别越大，因此认为企业文化与财务绩效有“因果”关系存在。Robbins 认为一个强而有力的企业文化，是实现良好企业绩效的主要原因。Arogyaswamy 和 Byles 将企业文化与组织绩效的关系视为一种权变的关系，并描绘出有关组织文化的配适度，包括内部与外部的适配度，其中内部适配度代表企业文化的凝聚力和一致性，外部适配度则主张强势一致的信念或价值，不仅使战略执行较完善，而且亦将影响战略的形成。

企业文化的激励功能将通过绩效管理和薪酬体系来实现，在多元激励协同机制中，不同的企业文化类型对于激励方案会有不同的侧重。中国电科将探讨适合不同企业文化类型的激励模型。

关于企业文化有很多不同的分类方法，本书采用的是 Quinn 等在竞争价值模型（简称 CVF）的基础上进行的分类，这一分类方法用两个维度划分出四类组织文化：团队文化，强调灵活，关注内部；活力文化，强调灵活，关注外部；市场文化，强调控制，关注外部；层级文化，强调控制，关注内部。每一个文化类型的特点见图 8–2。

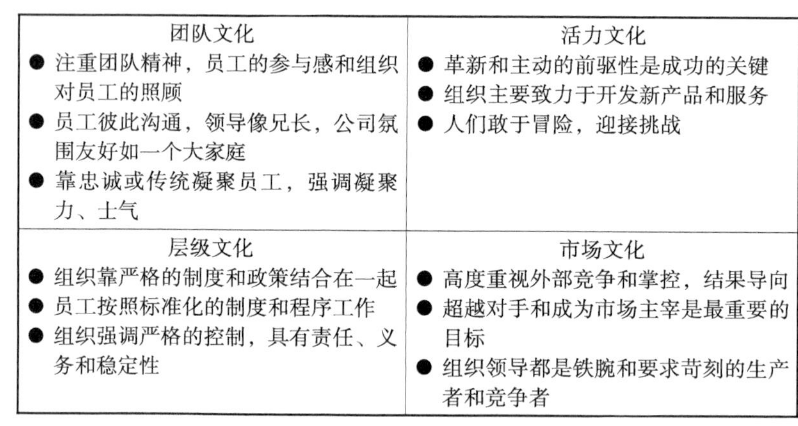

团队文化	活力文化
● 注重团队精神，员工的参与感和组织对员工的照顾 ● 员工彼此沟通，领导像兄长，公司氛围友好如一个大家庭 ● 靠忠诚或传统凝聚员工，强调凝聚力、士气	● 革新和主动的前驱性是成功的关键 ● 组织主要致力于开发新产品和服务 ● 人们敢于冒险，迎接挑战
层级文化	**市场文化**
● 组织靠严格的制度和政策结合在一起 ● 员工按照标准化的制度和程序工作 ● 组织强调严格的控制，具有责任、义务和稳定性	● 高度重视外部竞争和掌控，结果导向 ● 超越对手和成为市场主宰是最重要的目标 ● 组织领导都是铁腕和要求苛刻的生产者和竞争者

图 8–2　文化类型及其特点

通过对多个不同文化类型的企业进行调研分析，可以总结出不同企业文化类型的企业面临的一些共性问题，每一个问题的根源都来自其文化背景。一个成功的企业离不开企业文化，一个成功的管理范式也必然有其独特的企业文化。因此，应该从企业文化类型的角度来探讨这些问题，通过不同的激励组合，找到适合该类企业最理想的激励包。按照企业文化分类标准进行分类，如图 8–3 所示。

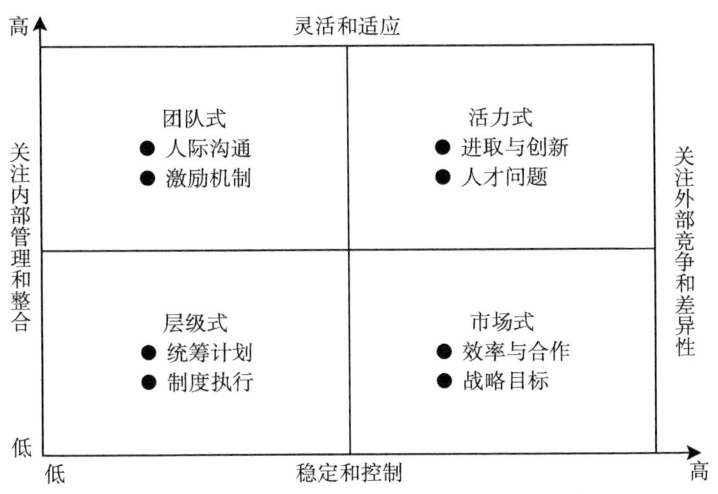

图 8–3　企业文化类型与企业管理问题分类

表 8–3　企业管理问题对照与企业文化类型

企业管理问题	主要表现	所属文化类型
人际沟通	人际关系复杂、对人尊重关心不够、内部沟通不畅	团队
效率与合作	工作效率低、团队合作不力、部门协调难度大	市场
制度执行	制度执行不严格、执行力差	层级
激励机制	激励机制还不够完善、工作环境不舒适、工作与家庭生活难以兼顾	团队
人才问题	人才培养缓慢、缺少高端人才	活力
统筹计划	缺乏统筹计划、多头管理、越级管理、授权不足	层级
进取和创新	创新水平还不高、安于现状、缺乏进取精神、未形成创新机制	活力
战略目标	战略不清、政策多变	市场

企业选择什么样的文化类型，有其历史的原因，也有其现实条件的制约。任何一种文化类型都可以造就一批好企业。企业成功的一个关键因素就是该企业的文化类型符合企业的实际。通过问卷的方式来调查企业的文化类型及主要问题，然后将其进行对照，如图 8–4 所示。

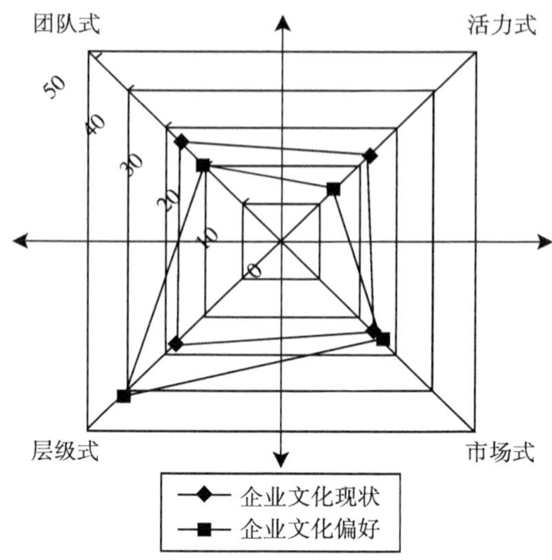

图 8-4 公司企业文化类型偏好情况

从图 8-4 可以看到 C 公司的现状是典型的层级式文化，但员工期望的偏好却是四种文化类型相互均衡的综合文化。其差距主要体现在活力式文化和团队式文化上，再来看前面研究得到的 C 公司的前五大问题，对照企业文化类型与企业管理问题对照表进行分类，结果如表 8-4 所示。从表 8-4 不难看出，C 公司的问题主要在活力式文化和团队式文化这两方面。

表 8-4 C 公司管理问题与文化类型对照

企业管理问题	所属文化类型
激励机制	团队
人才问题	活力
人际沟通	团队
缺乏进取和创新	活力
效率与合作	市场

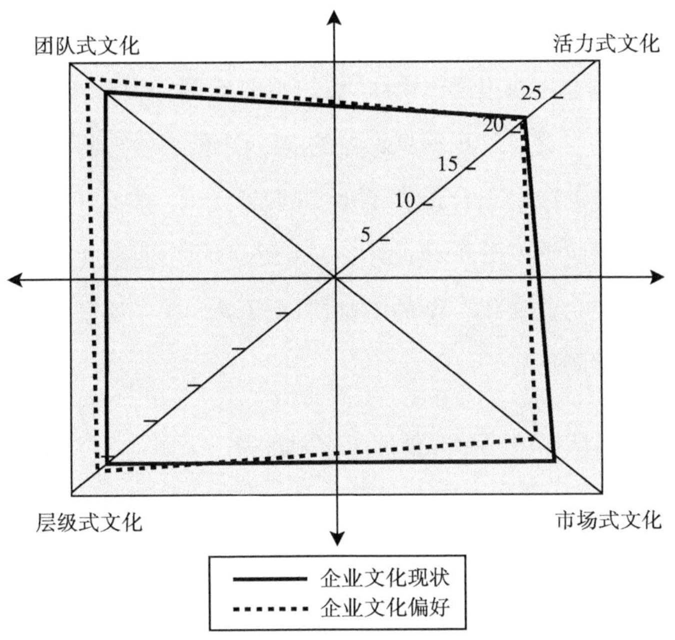

图 8–5 A 公司企业文化偏好情况

从图 8–5 可以看到 A 公司的文化现状与员工的期望是基本一致的，其差距主要体现在团队式文化和层级式文化上，再将 A 公司的前五大问题对照文化类型及其特点进行分类，结果如表 8–5 所示。从表 8–6 不难看出，A 公司的问题主要就在团队式文化和层级式文化这两方面。

表 8–5 A 公司管理问题与文化类型对照

企业管理问题	所属文化类型
人际沟通	团队
制度执行	层级
工作效率低	市场
团队合作不力	市场
激励机制	团队

通过上面的分析可以看出，如果员工期望的文化类型与现有的文化类型不匹配，那么这种不匹配的差距就很可能出现相应的问题。反之，如果我们知道企业现有的文化类型和员工期望的文化类型偏好，也就可以大致了解到企业可能存在

的主要问题，这对于企业的诊断具有很好的参考价值。

然后，根据不同企业文化类型所面临的主要问题，设计出对应的激励组合。在调研过程中，我们也会设计出一些激励方案，让员工去选择。这个数据也为我们设计对应文化类型的激励组合提供了重要的参考。

最后，通过大量数据的分析和设计，总结出不同企业文化类型所对应的激励方案，形成基于不同企业文化类型的激励协同模型，这一模型将对企业选择合适的激励方案提供科学的指导。

六、基于不同代际差异的激励组合协同

据笔者所知，时间是宇宙万事万物之所以存在的一个基本因素，另一个因素是空间。所以只要是探究事物的本源，就必然谈到时间，因为时间是万物的尺度。在人类的生命旅途中，每过 10 年，就会有一个代际的差别产生，随着人类社会发展速度的加快，代际之间时间带宽变得越来越窄，每过 3 年或 5 年，就会呈现出原来 10 年甚至 15 年的代际差别来。

代际差别不可否认是人类社会发展的内驱力之一，正是因为有代际差别的存在，人类社会的发展才出现了本质的飞跃，即所谓的“青出于蓝而胜于蓝”。美国著名的人类学专家玛格丽特·米德在《代沟》一书中说：“现代世界的特征，就是接受代际之间的冲突，接受由于不断的技术化，每一代的生活经历都将与他们的上一代有所不同的信念。”其实，无论是哪一代，每一代人都在试图寻找自己的存在感，由于过去三十年中国社会中的真实世界发生了巨大的颠覆，每一代人建立存在感的坐标彻底变了，对激励的诉求也随之发生了翻天覆地的变化。

中国电科的员工结构正处在“五代同堂”的时期，13 万员工中，有 50 后、60 后、70 后、80 后和 90 后五个年代的员工，以 80 后、90 后为主体的员工在大部分成员单位已经成为产业的主力。80 后、90 后作为“新生代员工”已经展现出不同于上代员工的特点——这要求企业重新审视、与时俱进，做好各代不同员工的激励管理，特别是新生代员工的激励管理。

（一）不同年代员工的特点与需求

1. 20 世纪 50 年代

20 世纪 50 年代，物质世界贫乏，精神世界狂热，是靠强大的理想信仰生存的一代。“新三年，旧三年，缝缝补补又三年，一条裤子穿九年；你没钱，我没钱，社会主义不谈钱”是当时的社会物质生活的典型写照。贫乏的物质生活没有磨灭人们追求美好生活的理想，他们生在新中国，长在红旗下，一心跟党走，抓革命促生产，在一穷二白的神州大地建设起社会主义的理想家园。

50 后在集团公司的比重较轻，1955 年出生的员工已经退休，1956 年到 1959 年出生的员工大多数在单位的高层或重要岗位上，他们已经处在“事业状态”的转型期，无私奉献是这代人的真实写照，与物质收入和精神尊重相比，他们更关心工作的挑战性、成就感和家庭幸福指数。因此，企业可视情况给予其富有挑战性和高难度的工作任务，对其充分信任并大胆授之以权，采取各种措施解决实际问题，才能使其对企业保持忠诚。

2. 20 世纪 60 年代

20 世纪 60 年代，物质生活改善，精神狂热减退，是个人奋斗改变命运的年代；“副食品，粮布票，它比生命都重要，半斤肉，二两油，有钱没票你别想求”是当时的计划经济的鲜活写照；“文化大革命”的文争武斗，以阶级斗争为纲的政治生态，使刚刚萌芽的中国经济遭遇寒流，在这一代幼小的心灵埋下深深烙印，摧毁了几千年传统文化构建起来的道德防线。

60 后在集团公司的比重较大，1960 年出生的女员工刚刚退休，60 后在大部分单位的领导岗位上所占的比重都是最大的，他们正处在“职业状态”的成熟期向转型期过渡的时期，努力奋斗改变现状是这代人信奉的人生哲学，无私奉献是从上一代人继承下来的优良传统，物质保证不再是首要需求，他们更在乎精神层面的满足和尊重。因此，岗位层面的肯定与职位方面的晋升，才是对其真正的尊重和认可。因此，授予其资深工程师、技术主管、学科带头人等荣誉，比物质激励更能打动他们的心。

3. 20 世纪 70 年代

20 世纪 70 年代，物质生活有基础，精神世界更荒芜，是理想信仰荡然无存的一代；“自行车，半导体，不吃不喝也要你，新房子，三大件，省吃俭用也就三五年”是当时社会生活物欲浸染思想迷茫的写照；“文化大革命”后的思想混乱，中国经济的改革开放，打开窗户呼吸新鲜空气的同时，也飞进来若干“苍蝇”，中西文化激烈碰撞，传统文化发展的断层凸显，使这一时期的人们进入了道德的真空时代，70 后的混混痞子要比 50 后、60 后更多、更差。

伴随着中国改革开放、大变之时，陈旧的过去，崭新的到来。但是改变之初，由于社会的惯性，陈旧的难以退去，崭新的也难以到来。等到经济全面复苏，进入信息时代，社会快速发展的时候，70 后已经将近 30 岁了。“三十而立”的 70 后，正处在“工作状态”的成熟期，他们大多思想安分、保守，只想好好找份工作，养家糊口；70 后是职场上的“拼命三郎”，无私奉献的说教虽然不那么虔诚，但还可以接受；56%的 70 后会绝对听从老板命令，71%的 70 后会经常把没完成的工作带回家，49%的 70 后一定会为了工作牺牲节假日休息时间，而且不计较加班酬劳；70 后对加班从不说“不”。因此，委以重任，责任激励，70 后会任劳任怨地完成各种艰难险阻的工作任务。

4. 20 世纪 80 年代

20 世纪 80 年代，物质不是很丰富，精神却是很颓废，是全民皆商一切向钱看的一代；“三轮车，一杆秤，跟着小平闹革命，十亿人民九亿商，还有一亿在学商，做梦都想奔小康”是当时全民皆商大潮的精彩写照；计划经济与市场经济双轨制，“造导弹的不如卖茶叶蛋的”，“学而优则商”，一夜之间人民被压抑的活力“竞相迸发”，这一时代出生的 80 后，最早感受到了创新、创造的奇迹。出生后虽然不是很富裕，但基本没有温饱危机。等他们开始上学的时候，也就是 90 年代初，经济大发展，信息时代来临，全球化经济浪潮等新鲜事物纷纷出现。70 后大多已经毕业了，工作了，人生基本定型了，而 90 后还在托儿所里。所以 80 后是最先接触和运用这些事物的一代。80 后完完整整地跨越了中国社会的变革，了解变革之前，也体会变革之后。所以80后可谓什么都见过，从小时候的黑白电视机，到现在的等离子纯平彩电；从最早的世嘉8位插卡游戏机到现在的手游；从小时候看的葫芦娃、黑猫警长到现在的功夫熊猫。虽说80后没吃过苦，但是80后也为高考、中考奋斗过，现在的高科技行业中，80后渐渐成为行业的主流。

80后，他们正处在“工作状态”的成长期，受教育程度较高，职业期望值较高，物质和精神享受要求较高，工作忍受力低；他们自主性强，有强烈的实现自我价值的愿望，渴望获得认可与尊重，更强调工作中的自我引导和自我管理；他们消费较高，流动性高，对企业忠诚度低，无私奉献的理念文化已经“摇摇欲坠”，拒绝漫长无期的加班加点，拒绝用别人制定的规则来约束自己，强调自我意识。在文化程度、人格特征、工作的主要目的、城市认同感、生活方式、工作期望等方面与他们的父母已迥然不同，他们更加重视自身合法权益的保护，追求公平和正义。80后员工在个人特质、工作特点、心理需求和价值观念等方面的特殊性无疑对企业管理者激励、管理员工提出了更高的要求。

5. 20世纪90年代

20世纪90年代，物质生活充足，精神追求疲软，是醒得早、熟得早、富有想象力、自我为尊的一代；“你降息，我炒股，谁也别想做谁主，你买车，我买房，有钱都不存银行”是当时投资热潮的真实写照；这个时代出生的90后，大多还都是大学生、中学生，性格、观念还尚未定型，也有部分90后早早地挤进了社会大潮。90后生来不仅没有温饱问题，而且是想要什么就要什么，懂事后就泡进了信息时代，没有缓冲；90后有点早熟，有些中学生的言行举止和现在的大学生没多大区别。90后有创造力、想象力，自我为中心，情绪化，不合群，物质主义，缺乏远见，因为不懂世事、不用考虑其他很多客观因素和现实问题，所以只负责想象。

90后处在“工作状态”的初期，对于基层员工，尤其是参加工作年限不长的员工，90后的基本需求通常是生理层面的物质保障，90后参与管理的意念强烈，QQ 最新的广告语“我想要的，现在就要，因为，我，不耐烦”，是最能代表 90 后追求激励的及时性的诉求。他们渴望能有意外的激励惊喜，践行“说走就走的旅行”，想要实现“世界那么大，我想去看看”的梦想，唯独没有对工作的那份沉甸甸的责任；绝对的金钱至上，无私奉献已经成为“天方夜谭”，先付钱后干活、先享受后奋斗是 90 后的工作哲学。金钱自然可以解决许多现实问题，管理者应考虑提升其待遇，使用薪酬和福利等激励手段，即可恰到好处地对其进行激励，多让 90 后参与管理，可以提升他们的工作激情。

（二）不同代际员工的激励对策

1. 50 后的激励对策

再过 4 年，50 后将退出工作岗位，走向人生另外一个起点，这不得不让人有一种“廉颇老矣，尚能饭否”的感叹，50 后通过三四十年的努力工作，即将为职业生涯画上一个圆满的句号，这时的 50 后，更多需要的是尊重，是对过去人生路上工作经验的总结与评价，更多需求的是健康，特别是身体健康的诉求。因此，对 50 后的激励，要偏向于认可激励、关爱激励、评价激励等，多让年轻同志向 50 后们学习，以此激发 50 后“革命尚未成功，同志仍需努力”的工作热情。

2. 60 后、70 后的激励对策

60 后不同于 50 后，个性化倾向凸显，社会、历史的东西在他们身上在淡化，个体、个性的东西在上升，他们不再关注公众的聚焦热点，不再迎合意识形态的价值指向，也不再沉迷纯粹的实践活动，而是立足于个人的意愿和思考，突出对个体生命体验的迷恋、对自我心灵空间的恪守，对欲望本能的极致演绎，隐含着他们对集体主义的逃离。

60 后、70 后是单位高层的责任主体，是重要岗位的重要力量，思想稳定，经验丰富，60 后从 50 后身上继承的传统观念比较多，孩子已经成人，家庭拖累较小，正是实现个人价值的黄金时期；70 后虽然没有明确地表达自己的反叛主张，但是，他们自觉沉迷于日常生活的理性构建，力图回避重大历史和社会命题，致力于还原人类生活的全面性和丰富性。这一代人的内心依然拥有自己的“广场”，懵懂年代革命、政治、运动的广场已经成为遥远的历史云烟，无限膨胀的现代化进程则成为70后生存的一个全新的广场，70后在广场上更关注的是后工业和城市语境下个体的尴尬宿命、生存的沉重与艰辛以及巨大的荒诞感。革命的、政治的、运动的、集体的广场尽管已经成为遥远的过去，但那广场和纪念碑高大的阴影难以抹去，而更令人尴尬的还在于在无限膨胀、无限加速度的现代化进程中一个新的后工业时代的广场正在建成。金钱和欲望正成为新时代广场上的旗帜或新的纪念碑。

在60后和70后等处于“职业状态”的员工面前，物质保证不再是首要需求，他们更在乎精神层面的满足和尊重。因此，岗位层面的肯定与职位方面的晋升，才是对其真正的尊重和认可。因此，授予其资深工程师、技术主管、学科带头人等荣誉，比物质激励更能打动他们的心。

3. 80后、90后的激励对策

相比较而言，50后和60后，60后和70后之间虽有差异，但差距还不是非常大，但到了80后，差异就特别大，简直就是一条鸿沟了。新一代人比上一代人在个性化上走得更远，这说明新一代比上一代在精神上拥有更多的独立和自由，通过充分发挥自由独立的精神空间，通过反叛、解构和重构，在超越前代的经验中，开拓出属于自己这一代人的天地。

80后以决绝的方式，抛开了所有的传统，代之而起的是激烈的否定、极端的放纵和惊悚的冷酷，完全游离了人们的日常生活经验，充满了虚拟时代的精神气质。因此，应重新理解员工忠诚度，不要把员工的境界提得太高，减少说教；弱化绝对服从的上下级关系，把他们视为合作伙伴；开放心态，容纳多元价值观；沟通方式由命令式转变为商量式；划分小型工作团队，增加他们的参与感和自我成熟感；激励比约束更有效；善待离职员工，不能留人要留心。

在90后入职时就将工作职责、工作范围、工作权限、工作待遇、激励考核等方式尽量沟通清楚。90后员工追求相对自由，拒绝一味的说教，因此良性团队氛围的管理和管理人员以身作则的带头作用显得更加关键。90后员工对相对多样化的生活和工作氛围有更多的追求，过于呆板和固化的工作环境不利于激发他们的创造力，因此，对于90后群体来说，公司的氛围和团队的活力显得更加关键，简单、粗暴、落后甚至原始的管理方式注定对90后没有吸引力，也就很难实现理想的员工留用。

（1）目标管理与绩效管理相结合。

80后、90后员工是自尊和敏感的，同时也是活跃而能干的，因此可以为他们设置目标并让他们参与到目标的制定过程中来，通过目标管理来引导他们为达到组织的目标而努力，同时把他们的个人目标和组织的绩效目标结合起来（这样既可以为管理工作指明方向，又可以对组织的成员起到激励作用）。对完成组织目标的个人可以给予一定的福利，如培训、旅游、参加兴趣小组等；对有突出贡献的员工，可以给予一定的物质奖励，如提供宽敞住房、提供专车接送、发放奖金和奖励证书等。

（2）授权与信任激励。

建立员工参与公司的管理和提出建议与意见的机制，或将某一任务的处理权限下放给员工，让员工参与到公司的经营目标、管理制度的制定中来，以激励其充分发挥主观能动性，提高员工的主人翁精神和工作热情，以更好地完成组织的任务，实现组织目标。

（3）打造工作团队和创建学习型组织。

针对某一特定的工作或者任务成立项目团队，让员工加入到工作团队中，使员工能够在团队工作中锻炼自己与他人沟通、协作的能力，明确自己的责任与任务，也可以在项目的过程中给予员工挑战性的工作，激发员工的激情与斗志；学习与成长是80后、90后职业发展的一个最重要的主题，构建学习型文化、建立学习型组织，提供一个风险、创新、体验、争议的平台，一个将学习重新定向和个性化的平台，加大企业在培训和专业技术上的交流，将有助于提高员工的技能和满意度，增强员工对企业的归属感。

(4) 在提供良好的工作和生活环境的前提下着眼于满足员工的社会需要、尊重需要和自我实现需要。

根据马斯洛的需求层次理论和赫茨伯格的双因素理论可知：工资、良好的工作环境等属于人的较低层次的需要，这些因素属于保健因素，所以公司要激励员工，信任自己的员工、领导亲自向员工的杰出工作表现表示感谢、花些时间倾听员工的心声、提供员工学习新的知识及成长机会、给予员工具有挑战性的工作都是可以采取的激励员工做法。

在中国新时期的管理实践中，如果没有 50 后、60 后、70 后、80 后和 90 后等不同代际的员工所进行的一次次反叛和超越，没有他们在先锋意义上一次次顽强的开拓，我们的管理也就不可能呈现出如此丰富的景象。

人类已进入了信息时代，一切坚固的东西都烟消云散了，世界变得纷繁复杂且变动不居，任何既往的经验和观念，都很难帮助我们应对如今的现实。客观认识代际的差异，充分意识到代际差别中所隐藏的某些积极的元素，有效阻遏代际差别所引发的隔阂与冲突，不断寻求激活不同代际群体的内在潜能，促进开拓精神、创新精神、担当精神与价值创造能力的进一步提升，对企业人力资源的开发和人才队伍的建设，无疑具有重要的时代意义。

第二节 “七心”驱动力的强激励

一、给技术创新注入强劲动力

技术创新是企业增强竞争力、实现健康发展的关键所在。纵观企业技术创新的全过程，可以看出技术创新始于研究开发而终于市场实现。

企业的技术创新有自主创新、模仿创新和合作创新三种基本战略思路。自主创新要求企业有雄厚的研究开发实力和研究成果积累，时时处于技术领先的地位。从长远看，自主创新是企业的努力方向，但在目前阶段，我国大部分企业与世界一流的企业还有很大差距，更应该从实际出发，积极进行模仿创新。所谓模仿创新，是指在率先创新的示范影响和利益诱导之下，企业通过合法手段，如通过购买专有技术或专利许可的方式，引进技术并在率先技术的基础上进行改进。对于发展中国家的大多数企业来说，模仿创新是缩短国际差距，并向自主创新过渡的比较合适和可行的方式。合作创新，特别是企业与高校和科研院所的合作创新，已经显示出越来越强的作用。积极的“产、学、研”相结合的研究开发方式，需要在机制上做到责任和利益的匹配，才可以最大限度地发挥各方面机构的优势，并实现科学技术的迅速高效转化。

企业自主创新有原始创新、跟随创新和集成创新三种技术创新模式。其中原始创新处于重要的核心地位。原始创新成果通常具备三大特征：一是首创性，指研究开发成果前所未有；二是突破性，指在原理、技术、方法等某个或多个方面实现重大变革；三是带动性，指在对科技自身发展产生重大牵引作用的同时，对经济结构和产业形态带来重大变革。在微观层面上将引发企业竞争态势的变化，在宏观层面上则有可能导致社会财富的重新分配、竞争格局的重新形成。

原始创新与一般的科技创新不同，原始创新具有其独特内涵的影响因素，我们将之分为内外两类因素。内在因素有原始积累、核心人物、团队协作、原创技巧、科研兴趣，外在因素包括创新氛围、激励机制等。

原创的过程艰辛而漫长，要使创新者永葆激情，坚持下去，必须给创新研究注入强有力的动力，并且各个注入元素都要符合原创的特征和规律。

第一，一定要有核心人物带领创新群体一往无前地向前走。核心人物自己的学术水平要高，但更重要的是他的表率作用，对创新人员的吸引和凝聚作用，能在创新过程中影响和造就众多的未来杰出科学家。

第二，要营造一种宽松的创新文化氛围，提升创新者冲刺世界难题的信心和勇气，宽容创新失败；创造条件让不同领域的创新者进行经常性的启发和讨论，以激发创新的激情和思想；等等。

第三，要有很有效的激励机制，在科研经费、待遇、立项和评价体系等方面，为创新者创造坚持下去的条件，发挥他们的创造能力。在原创投入上，除了政府加大投资力度外，企业也要逐渐加大投入，并力争成为投资主体，至少应成为应用基础研究领域的投资主力；在待遇问题上，要使待遇与创新者的价值和创新付出相符，基础研究人员以论文的质量和数量核算报酬，应用基础研究人员以成果产生的经济效益提成；在个人成长问题上，职称的评定以实际绩效为基础，并向有突出贡献的顶尖青年人才倾斜，不搞论资排辈，不搞只求数量的形式审查，让青年创新人才茁壮成长；立项、评价系统要适应原创特点，国家要资助符合国家目标的科学前沿、大科学研究、交叉学科领域，也要资助非共识项目、自由探索项目等。基础研究评价要有时滞性，并主要考查对科学界的贡献，应用基础研究要考察经济效益、发明专利数等。除此之外，还要评价对培养年轻科学家、对组织本身发展的贡献。

第四，科研兴趣是创新者在满足物质需求后的最大动力，我们称之为可持续创新力。这种内在的、自发的力量具有长久性，而且源源不绝。因此，一项原始性创新研究能否坚持下去，在某种程度上取决于创新者自身是否对科研创新具备浓厚的兴趣。

中国电科重构科技创新体系，加强技术创新能力，注重原始创新，就是要引进和保持世界顶级的关键技术的核心人物，营造有利于创新人才激情迸发的环境生态，打造创新人才的激励协同动力机制，永葆创新人才的科研偏好，让不同的学术思想，相互撞击、互相启发，迸发出创新的火花，构建创新团队合理的人才结构，不仅具有规模效应，还能发挥团体协作效应，进而加快原创的进程，提升原始创新的能力，永葆企业可持续创新力。

二、给管理创新注入强劲动力

中国电科将进一步丰富和完善多元激励协同动力机制，建立健全价值管理体系，形成价值牵引，健全完善企业文化体系，形成文化牵引，建立起目标管理和责任体系，实现与目标牵引和责任牵引一起协同激励的生动局面，形成中国电科新型的组合牵引力。

对于人才，特别是特殊人才方面，不能简单地通过提高薪酬待遇来吸引和保持人才，要发挥事业的吸引力，既要发挥事业未来预期的吸引力，也要发挥情感的力量，真诚、真心、真情地善待人才，以激励协同的方式，使人才自愿与企业风雨同舟，自愿与企业共同成长、发展，并在其中发挥牵引力的作用，这种作用的发挥，在激励中，就是管理的效能。

因此，中国电科特别关注中国电科大学的建设，完善培养教育体系。中国电科大学的任务是：改变惯性思维和路径依赖，破除一切阻碍创新、制约发展的思想观念，提升自主能力，提高发展质量，坚持“人才优先发展”战略，致力于集团公司人才能力开发与提升，将培训转化为生产力，打造中国电科人才成长的“摇篮”；为中国电科员工提供终身教育的机会，创造一个增强业务技能的学习环境，塑造并推广专业精神与业务风范，以提高员工的知识和技能，推进集团公司又好又快发展。

中国电科着力构建科技创新型企业的岗位价值评估体系，实现全系统集中统一的岗位管理。推进以岗位绩效工资制为核心的五元薪酬体系，实现分配激励的集团化管控。大力开展信任和授权为主要工作方式的认同工作体系建设，促进认同激励的工作落地。与晋升激励、荣誉激励和特别激励一起，形成推进中国电科创新发展的加速力。进一步完善考核约束、退出约束，与合同约束和制度约束一起，形成组合推动力。

三、给机制创新注入强劲动力

激励方式的不断探索，是管理创新的永恒话题，随着人们的思想解放，国家政策的宽松与刺激，商业模式的不断创新，越来越多的新型激励方式将会涌现，以下几种新型激励方式已经在市场上初露端倪。

（一）自我激励

自我激励是一个人改变一生命运的内在激励方法，是个体具有不需要外界奖励和惩罚作为激励手段，能为设定的目标自我努力工作的一种心理特征。自我激励是一个人迈向成功的引擎。

实现自我激励的方法：

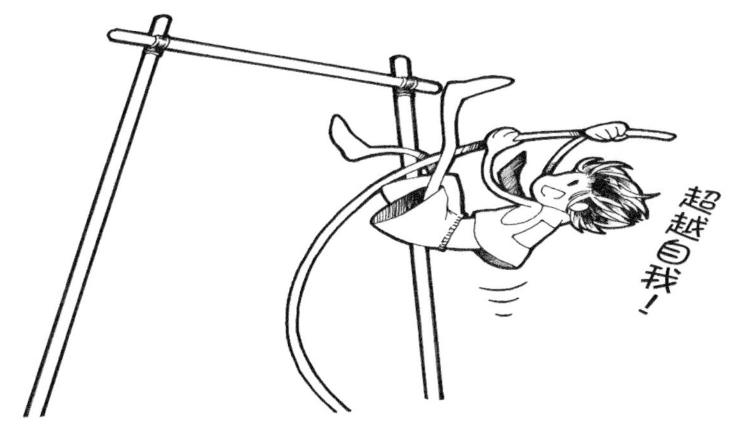

1. 调高目标

目标，只有想不到，没有做不到。心有多大，舞台就有多大，思想有多远，就能走多远。人生就是这样，只要你敢想，你就一定能行。高峰只对攀登它而不是仰望它的人来说才有真正的意义。跨过心理障碍，努力执着，只要敢于向前冲，你就能创造奇迹。“不可能”只存在于自己的想象中，只要你具备了优秀的品质，只要你勇于锤炼自己的生命，早晚会成功。

奇迹，是努力执着者的创造。许多人惊奇地发现，他们之所以达不到自己孜孜以求的目标，是因为他们的主要目标太小，而且太模糊不清，使自己失去了动力。如果你的主要目标不能激发你的想象力，目标的实现就会遥遥无期。因此，真正能激励你奋发向上的，是确立一个既宏伟又具体的远大目标。最终你会发现，没有做不到的事情。世界是平的，只要有梦想，你就能成功。

2. 发掘内驱力

内驱力，就是人生潜在的能力。找到引爆点，潜在的力量令你无所不能。每个人都是自己命运的主宰者、幸福人生的创造者。优秀的人之所以优秀，就是因为他们找到了自己的“潜能库”。潜能堪称人的第二生命力，它像空气，像阳光，能帮我们打造一个充满活力、充分展现自我的人生。如果你也能充分挖掘自身的宝藏，发现自己的天赋所在，认识自己，并能高瞻远瞩，把自己的高层力量全部发挥出来，你便能找到自己生命的意义，取得成功。

迎接恐惧，世上最秘而不宣的秘密是，战胜恐惧后迎来的是某种安全有益的东西。哪怕克服的是小小的恐惧，也会增强你对创造自己生活能力的信心。如果一味想避开恐惧，它们就会像疯狗一样对我们穷追不舍。此时，最可怕的莫过于双眼一闭假装它们不存在。

自省内励，大多数人通过别人对自己的印象和看法来看自己。获得别人对自己的反映很不错，尤其正面反馈。但是，仅凭别人的一面之词，把自己的个人形象建立在别人身上，就会面临严重束缚自己的危险。因此，应该只把这些溢美之词当作自己生活中的点缀。人生的棋局该由自己来摆，不要从别人身上找寻自己，应该经常自省并塑造自我。

直面困难，每一个解决方案都是针对一个问题的，二者缺一不可。困难对于脑力运动者来说，不过是一场场艰辛的比赛，真正的运动者总是盼望比赛。如果把困难看作对自己的诅咒，就很难在生活中找到动力。如果学会了把握困难带来的机遇，自然会陡生动力。

把握好情绪，人开心的时候，体内就会发生奇妙的变化，从而获得阵阵新的动力和力量。但是，不要总想在自身之外寻开心。令你开心的事不在别处，就在你身上。因此，可以找出自身的情绪高涨期来不断激励自己。

3. 方法总比问题多

用对方法做对事，小方法也能起大作用。方法和问题是一对孪生兄弟，任何问题都有解决的办法，世上没有解决不了的问题，只有不会解决问题的人。平凡的人找借口，而那些具有成功潜质的人必找方法。当你遇到问题时，应该坦然面对，善于动脑，积极思考，敢于打破常规，寻求问题的解决方法，最终你会发现，没有走不出的困境。

加强紧迫感，沉溺生活的人没有死的恐惧。自以为长命百岁无益于你享受人生。然而，大多数人对此视而不见，假装自己的生命会绵延无绝。唯有心血来潮的那天，我们才会筹划大事业，将我们的目标和梦想寄托在“虚幻岛”的汪洋大海之中。其实，直面死亡未必要等到生命耗尽时的临终一刻。事实上，如果能逼真地想象我们的弥留之际，会物极必反地产生一种再生的感觉，这是塑造自我的第一步。

多数人认为，一旦达到某个目标，人们就会感到身心舒畅。但问题是你可能永远达不到目标。把快乐建立在还不曾拥有的事情上，无异于剥夺自己创造快乐的权利。记住，快乐是天赋权利。首先要有良好的感觉，让它使自己在塑造自我的整个旅途中充满快乐，而不要等到成功的最后一刻才去感受属于自己的欢乐。

做好调整计划，实现目标的道路绝不是坦途。它总是呈现出一条波浪线，有起也有落。但你可以安排自己的休整点。事先看看你的时间表，框出你放松、调整、恢复元气的时间。即使你现在感觉不错，也要做好调整计划，这才是明智之举。在自己的事业波峰时，要给自己安排休整点。安排出一大段时间让自己隐退一下，即使是离开自己热爱的工作也要如此。只有这样，在你重新投入工作时才能更富激情。

加强排练，先“排演”一场比你将面对的更复杂的战斗。如果手上有棘手的事情而自己又犹豫不决，不妨挑件更难的事先做。生活挑战你的事情，你定可以用来挑战自己。这样，你就可以自己开辟一条成功之路。成功的真谛是：对自己越苛刻，生活对你越宽容；对自己越宽容，生活对你越苛刻。

立足现在，锻炼自己即刻行动的能力。充分利用对现实的认知力，不要沉浸在过去，也不要沉溺于未来，要着眼于今天。当然，也要有梦想、筹划和制订创造目标的时间。不过，这一切就绪后，一定要学会脚踏实地、注重眼前的行动。要把整个生命凝聚在此时此刻。

精工细笔，创造自我，如绘制巨幅画一样，不要怕精工细笔。如果把自己当作一幅正在描绘中的杰作，你就会乐于从细微处做改变。一件小事做得与众不同，也会令你兴奋不已。总之，无论你有多么小的变化，这点对你很重要。

塑造自我的关键是甘做小事，但必须立刻就做。塑造自我不能一蹴而就，而是一个循序渐进的过程。这儿做一点，那儿改一下，将使你的一生有滋有味。今天是你整个生命的一个小原子，是你一生的缩影。

4. 不留退路才有出路

破釜沉舟，百二秦关终属楚。没有退路的军队，往往能决战制胜。同样，一旦你下定决心做某件事，就不要给自己留退路，这样才能专心致志地向着目标前进，把每一个机会都当成是最后的机会，竭尽全力，排除万难，向前进取，从绝望中寻找希望，就能赢得出路，走向成功。

敢于竞争，竞争给了我们宝贵的经验，无论你多么出色，总会人外有人。所以你需要学会谦虚。努力胜过别人，能使自己更深刻地认识自己；努力胜过别人，便在生活中加入了竞争“游戏”。不管在哪里，都要参与竞争，而且要满怀快乐的心情。要明白最终超越别人远没有超越自己更重要。

走向危机，危机能激发我们竭尽全力。无视这种现象，我们往往会愚蠢地创造一种追求舒适的生活，努力设计各种越来越轻松的生活方式，使自己生活得风平浪静。当然，我们不必坐等危机或悲剧的到来，从内心挑战自我是我们生命力量的源泉。

敢于犯错，有时候我们不做一件事，是因为我们没有把握做好。我们感到自己“状态不佳”或精力不足时，往往会把必须做的事放在一边，或静等灵感的降临。你可不要这样。如果有些事需要做却又提不起劲，尽管去做，不要怕犯错。给自己一点自嘲式的幽默，抱着一种打趣的心情来对待自己做不好的事情，一旦做起来了尽管乐在其中。

重视今天，大多数人希望自己的生活富有意义。但是生活不在未来，我们越是认为自己有充分的时间去做自己想做的事，就越会在这种沉醉中让人生中的绝妙机会悄然流逝。只有重视今天，自我激励的力量才能汩汩不绝。

离开舒适区，不断寻求挑战激励自己。“自古英雄多磨难，从来纨绔少伟男”，提防自己，不要躺倒在舒适区。舒适区只是避风港，不是安乐窝。它只是你心中准备迎接下一次挑战之前刻意放松自己和恢复元气的地方。

不要害怕拒绝，不要消极接受别人的拒绝，而要积极面对。当你的要求落空时，把这种拒绝当作一个问题：“自己能不能有更好一点的创意呢？”不要听见“不”字就打退堂鼓。应该让这种拒绝激励你更大的创造力。

撇开朋友，对于那些不支持你目标的“朋友”要敬而远之。你所交往的人会改变你的生活。与愤世嫉俗的人为伍，他们就会拉你沉沦。结交那些希望你快乐和成功的人，你就会在追求快乐和成功的路上迈出最重要的一步。对生活的热情具有感染力，因此与乐观的人为伴能让我们看到更多的人生希望。

5. 成功就在转角处

看似山重水复，实则柳暗花明，成功就是拐过几道弯。遗憾，往往起源于执迷。其实，我们只要拐过几道弯，让自己的脑子随时转一下，让自己的眼睛不要被一时的挫折所迷惑，让自己心中存有希望，用忍耐铸就一条刻苦努力、坚持到底的奋斗之路，我们就会离成功更近一步了。成功属于那些勇于进取，根据实际情况适时调整自己步伐的人。最终你会发现，没有不能超越的自我，没有不能成功的事情。

别犯迷糊，找准方向，不抛弃，不放弃，成功就有可能。成功不是一蹴而就的，往往要经过长期的努力才能取得。规划好自己的人生，找准适合自己的成功之路，向着那个方向坚持不懈的努力，面对现实不空想，积累平凡以成就卓越，只要你不服输就有机会，只要你能坚持到下一秒，成功没有什么不可能。忍耐，你就能见到彩虹。

（二）薪酬延付激励

从中央到地方，一系列的薪酬改革政策出台，鼓励企事业单位进行薪酬激励机制的改革创新，建立薪酬延付制度。银监会出台《商业银行稳健薪酬监管指引》，证监会出台《证券公司治理准则》，保监会出台《保险公司薪酬管理规范指引》。

中国电科要解决的问题有：

一是在国家政策的约束机制下，高管人员、核心骨干等人员队伍稳定，实现长期绩效。

二是在经营波动的年度内，以丰补歉，实现激励计划的稳定和可持续。

三是在外部环境和新形势新常态下，在即定额度的框架内，增加激励，实现强化激励的目的。

因此，可以选择专业的公司，帮助中国电科设立企业薪酬延付计划，通过员工个人账户的设立、薪酬延付产品的对接，解决中国电科目前面临的问题。

延付资金在账务处理时，有表内运作与表外运作两种方式。

表内运作的特征：支付当年列入工资总额；计提当年不缴个税，支付当年缴纳个税；避免可能的员工确权法律纠纷；不存在员工因离职、个税、延付政策变化所导致的个税调整问题；财务处理相对复杂。

表外运作的特征：发生当年列入工资总额；财务处理相对简捷；发生当年即缴个税，容易引起确权问题；若非全额支付，存在退税处理等问题。

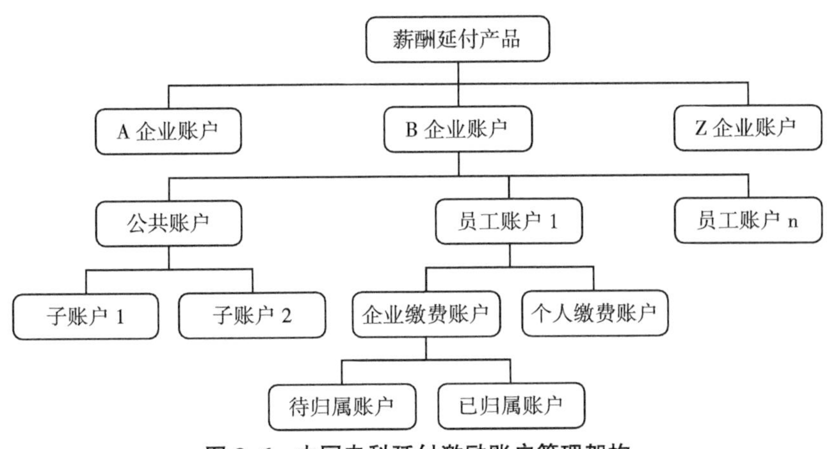

图 8-6 中国电科延付激励账户管理架构

延付产品优势特点如下：

功能突出，选择灵活。该产品主要满足企事业单位建立多层次、多样化的员工养老保障以及薪酬延付的需要，产品下设多款标准化投资账户，以满足企业不同的薪酬延付资金管理需求，实现短期延付与长期延付、保值与增值相结合的机制安排。

标准统一，加入便捷。该产品具有统一的管理者、合同文本、投资组合、费率和服务统一标准。

信托模式，资产独立。该产品采用信托模式，委托人通过加入该计划而形成的养老保障委托管理基金与企业、受托人、第三方托管的自有资产隔离，充分保障基金的独立性和委托人的权益。

信息透明，规则灵活。该产品将清晰说明管理费收取信息；同时将按照及时、真实的原则对所有委托人以多种形式公开披露计划运营管理情况，并通过网上、电话等渠道向受益人提供账户查询服务。产品运营规则灵活，企业可实行灵活的缴费分配和领取方案，通过对领取条件的限定既能满足企业员工的养老需求，也能发挥中短期激励的作用。

长江薪酬延付养老保障管理产品是由长江养老保险股份有限公司创新设计，上海浦东发展银行担任养老保障管理基金托管人，专注于为企事业单位提供养老薪酬或激励资金延付的专项养老保障管理产品。该款产品具有“信托型、标准化、集合型、账户式”的特点，通过一系列创新设计，有效满足企业在人力资源管理方面的特定激励约束管理需求，建立与员工考核激励挂钩的薪酬延付机制，同时实现延付资金的保值增值及员工养老需求。该款产品有助于国企深化薪酬体系改革，完善员工薪酬福利及养老保障机制，是保险市场上专注于为企事业单位提供养老薪酬或激励资金延付服务且提供企业账户及个人账户服务的首款专项产品。

（三）新型员工持股激励

员工持股制度作为完善公司治理结构、增强员工的劳动积极性和企业凝聚力的一种手段，近年来越来越受到企业界的关注。实行员工持股，使职工不仅有按劳分配获取劳动报酬的权利，还能获得资本增值所带来的利益，对于加强职工的主人翁意识、留住公司骨干人才具有十分重要的意义。

目前中国中小型民营企业的员工持股计划包括以下几个方式：

股权激励。对于公司的高管以及技术核心人员采取股权激励方式，直接将公司的高管及技术核心人员登记在股东名册，并且进行工商变更登记。这种方式能够最大限度地激励团队员工，目前，创新型高新技术类企业在设立之初普遍采取这一方式。但是这也存在着股权纠纷的隐患。

期权激励。公司原始股权有限，人数的不断增加势必稀释团队创始成员的股份，基于此，大部分公司会对于中层管理人员采取期权奖励的方式。但是随着行权期限的到来，创始成员股份稀释的问题会较为突出。

虚拟股票激励。该激励模式可以面向公司所有员工，只要达到公司的一定条件，便给予虚拟股票进行激励，虚拟股票实际上是员工薪酬的延迟支付，对公司股权并未有任何侵害，但是该方案需要缜密设计，需要向专业的律师进行咨询，目前公司采取的较少。

中国电科通过对股权激励的机理研究，结合自身的特点、员工激励的诉求、我国资本市场的运营模式等，本着谨慎的原则，在上市公司推行股权激励，在非上市公司试点新型股权激励方案，积累经验，防范风险。

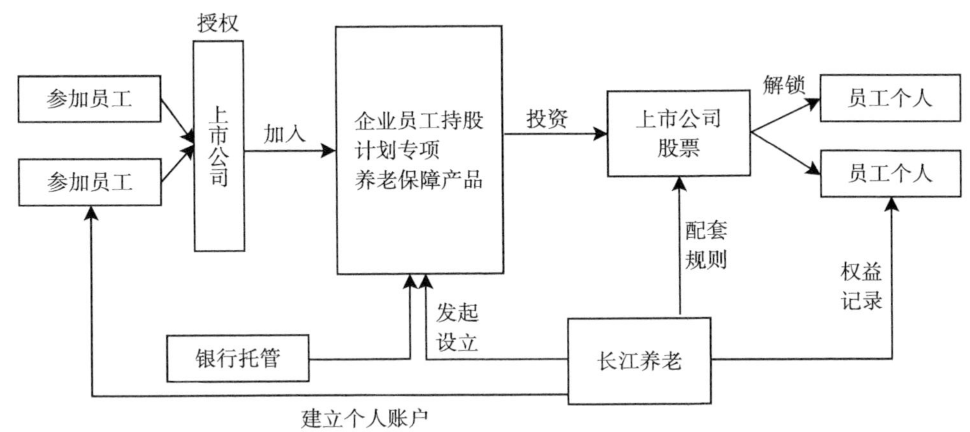

图 8-7 中国电科新型员工持股业务架构

（四）福利健康保险激励

商业健康保险是以被保险人的身体为保险标的，保证被保险人在疾病或意外事故所致伤害时的直接费用或间接损失获得补偿的保险，包括疾病保险、医疗保险、收入保障保险和长期看护保险。疾病保险指以疾病的发生为给付条件的保险；医疗保险指以约定医疗的发生为给付条件的保险；收入保障保险指以因意外伤害、疾病导致收入中断或减少为给付保险金条件的保险；长期看护保险指以因意外伤害、疾病失去自理能力导致需要看护为给付保险金条件的保险。

员工福利健康保险激励是企业增强凝聚力的重要手段。员工是企业最大的财富，员工的身心健康、家庭和谐、孩子健康成长，直接关系到企业的凝聚力、向心力以及可持续发展的后劲力量。企业建立员工福利保险保障体系，是关爱员工、关心员工构建和谐家庭的重要体现，使员工身心更加健康，提升员工幸福指数，是企业增强凝聚力、留住优秀人才、保持活力和内在动力的制胜法宝。

员工福利健康保险激励是解决员工后顾之忧的重要工具。生活中充满了意外和不幸的案例，自然灾害和意外事故时有发生，一旦发生不幸，有时对个人、家庭的打击是毁灭性的，单纯依靠社保能够起到的作用杯水车薪。社保和商业保险两者最大的区别在于保障范围的不同。以医疗保险为例，我国社会基本医疗保障体系本着普惠制的原则，实行的是广覆盖、低水平保障的模式，自付、自费部分比重较大，对就诊地区、医院限制较多，且只有属于基本医疗保险“三大目录”《基本医疗保险药品目录》、《基本医疗保险诊疗项目目录》和《基本医疗保险医疗服务设施项目目录》范围的医疗费用才予以报销。对于患重病的员工来说，即使参加了基本医疗保险，为得到更好的治疗仍需自行承担高额的医疗费用，个人负担仍相当重。除了医药费无法完全解决之外，得病住院，休的是病假，休病假期间自然要扣除奖金和各种补贴，只能拿基本工资，到手的薪金还不够买营养品，这对于员工的生活无异于雪上加霜。通过建立较为全面的员工福利健康保险激励，可以在基本的社保体系外为员工提供强有力的补充保障，很好地解决员工的后顾之忧。

员工福利保险保障体系是缓解劳资纠纷的重要措施。随着我国经济的发展，劳动争议的数量不断增加，争议范围不断拓展，争议程度日益激烈，在很大程度上成为影响企业稳定的重要因素。同时，随着社会的发展，我国法制化进程在不断加快与完善，与劳资纠纷相关的法律法规也越来越多、越来越规范，诸如《劳动法》、《劳动合同法》、《就业促进法》、《社会保险法》、《未成年人保护法》、《女职工特别保护规定》、《劳动争议调解仲裁法》、《反不当竞争法》等法律法规，以及许多地方政府出台的各种条例法规等，企业处理劳资纠纷的成本不断增加。矛盾宜疏不宜堵，最好的方式就是防患于未然。建立员工福利保险保障体系，充分保障员工利益，增进员工福利，使利益和道义平衡，是预防和消除劳资矛盾、避免劳资纠纷发生的重要措施。

2015 年 5 月 6 日，国务院常务会议决定试点对购买商业健康保险给予个人所得税优惠，每人每年享受的税前扣除限额为 2400 元。

员工福利健康保险激励有国家政策的支持：财政部国家税务总局 2009 年发布的《关于补充养老保险费 补充医疗保险费有关企业所得税政策问题的通知》（财税［2009］27 号）中明确：“企业为员工支付的补充养老保险费、补充医疗保险费分别在不超过职工工资总额5%内，在计算应纳税所得额时准予扣除。"因此，企业补充养老、补充医疗保险是可以享受税务优惠政策的企业福利保险，企业的成本并不会因此有显著的增加。

员工福利健康保险激励已有众多企业成功实践的先例：目前已有很多企业尤其是外资企业认识到了员工福利保险保障体系的重要性，建立起了多种形式的员工福利保险保障体系。在北京外企人力资源服务有限公司（FESCO）发布的一份员工福利调研报告中，充分反映出外资企业在员工福利方面的基本状况及发展趋势。调查显示，企业为员工提供福利的情况正在改善，为了更好地吸引和留住人才，更多企业正逐渐加大员工福利投入。员工年龄越大对"企业年金等商业养老保险"需求越高，年轻员工对"住房补贴"需求最大，"子女医疗保障福利"最受36~40岁员工关注。针对员工喜爱的安全健康类福利项目，七成以上企业为员工提供了"年度体检"和"补充医疗"，超五成企业为员工提供了"人身意外保障"和"子女医疗保障"。

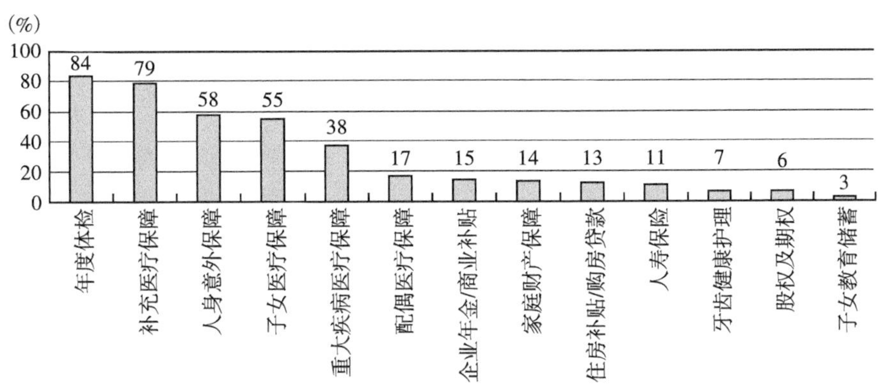

图8-8 外资企业员工福利保险保项目

调查显示，员工福利作为薪酬体系的重要补充，在吸引、留住和激励员工方面发挥了重要作用。

员工福利健康保险激励方案：

1. 建立一套自上而下、完善、便捷的福利保障制度

根据员工对企业的贡献度不同，通过差异性的福利保障留住核心人才，打消

广大普通员工因担心无法获得相应保障的不满情绪。公司可以为员工投保如表 8-8 所示：

表 8-6　员工福利健康保险激励项目

险种	保障内容	保险金额（元/人）	
		高管人员	普通员工
高端医疗保险	详见高端医疗保险简介	200 万~500 万	—
补充医疗保险	门急诊、住院就诊发生的医疗费用	—	10 万~20 万
住院津贴保险	因意外伤害或疾病住院就诊	200~1000 元/天	100~200 元/天
重大疾病保险（子女按照 50%保险金额）	诊断初次患约定的重大疾病	30 万~200 万	10 万~30 万
疾病身故保险	因疾病身故或全残	30 万~200 万	10 万~30 万
雇主责任保险	在受雇过程中，从事业务有关工作时，遭受意外而致受伤、死亡或患与业务有关的职业性疾病	200 万~500 万	80 万
公共交通工具意外伤害保险	因乘坐飞机、列车、轮船、汽车期间发生意外伤害导致身故、伤残	500 万~1000 万	100 万~300 万

注：①上述险种的保险金额仅供参考，公司可按实际需求调整保险金额；②各险种的保险费率需要参考的因素各不相同，保险费以承保公司的承保保费为准。

2. 高端医疗保险及健康管理服务

高管人员作为企业的核心人物，日常工作繁忙，承担着高负荷的工作压力，健康状况更应该引起企业的高度重视。现实状态下人满为患的就医环境，以及日益凸显出来的挂号难、等待时间长、诊疗时间短的问题，使得高管人员就医面临各种不便。高端医疗保险可提供独立的就医和医疗报销服务程序，改善就医环境，彰显尊贵身份，体现企业对核心人员的关爱，让其更加有效地投入工作。高端医疗保险可提供以下保障内容及健康管理服务：

（1）门诊、住院医疗费用。

门诊、住院医疗费用包含既往症责任，即以往年度所患疾病在本年度发生的医疗费用也属于保险责任范围。其中就诊医疗机构不受基本医疗保险规定的限制，只要是中国境内（或全球范围内）合法注册的医疗机构即可，私立医院、特需门诊、国际诊疗部均属于保障范围内，可以让高管人员享受到更好的就诊环境及更高水平的诊疗与医治。药品及诊疗项目不受基本医疗保险“三个目录”的限制，即自费药品或自费检查项目也可报销，使高管人员能够得到更加切实、有效的治疗，在最短的时间内恢复健康。

（2）生育、眼科、牙科、健康体检费用可选。

生育、眼科（检查、配镜）、牙科（补牙、拔牙）及健康体检保障可根据实际需求进行选择性投保，既可以满足高管人员的就医需求，又可以减少不必要的保费支出。

（3）预约挂号服务。

高管人员若有就医需求，可提前拨打保险公司服务热线，保险公司可为其提供预约挂号服务，包括指定医生预约挂号服务，为高管人员免去排队挂号的痛苦，从根本上解决“挂号难”的问题。

（4）直接结算服务。

高管人员在指定医院就诊，就诊后只需在治疗结算单上签字确认即可，无须付费。后续由保险公司与医院直接进行结算，免去了排队交费的痛苦，节约了宝贵时间，同时个人信息及健康隐私也可得到很好的保护。

（5）导医导诊服务。

保险公司可在高管人员就诊时派专业医护人员进行全程的陪同协诊服务，为高管人员的治疗过程进行把关，也可代其拿取化验结果及药品等。

（6）医学专家第二诊疗意见服务。

若高管人员不幸初患指定的重大疾病，如果希望进一步得到医学专家的诊疗意见，保险公司可联系相关领域的医学权威专家为客户提供诊疗意见及咨询服务。

（7）全球紧急救援服务。

高管人员在全球范围内发生意外事故或突发急性病，保险公司将提供紧急救援服务，安排其就近治疗或运送回国进行救治。

3. 补充医疗保险

在保险期间内，被保险人因遭受意外伤害或疾病到基本医疗保险定点医疗机构门诊急诊或住院就诊，发生的符合基本医疗保险规定的合理医疗费用，保险公司扣除被保险人已通过其他途径（包括社会保险经办机构、意外伤害事故责任方、被保险人工作单位、任何商业保险机构等）获得的医疗费用补偿及约定的免赔额后，按照约定的比例给付门诊急诊医疗保险金或住院医疗保险金，累计给付金额以约定的门诊急诊、住院医疗保险金额为限。

4. 住院津贴保险

在保险期间内，被保险人因意外伤害或疾病在基本医疗保险定点医疗机构住院就诊，保险公司按每次住院发生的合理住院天数扣除约定的每次住院免赔天数后，乘以约定的每日住院津贴给付住院津贴保险金。

5. 重大疾病保险

自保险责任生效之日起 30 日后，被保险人经二级（含）以上基本医疗保险定点医疗机构诊断初次患约定的重大疾病的，保险公司按约定的保险金额给付重大疾病保险金。

自保险责任生效之日起 30 日（含）内，被保险人经二级（含）以上基本医疗保险定点医疗机构诊断初次患约定的重大疾病的，保险公司向投保人无息返还该被保险人重大疾病保险费。

6. 疾病身故保险

自保险责任生效之日起 60 日后，被保险人因疾病导致身故或全残的，保险公司按约定的保险金额给付疾病身故或全残保险金。

自保险责任生效之日起 60 日（含）内，被保险人因疾病导致身故或全残的，保险公司向投保人无息返还该被保险人疾病身故或全残保险费。

7. 雇主责任保险

凡被保险人在受雇过程中，从事保险合同所载明的被保险人的有关业务工作时，遭受意外而致受伤、死亡或患与业务有关的职业性疾病的，被保险人依照中华人民共和国法律须承担的经济赔偿责任，保险人按照保险合同的约定负责赔偿。

8. 公共交通工具意外伤害保险

在保险期间内，被保险人以乘客身份乘坐飞机、列车、轮船、汽车期间遭受意外伤害，并自该意外伤害发生之日起 180 日（含）内，因该意外伤害导致身故或伤残的，保险公司按约定的保险金额给付公共交通工具意外伤害身故保险金或按评残等级比例给付公共交通工具意外伤害伤残保险金。

中国电科第 38 研究所“使命广场”的雷达雕塑

| 第九章 |

薪酬工资理论摘要

第一节　薪酬管理的概念

一、薪酬的概念

薪酬是指员工因对组织（主要指企业）提供劳动或劳务而得到的报偿，是员工因完成工作而得到的内在和外在的奖励。它不但包括直接的货币形式（直接薪酬）和可转化为货币的其他形式（间接薪酬），还包括较舒适的办公室，组织内部的人际关系，较多地参与决策，工作的挑战性和成就感及较好的发展机会等难以用货币来衡量的形式。从市场的角度来看，薪酬是人力资源价值的市场形式，或称“人力资源价格”；从分配的角度来看，薪酬是企业对员工人力资本要素贡献的回报。

薪酬的功能有：一是补偿功能，薪酬是对员工所提供服务的交换或者是对圆满完成工作的回报；二是激励功能，企业的薪酬决策和员工得到薪酬的方式将影响员工的工作质量，以及对客户需求的关注程度及学习新技能的积极性；三是调节功能，该功能表现在两个方面，即劳动力的合理配置和劳动力素质结构的合理调整；四是效益功能，一般而言，薪酬的投入可以为企业带来预期大于成本的收益。

效率目标包括两个层面：第一个层面是站在产出角度来看，薪酬能给组织绩效带来最大价值；第二个层面是站在投入角度来看，实现薪酬成本控制。薪酬效率目标的本质是用适当的薪酬成本给组织带来最大的价值。

二、全面报酬的概念

全面报酬是指在雇佣条件下员工从雇主那里所获得的所有价值。它从多角度体现了员工的价值和贡献，将多种激励方式有机地整合在一起，使之成为支持组织战略实现和应对变革挑战的有力工具，在组织和员工之间形成一种积极特殊的关系，最大程度地调动员工的积极性、提升员工的敬业度，使员工全身心投入工作中，从而实现组织的战略目标。根据各报酬要素的功能和作用，可以将全面报酬体系划分为薪酬、福利、学习与发展、工作环境四个部分。

薪酬一般包括基本薪酬、可变薪酬、短期奖励、股权计划等。其中，基本薪酬和可变薪酬是全面报酬的核心部分。基本薪酬通常是根据员工的岗位或能力来确定的，体现岗位或能力对于整个组织的价值或贡献。但是，单纯的基本薪酬不能创造足够的竞争优势来激发员工的最大潜力，无法保证薪酬战略成为企业经营战略及人力资源管理战略的一种延伸，也很难保证员工的努力与组织目标一致，因此需要加强可变薪酬的作用。可变薪酬往往与组织绩效和员工业绩相结合，体现组织目标和绩效的动态变化，往往表现为销售提成、绩效加薪、利润分享等形式。面向较大员工群体的可变薪酬能够针对员工和组织所面临的变革和较为复杂的挑战做出灵活的反应，以一种积极的方式将员工和企业联系在一起，从而为在双方之间建立起合作伙伴关系提供支持。此外，在企业经营不利时可变薪酬还有利于控制成本开支。短期奖励计划是在季度末或者年终，企业根据员工的综合表现以及企业业绩情况给予员工的现金或物质奖励。股权计划，相当于一种长期奖励，有利于促使员工，特别是经营者和股东形成利益的共同体，以减少监控费用、降低代理成本，有利于减少经营者的短视行为，提高经营者的责任心和创造性，同时也有利于选择和激励经理人。因此，股权计划在越来越多的企业中成为薪酬的一个重要组成部分。

福利一般包括法定的社会保险、企业自己的补充保险以及非工作时间付薪、员工服务等，是全面报酬体系中不可或缺的组成部分，具有独特的功能和作用，具体表现在：第一，营造和谐、独特的企业文化，强化员工的忠诚度和提升企业的核心竞争力。一般来说，员工都希望企业能够像个大家庭，和睦相处、快乐工作，而福利会让员工从雇佣关系中获取一种类似家庭关系的情感成分，增强员工的归属感，激发工作热情和活力。第二，维护员工的健康和维持员工的生活品质，增加人力资本储备。有效的员工福利计划可以舒缓压力，调节节奏，同时通过各种健身和娱乐活动，维护员工的健康，焕发员工的精神力量，增强员工的凝聚力和稳定性，提高劳动生产率。第三，具有明显的成本优势。员工福利计划比起货币薪酬来说一般会有税收上的优惠，同时，集体福利比员工个人购买的福利更具有规模效应，因而具有价格上的优势。第四，灵活多样的弹性福利计划有利于满足企业不同员工的需求，减少员工的不满，起到一定的保健作用，这主要体现在补充保险和员工服务这两项上。

福利是薪酬的补充，也是法律的要求，企业必须重视福利项目的设计，不仅要对所有员工设计一套合理的福利体系，对于特殊人才更要别出心裁地全面分析其所需，提供他无我有的服务，用自己的特色福利留住这些关键人才。

三、薪酬管理的概念

薪酬管理是指一个组织针对所有员工提供服务来确定他们应当得到的报酬总额、报酬结构和报酬形式的过程。在这个过程中，企业就薪酬水平、薪酬体系、薪酬结构、薪酬构成以及特殊员工群体的薪酬做出决策。同时，作为一种持续的组织过程，企业还需持续不断地制定薪酬计划，拟定薪酬预算，就薪酬管理问题与员工进行沟通，并对薪酬系统的有效性做出评价，然后不断予以完善。

第二节　薪酬确定的理论基础

经济学发展百年来，企业薪酬问题一直是经济学家关注的热点。

管理学对薪酬问题关注的重点与经济学有所区别，表现在：管理学关心微观层次上员工的薪酬，经济学关注宏观和中观层面的薪酬；管理学关注的是薪酬的激励功用，薪酬是影响员工态度和行为的重要力量。通过有效的薪酬管理，企业可以充分激发员工的潜能和奉献精神，所以管理学研究着重探明某一具体时期相对静态的薪酬。

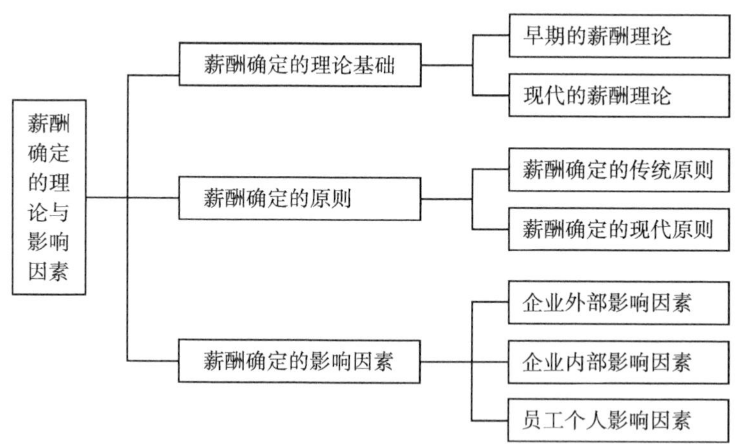

图 9–1　薪酬确定的理论与影响因素

与薪酬相关的经济学理论如图 9–2 所示。

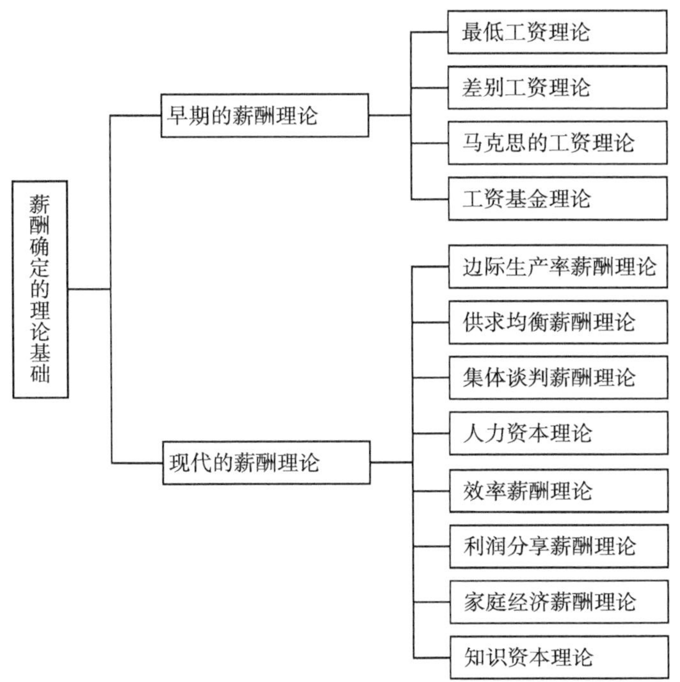

图 9–2　薪酬确定的理论基础

一、早期的薪酬理论

早期经济学家对薪酬的概念、薪酬的构成、薪酬增长的决定因素和造成薪酬差别的原因等都有一定的论述，虽未形成完整的理论体系，但为后人对薪酬问题的研究奠定了基础。

（一）最低工资理论

最低工资理论也称维持生存薪酬理论、生存工资理论，是最早出现的薪酬理论，有人称之为“工资铁率”。最低工资理论的主要观点是：产业社会中工人的薪酬应该等同或略高于能维持工人生存的水平。

最低工资理论最初由古典经济学的创始人威廉·配第提出。其他经济学家的论述如下：

1. 重农学派关于最低工资的观点

弗朗斯瓦·魁奈采纳了配第的最低工资理论，认为劳动者的工资只限于维持他们最低生活所必需的生活资料。按照其“纯产品”理论，工人和资本家的收入都是对社会产品的扣除部分，而非剩余产品。魁奈混淆了工资与剩余价值的区别。

安·杜尔阁明确指出劳动者即雇佣工人，工资水平只限于维持生活所必需的生活资料，因为劳动力供大于求，又存在工人之间的就业竞争。所以，资本家可以优先选用要价最低的工人。

2. 亚当·斯密的工资理论

亚当·斯密认为薪酬取决于经济活动中劳动力的供求关系。劳动力供应是有限的，供给的最低人数取决于生活必需品的价格或食物的一般价格。劳动力需求决定于一国的剩余资财或国民财富，国民财富是决定薪酬水平的最重要因素。

3. 李嘉图的工资理论

李嘉图在前人薪酬理论的基础上，提出劳动同时具有自然价格和市场价格。

自然价格是指在其他条件相同的情况下，可使劳动者大体活下去并不增不减地延续其后代所必需的价格，劳动的自然价格随着生活必需品价格的涨落而升降。市场价格是指根据劳动力供求比例实际付给劳动者的价格，劳动的市场价格可能会与其自然价格偏离，但由于工人人口增长率的变化，二者最终趋于平衡。

4. 马尔萨斯的工资理论

托马斯·罗伯特·马尔萨斯认为，人口有几何增长的趋势，食物供应只有算术增长的趋势，人口会有无限增长的趋势，故大多数人要在贫困和饥饿的边缘上生活。

马尔萨斯认为，如果工资提升（下降）到超出维系工人生存水平之上（下），由于工人收入增加（减少），工人的生活资料也会增加（减少），导致工人人口增长（减少），这样劳动的供给就增加（减少）了。在社会需求既定的情况下，劳动的供求关系变得不平衡，因此工人的工资水平就会下降（上升）。

按照最低工资理论，工人的工资不取决于自身与资本家讨价还价的能力，也不取决于资本家自身的主观意愿，而是取决于市场的竞争状况。

国家要经常对工资制定加以干预。同时，为了防止雇主利用自身的强势无限制地压低工资水平，许多国家都设立了最低工资保障的法律法规以协调员工和雇主之间的矛盾，保证社会生产的顺利进行和社会生活的安定。

维持生存的薪酬理论过时了。有些国家的薪酬水平很难说是在生存线上；它不能解释为什么在同一国家和地区的工人之间的薪酬会有差别。所以，19 世纪中期这一理论就被多数经济学家所抛弃。

（二）差别工资理论

亚当·斯密对人们工资水平存在差异这一问题进行分析后认为，存在差异的原因是职业性质和工资政策。

职业性质是现代岗位和职务工资制的基础，对于那些使员工不愉快、学习成本高、不安全、失败率高的职业，要付给高工资；反之则付给低工资。职业性质对工资差别的影响有五个途径：

（1）不同的职业带来不同的心理感受。

（2）职业要求的难易程度不同。

（3）职业风险程度不同。

（4）职业承担的责任不同。

（5）从事的职业不同，个体成功的可能性也不同。

工资政策作用并引导企业的薪酬确定，因而它直接影响人们薪资水平的高低。例如，政府不适当的工资政策（如限制职业竞争、加强垄断、阻碍劳动力的自由流动等）会扭曲劳动力市场的供求关系，从而使作为劳动力价格的工资反映出不合理的差别。

薪酬水平的高低取决于财产所有者即雇主与劳动者的力量对比。一般而言，雇主的力量大于劳动者的力量。这是因为雇主人少，容易团结，而且当时的法律保护雇主们的利益；雇主拥有较强的经济实力，能在对抗中持久。

对于影响薪酬增长的因素，斯密认为主要由于每年提供的就业机会都比前一年多，劳动力不够，从而导致雇主们竞相出高价雇佣劳动者。

斯密进一步分析了决定劳动需求的因素。按照他的看法，对劳动者的需求，必定随着预定用来支付劳动薪酬的资金的增加而成比例的增加，资金增加的原因是生产扩大和国民财富的增加。

（三）马克思的工资理论

马克思的资本主义工资理论是其剩余价值理论的重要组成部分，深刻揭示了资本主义工资的本质及其运动规律：

（1）工资是雇佣劳动关系的产物，特指劳动性收入，是劳动力价值或价格的转化形式。

（2）资本主义工资的运动受价值规律和劳动力市场供求、竞争规律的调节支配，并受资本家与工人两大阶级力量对比和斗争的影响。

（3）资本主义工资是以劳动力的价值或价格为尺度，工资水平上升不会改变工人阶级被压迫剥削的地位。

受历史条件的限制，马克思没有对社会主义分配作具体研究，但他对按劳分配的基本原则阐述较为全面，他设想消除商品货币关系，因而社会主义不存在工资范畴。

（四）工资基金理论

约翰·斯图亚特·穆勒提出的工资基金论，认为工资取决于三个要素：员工人数、雇佣员工的资本、工资成本与其他成本之间的比例，即工资是资本的函数：

W＝F（C）

员工工资水平取决于劳动力的人数和用于购买劳动力的成本与其他成本之间的比例关系。

穆勒认为资本是工资的决定性因素。工资是雇主拥有的、确定短期内无法改变的基金，在其他条件一定的情况下，工资的高低首先取决于工资基金总额的大小，短期内一部分工人工资的增加以另一部分工人工资的减少为代价。在工资基金一定的情况下，工人的工资水平取决于工人人数的多少，即工资的数量取决于劳动供求关系。

穆勒的工资基金理论十分悲观，导致很多人的批评，而且存在很多缺陷，他认为薪酬基金所占比例和劳动力数量都不变是不真实的，以至于最后穆勒本人也放弃了自己的观点。

英国经济学家拿骚·威廉·西尼尔在1850年对工资基金理论进行了修改。他把货币工资与实际工资加以区分，认为工资是现行产品中分给工人的份额而非从资本总额中支付给员工的金额。工资基金的数量由两个因素决定：工人生产效率的高低和工人数量。从长远来看，工人生产效率的提高决定工人薪资水平的提升，这样工人工资的提升就有了依据。

与生存工资理论相比较，薪酬基金理论具有较多的合理成分。它能够解释薪酬水平可以随着社会经济的发展、资本总量的增长而不断提升的趋势。但是，薪酬基金理论的不足之处在于将薪酬水平的提升看作被动适应资本增长的结果，该理论没有看到薪酬增长的真正源泉在于人力资源本身的价值特性，该特性也是促进资本增值的源泉。

二、现代的薪酬理论

（一）边际生产率薪酬理论

劳动的边际生产率是指最后追加的单位劳动所带来的产量的增加。由于边际生产率递减，劳动雇佣量达到足够大后，劳动的边际生产率为零。

以约翰·贝茨·克拉克为代表的经济学家倡导边际生产率薪酬理论，他们认为薪酬取决于劳动边际生产率。每一个人都是经济人，在市场中通过最佳配置资源来追求最大化利益。雇主所雇佣的最佳人数由劳动者的边际收入等于雇佣他所花费的边际成本时决定，工人的薪酬等于边际生产率的价值。

边际劳动生产率薪酬理论建立起薪酬和生产率之间的本质联系从而开创了薪酬问题研究的新时代，但由于其假设与现实生活不符，并不存在完全竞争市场，而且劳资双方采取措施保障自己的利益，因此边际生产率理论很难说明为什么现实生活中工人的工资并不一定等于边际劳动生产率的现象。

（二）供求均衡薪酬理论

供求均衡薪酬理论的创始人是阿尔弗雷德·马歇尔，他在著作《经济学原理》中以均衡价格理论为基础，从生产要素的需求与供给两方面来说明薪酬水平的决定。马歇尔认为，工资水平由劳动要素的均衡价格决定。价格取决于市场供求这两方面的均衡力量，即取决于要素的边际产出与要素供给者的边际负效用之间的某种均等关系。从需求方面看，薪酬取决于劳动的边际生产率或劳动的边际收益率。厂商愿意支付的薪酬水平，是由劳动的边际生产率决定的。从供给方面看，薪酬取决于两个因素：一是劳动力的生产成本，即劳动者养活自己和家庭的费用，以及劳动者所需的教育、培训费用；二是劳动的负效用，或闲暇的效用。供求均衡薪酬理论对薪酬的分析将需求和供给两方面结合起来，较边际生产率薪酬理论前进了一大步，奠定了现代薪酬理论的基础。

（三）集体谈判薪酬理论

边际生产率薪酬理论、供求均衡薪酬理论均以劳动力市场买卖双方的完全竞争为假设前提。随着劳动力市场双方组织力量的成长，这个前提很难成立，薪酬分配越来越取决于市场不同主体力量的对比。

随着工人运动的发展和工会组织的壮大，工会在工资决定中的作用引起了经济学家的高度重视，集体谈判工资理论应运而生，庇古、多布、邓洛普、张伯伦等众多经济学家对该理论做出了重要贡献。

集体谈判工资理论认为，工人短期的工资在相当程度上是劳资双方在工资谈判中妥协的结果。在西方经济学中，工会被看作是劳动供给的垄断者，它能控制劳动供给量和工资量。但工会对工资决定并无垄断权，雇主不会接受工会最初提出的高工资率，工会通过罢工来要挟雇主，雇主通过关闭生产来要挟工会，但双方都不愿意为长期停产而付出代价，最终经过双方妥协让步，达成工资协议。

集体谈判薪酬理论是迄今为止较好地解释了短期货币薪酬确定的一种理论，而边际生产率薪酬理论则是迄今为止对长期薪酬水平的基本要素做出的最好的一种解释，两种解释理论实际上是内在统一的，在解释功用上也有相互补充的作用。

（四）人力资本理论

人力资本理论不是薪酬决定理论，但它影响对薪酬的决定。人力资本理论的渊源可以追溯到古典经济学家亚当·斯密和近代经济学家马歇尔等人，但真正提出人力资本理论的是美国经济学家西奥多·舒尔茨，后来加以发展的是加里·贝克尔。

西方经济学家认为资本有两种形式，即体现在物质形式方面的实物资本和体现在劳动者身上的人力资本。劳动者的知识、技能、体力（健康状况）等构成了人力资本，人力资本能够促进国民收入明显的增加，对经济增长起着重要作用。

人力资本是通过人力资本投资形成的，其投资包括医疗保健、在职培训、正规学校教育、社会教育以及劳动力流动投资五个方面，最主要的是在职培训投资和正规学校教育投资。人力资本投资还包括为了补偿劳动力消耗，在衣、食、住等生理需要方面所必需的经常性支出。

人力资本投资的目的，对国家及企业等单位来说是为了经济的增长，对劳动者来说是为了获得效用。否则，不论国家、企业、个人都不会进行投资。一般情况下，只有当预期收益的现值不少于现在支出的现值时，或者从薪酬角度来说，未来得到的薪酬现值等于或大于现在的教育投资等支出的现值时，人们才愿意进行投资。亦即人力资本投资必须得到补偿。

人力资本理论可以用来解释企业内员工之间的收入差距，也可以解释职位工资差异。同时，人力资本投资理论不仅关系到员工的收入差异，还关系到企业人力资源的开发和利用，因此，在企业管理中日益受到重视。

（五）效率工资理论

该理论的基本观点是工人的生产率取决于薪酬，假设前提是劳动力市场上成交的劳动力与生产过程中的劳动发挥不完全一致。因为员工在劳动中总是尽可能少出力，这样劳动效率的发挥就需要有效的监督。

员工在生产过程中所付出的努力是实际工资的函数。在市场信息不对称的情况下，对劳动的监督成本相当高。为了追求利润最大化，雇主可以选择把工资定在较高水平。在一定程度上，工资越高劳动效率就越高，企业产出就越大。因此，从这个意义来讲，高于劳动率产出水平的工资，就称之为“效率工资”。

效率工资理论在西方比较流行，它可以解释高工资与高失业之间的关系。较高的工资水平和较高的失业率，都会增加员工失业的机会成本，因而他们在工作中会自觉地提高自身努力水平，以防止因失业带来损失。

（六）利润分享薪酬理论

该理论由美国经济学家马丁·魏茨曼提出，他认为政府应当在整个国民经济中推行利润分享制度，传统的固定薪酬制度应当废除。

他将工人的报酬制度分为传统薪酬制度和分享利润制度，认为西方经济运行中的滞胀现象的根本原因在于传统的薪酬制度。利润分享制度是将工人的工资与能够反映雇主经营状况的指数联系起来，雇主与工人商定工人应该在雇主收入中占据多大比例的分享利润额。利润分享制度具有自动抵制失业和通货膨胀的作用，因而它能够解决困扰西方国家经济发展的滞胀问题。

其优点有：

（1）将工人的劳动报酬与企业绩效相挂钩，激发工人勤奋工作，增大劳动力的供给。

（2）刺激企业扩大生产，增加就业机会。

（3）具有延长工人工作期限的作用，降低了工人的流动率，提高了工人的生产技能，而且在新的薪酬制度中，成员之间相互认同程度较高，增加了组织的凝聚力，有利于提高企业绩效。

（4）改善了劳资合作关系，员工士气提高，旷工率下降，彼此合作的意向有所加强，从而能提高劳动者在不同岗位上的适应程度，员工与管理者沟通渠道的改善可以提高组织的运作效率。

利润分享薪酬理论的着眼点是为了稳定经济发展和社会生活，它扩大了传统薪酬理论的视野，虽然其本身具有一定局限性，但仍对西方国家的薪酬管理产生了深刻影响。

（七）家庭经济理论

美国经济学家加里·贝克尔提出了家庭经济理论。他认为家庭是社会的细胞，家庭的经济决策关系到全社会的经济运行，当然也关系到企业的生产和工资水平。

个人有限的时间大体上可分为工作、家务劳动和闲暇娱乐三部分。作为家庭的成员，个体活动的目的是为了家庭的利益最大化。

个体花费在工作上的时间必然是经过理性分析的，在平衡三个时间后可以得出最佳的劳动供给水平，雇主在此基础上确定相应的工资率。

（八）知识资本理论

知识经济的到来导致企业所依赖的资源结构变迁，企业的成长和发展不再依赖稀缺的物质资源，其持续的发展和竞争力的维持更多的是依靠其拥有的知识。因而知识拥有者因为其对知识的拥有获得了历史上前所未有的地位。

知识存在于员工头脑中，是企业最为宝贵的资源，也是企业保持竞争优势的源泉。因此，越来越多的企业依据员工拥有的知识付酬。

知识对企业而言重要性越强，员工的薪酬水平也就越高。

第三节　薪酬确定的原则

一、薪酬确定的传统原则

（一）公平性原则

公平性原则是企业制定薪酬系统必须考虑的首要原则。只有员工认为自己接受到的薪酬是公平的，才可能产生组织认同感和薪酬满意度，此时员工的薪酬才会对其产生激励作用。因此，合理的薪酬确定首先应该满足员工对薪酬公平感的追求。

一般来说，员工对薪酬公平的感知包括五个方面的内容：

（1）薪酬的外部公平。它是指同一行业或同一地区或同等规模的不同组织中类似工作与职务的报酬应当基本持平。

（2）薪酬的内部公平。它是指同一组织中不同职务所获报酬有一个匀称的比例关系。

（3）薪酬的结果公平。它是指同一组织中居于相同岗位的人所获报酬间的比较。同工同酬可视为公平，存在歧视性政策就是不公平。

（4）薪酬的过程公平。薪酬过程公平表现在发放过程严格、程序公正和结果公开透明。

（5）薪酬的人际公平。员工不仅会对企业支付自己的薪酬多少和如何支付进行是否公平的评价，还会对自己在企业所接受的重视程度进行评判。如果企业薪酬系统分配机制和管理层的人才价值取向都体现了对员工的尊重，员工会感到自己在企业中受到了公平的待遇。

从公平理论我们可以推断，员工对于薪酬公平的感知是一个比较的过程，其公式如下：

$K_1=$自己的付出/自己的所得

$K_2=$他人的付出/他人的所得

如果 $K_1=K_2$，员工对企业的薪酬系统感到公平，他们会受到良好的激励，保持旺盛的斗志和上佳的工作积极性。

如果 $K_1<K_2$，员工对企业的薪酬系统感到不公平，通常会采取一些消极的应对措施，如怠工、早退、破坏或者是辞职。

如果 $K_1>K_2$，员工对企业的薪酬系统感到不公平，我们称为正向不公平，员工也会采取一些措施来修正自己的行为。

为了保证组织薪酬设计的公平性，应注意以下几点：

（1）明确薪酬确定的指导原则，严格依据规范进行。

（2）保证薪酬确定过程民主公开。

（3）为员工创造机会均等、公平竞争的条件。

（4）追求相对公平。

（二）竞争性原则

当今市场竞争的焦点就是人才竞争，要想吸引人才，薪酬标准就要具备足够的吸引性，不具备竞争能力的薪酬系统不仅不会吸引优秀人才的加盟，还会造成原本拥有的人才流失。

（三）激励性原则

一般来说，用薪酬激发员工的责任心和工作积极性是企业最经常、最有效的方式，因为薪酬系统解决了人力资源管理中最重要的一环即利益分配问题。

激励性主要是体现在内部各类、各级岗位、职务的报酬水准上。企业应根据员工能力的高低、贡献的多少适当拉开差距，真正体现按贡献分配的原则，杜绝平均主义、“大锅饭”的分配制度。

（四）经济性原则

激励性原则和竞争性原则主张提高员工的报酬水准，而经济性原则主张企业降低员工的报酬水准。实际上，三者是相互联系、统一的整体。

员工薪资水平的提升可以提高企业的竞争力与薪酬系统的激励功能，但难免会导致企业支付的人力成本上升；企业人力成本的支付受到企业盈利能力和支付能力的制约，在一定时期内，企业可以支配的资金是有限的，企业必须考虑自身承受能力以及进行合理的利润积累等问题，因此，企业薪酬确定必然受经济性原则的制约。

（五）合法性原则

薪酬系统的合法性是企业薪酬设计所应满足的最低标准。企业作为一个人格化的主体，其行为受到国家法律法规的制约，同时也是法律保障公民权益的体现。

合法性原则要求企业遵守国家制定的与薪酬相关的政策、法律法规以及一系列管理制度。由于我国法制建设起步较迟，许多方面仍在充实完善之中，很多企业会钻法律的空子，一时间出现了很多企业违法违规的现象，如拖欠、扣留和拒付员工工资等现象。目前我国有关劳动工资的正式立法正在逐步完善和健全之中，现有的法律法规仍然发挥其规范和调节企业行为的作用。

薪酬管理的最高立法是《中华人民共和国宪法》。总体看来，与一些发达国家相比，我们在就业和劳动立法的正规性、完备性、成熟性及执行的严格性上，还有很大差距，但业已颁布的法律、法规、规定、条例，企业应坚决执行。

二、薪酬确定的现代原则

（一）团队分享原则

现代企业实践中团队合作是非常重要的工作方式，而且个体事业的成功也越来越依赖于团队的协作。

在协作型的企业中，基于团队的奖励对组织的绩效具有十分重要的作用。有些成功企业，用在奖励团队方面的资金往往占到员工收入的很大比重。

有人对基于团队的薪酬设计机制提出了质疑，因为从激励效果来看，奖励团队比奖励个人的效果要弱。但激励效果弱不能说明这种激励方式无效，虽然奖励团队带来的激励效果较弱，但不能忽视其激励作用。另外，奖励团队并不排除对优秀个体的激励效果，在团队激励的基础上，企业还可以奖励成绩卓越的员工个体，促进良性的竞争。

（二）隐性报酬原则

现代管理心理学要求企业更多地从内在、心理上去激励员工，在确定薪酬时，更应该重视员工对附加报酬和隐性报酬的心理需求。

外在的金钱激励方式虽然能显著提高效果，但是持续的时间短，处理得不好，结果会适得其反；而内在的心理激励，虽然过程需要较长时间，但一经发挥作用，不仅可以提高激励效果，而且具有持久性。

对于高层次人才和知识型员工，内在的心理报酬在很大程度上左右着他们的工作满意度和工作成绩。因此，组织可以通过工作制度、员工影响力、人力资本流动政策来执行内在报酬，让员工从工作本身得到最大的满足。

（三）双赢目标原则

个人与组织都有其特定的目标指向，而且个体目标与组织目标有时候会出现分歧甚至相互冲突。个人参与组织是为了实现自己的目标，个体目标的实现借助于个体对组织目标的奉献，因此个体促进组织目标的达成会在某种程度上压制个人目标的实现。

个人和企业组织在薪酬方面追求的目标不同。对员工而言，个体价值通过获取高的报酬来实现；对企业而言，则是获得最大化的利润。如果企业制定的薪酬只是为了自身的利润最大化而不考虑员工个体价值的实现，员工就会感到自己的愿望和目标被压制，会产生怠工心理。结果是企业付出了一定的薪酬，却没能有效激励员工。

薪酬确定的双赢原则能将企业和员工的薪酬目标结合起来，让员工感到对企业的贡献越大，自己获得的越多，实现目标的可能性也就越高。因此管理层在制订薪酬制度时，应本着双方共赢的目标，找到劳资双方都满意的结合点。

（四）员工参与原则

很多国外公司尝试让员工参与企业薪酬制度的设计和管理，具有显著优点：与没有员工参与的绩效付酬制度相比，员工参与设计和管理的报酬制度令人非常满意且具有长期激励的效果。同时，企业的投入达到最优化。其他隐含的优点表现在：

（1）增强团队观念。

（2）增强对企业和管理层的信任度。

（3）完善薪酬制度。

（五）战略导向原则

企业薪酬确定和薪酬系统的设计最终是为了企业战略服务，所以薪酬设计应该与企业战略相匹配，要求企业在进行薪酬设计的过程中不仅要时刻关注企业的战略需求，通过薪酬设计反映企业的战略，还需要把实现企业战略转化为对员工的期望和要求，使之成为对员工的薪酬激励，体现在企业的薪酬设计中。

第四节　薪酬确定的影响因素

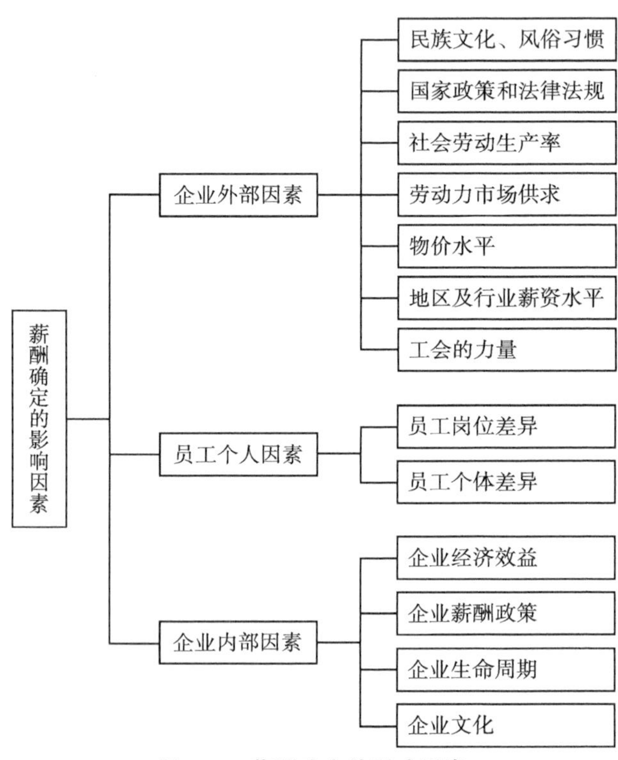

图 9–3　薪酬确定的影响因素

一、薪酬确定的外部影响因素

（一）民族文化和风俗习惯

民族文化和风俗习惯在变迁中不断接受新的文化因素，对自身不合理的因素进行调整。文化和风俗的变化会影响人们对薪酬的认识，进而影响实际的薪酬确定。

（二）国家政策和法律法规

在经济发展的不同时期，出于刺激消费、拉动内需或抑制通货膨胀的需要，国家会对薪资政策有所规定和调整，政策的调整必然影响企业薪酬的确定。

政府对企业员工的薪酬调节包括直接调节和间接调节两种。前者指通过制定法律法规直接调节企业薪酬水平及其变动，如最低工资法；后者指政府通过调节其他经济行为和社会行为的政策，对企业的薪酬水平产生影响，如一些财政政策、价格政策以及产业政策等。

（三）社会劳动生产率

企业的薪酬确定总体上属于国民收入分配的范畴，分配取决于收入，国民收入受到社会生产率的影响。因此，社会劳动生产率的总体水平和变动都会制约企业的薪酬水平。

社会劳动生产率的变化主要是工业和农业两大物质生产部门为社会提供的产品数量的变化。由于工业劳动生产率一般高于农业劳动生产率，而企业职工的薪资却主要用于购买农副产品或其他加工产品，这时会出现两种情况：一是当农业劳动生产率增长高于工业劳动生产率增长时，可供应的农产品量增加，职工实际薪资水平可有保证的提高；二是当农业劳动生产率增长慢于工业劳动生产率增长时，职工薪资水平的增长要受一定程度的制约。

（四）劳动力市场供求状况

劳动力供求对薪资水平的影响，表现在当社会上可供本企业使用的劳动力总量大于企业需求的总量，则薪资水平降低；反之，则提高。

（五）物价水平

物价水平，尤其是职工生活费价格水平的变动，对职工薪资水平具有重大影响。当货币工资水平不变，或其上涨幅度小于物价上涨幅度时，物价上涨将导致职工实际薪资水平的下降。

（六）地区及行业薪酬水平

企业所在行业的薪资水平指引企业薪酬水平与整个行业的平均水平趋于一

致。“人怕入错行”折射出的道理就是个体选择的行业对自身的收入有较大的影响。

不同地区的生活指数不同，企业在确定员工的基本薪酬时应该参照当地的居民生活指数。

（七）工会的力量

工会的作用主要表现在集体协商制度下，员工与企业和用人单位就薪酬水平、薪酬决定、薪酬差异及分配、支付形式等进行集体协商，签订工资合同。

二、薪酬确定的内部影响因素

（一）企业经济效益

企业的经济效益直接决定了企业的支付能力。企业经营状况良好则支付能力强，员工的薪酬水平高且稳定。

（二）企业薪酬政策

薪酬政策是企业分配机制的直接表现，薪酬政策影响着企业利润积累和薪酬分配的关系。在实际运作中，有的企业非常注重高利润积累，而有的企业注重利润积累和员工收益之间的平衡，所有这些差别会直接导致企业薪资水平的不同。

企业确定的薪资分配形式应该适应本企业总体劳动特点和企业内各类人员的劳动特点。

（三）企业生命周期

企业在不同的发展时期，盈利水平、盈利能力和远景是不同的，这些差别会导致薪资水平的差异。

企业在创业初期，通常情况下员工的薪资水平并不高；业务成长期，因为对人力资源的需求上升，此时企业通过增加员工薪资吸引员工；成熟稳定时期，员工的薪资水平一般较高，而且增长较为稳定；在衰退期，企业需要节省开支，员工的薪资能维持原来的水平已经不容易，大多数员工的薪资会下降。

（四）企业文化

企业文化是企业在成长过程中形成的企业成员广泛接受的价值观念，以及由此决定的行为准则和行为方式。企业文化影响管理层支付薪酬的态度、企业的人才观、薪酬制度和薪酬支付方式，这些都间接地影响薪资水平。

三、薪酬确定的个人影响因素

企业设计薪酬除了考虑企业外部和内部因素之外，还必须考虑企业雇员自身的因素。雇员的差异直接决定了薪酬的差别。

（一）岗职差异

岗职差异主要表现为各岗位、职务在工作繁简、难易、责任轻重、危险与否以及劳动环境艰苦还是轻松等方面的差异。

（二）员工个体差异

个体差异主要体现在年龄、性别、工龄、资历、文化程度和专业技能等方面的差别。由于个体差异，即使从事同一个工种，个体之间的薪酬水平也未必一致。个体差别的表现形式有：

（1）员工工作成绩，即劳动贡献大小。

（2）工作经验。

（3）工作年限。

（4）工作技能。

（5）员工受教育水平。

（6）员工性别差异。

（7）员工身体健康状况差异。

第五节　薪酬管理的地位与作用

一、薪酬管理的地位

人力资源（HR）是社会各项资源中最关键的资源，是对企业产生重大影响的资源，历来被国内外的许多专家学者以及成功人士、知名企业所重视。许多企业非常重视人力资源的管理。人力资源配置就是指在具体的组织或企业中，为了提高工作效率、实现人力资源的最优化而实行的对组织或企业的人力资源进行科学、合理的配置。

人力资源管理六大模块是通过模块划分的方式对企业人力资源管理工作所涵盖的内容进行的一种总结，具体是指：人力资源规划、招聘与配置、培训与开发、绩效管理、薪酬福利管理、员工关系管理。

人力资源管理的各大模块的工作各有侧重点，但是各大模块是紧密联系的，就像生物链一样，任何一个环节的缺失都会影响整个系统的失衡，所以，HR 工作是一个有机的整体，各个环节的工作都必须到位，同时要根据不同的情况，不断地调整工作的重点，才能保证人力资源管理保持良性运作，并支持企业战略目标的最终实现。

在人力资源管理的六大模块之中，起决定作用的只有规划和薪酬模块，这并不是弱化其他模块的功能，每一个模块都是不可或缺的，但从决定企业良性运行的角度来看，薪酬模块是最核心的，也是最基础的，因为它代表了企业每一个员工的切身利益，也就是企业的内生动力；而规划代表的是企业人力资源的方向，绩效管理是实现薪酬管理科学性的方法和手段。

二、薪酬管理的作用

（一）薪酬管理对于企业的重要作用

薪酬管理是企业寻求发展的必然过程，有利于促进企业战略目标的实现。合理的薪酬管理可以作为对员工的一种激励手段，能够有力地刺激员工做出企业所期望的行为，推动企业战略目标的实现。同时，科学合理的薪酬管理还可以避免不必要的人力资源成本支出，有效降低企业运营成本，从而使企业获得更多的经济效益。将员工的薪酬实现与企业的战略目标捆绑起来可以有效地促进企业战略目标的达成，实现企业与员工的双赢。但是在实施的过程中要确保企业的战略目标与员工的管理具有完全的相容性，这样才能保证薪酬管理达到最大功效。

薪酬管理有利于促进薪酬制度的内部公平、透明。一个科学合理的薪酬设计可以促进企业人力资源的整体优势，从侧面也促进了企业内部薪酬制度日趋公平。同时，企业薪酬的透明程度也将影响到员工对于薪酬公平的具体感知。有些企业因此而采取对员工薪酬保密的方式来消除这种可能由于不公平而导致的争议。但一旦处理不得当，将加速员工对于企业薪酬制度的不满程度，导致员工的离职率增加。有些企业则采用完全公开透明的方式，将有效的薪酬沟通作为企业建立与员工良好沟通的一个重要方式，间接地促进企业绩效的增加。但是，在这样的处理过程中要把握好信息披露的程度，避免员工由此而出现恶性竞争的问题。

科学合理的薪酬管理有利于提升企业的外部竞争能力。科学的薪酬管理制度，不仅可以增强企业内部员工的归属感，激发他们对事业的责任心，还能够吸引企业外部的优秀人才加入企业，确保企业拥有更强大的人才资源储备，为企业发展提供支持性力量，从而提升企业的人力资源优势。尤其是伴随着薪酬设计复杂化，应聘者在对企业的薪酬外部竞争能力判断时更具难度。目前，企业的薪酬形式主要包括工资、福利、股权、期权、绩效等，员工会根据自己的需要来对企业的薪酬竞争能力做出自己的判断。

（二）薪酬管理对于员工的重要作用

可以激发员工的工作动力。美国哈佛大学的一名管理学家研究表明，一个人平时工作能力的水平和激励后工作能力的水平存在着约60%的差距。所以，薪酬激励对于员工来说极其重要，不仅能使其满足物质方面的需求，还能体现其自身价值，并在一定程度上影响其工作能力的发挥。合理的薪酬管理可以提高员工的生活质量。在全面的薪酬管理过程中，企业对员工支付的福利主要是以非现金的方式，而这是提高员工生活质量的关键，主要包括为员工提供住所、工作餐，增加员工商业保险和子女医疗保险等。这样可以为员工提供优越的工作环境，减少其在生活方面精力的分散。因此，激励性薪酬可以激发员工的工作动力和提升企业的竞争力。

可以提高绩效。要使企业的目标得以实现、企业的绩效得到提高，必须先将员工个人的绩效提高。从影响员工绩效水平的角度来看，个人技能、外界条件、企业氛围以及奖励政策占据了相当大的比重，而通过合理的薪酬标准能够有效地提升员工的个人工作能力，从而使其更好地投入到工作当中，为企业创造更多的经济效益及更大的竞争优势。

可以激发员工的开发能力，使人才素质得到提高。很多工资体系都是通过薪酬激励的方法来实现刺激员工发展的目标，有些薪酬中涉及的技术等级其实就是对员工相关技能开发的奖励，可见薪酬激励能激发员工的开发能力，使人才素质得到提升。

中国电科第54所研制出世界最大口径的FAST项目天线

结束语

中国电科积极落实创新驱动发展战略，充分发挥市场在资源配置中的决定性作用，探索培育多元激励协同动力机制新型引擎，形成技术创新、科技创业的生动局面；着力强化“集团主导、所为基础”的集团化管控，改造升级收入分配机制的传统引擎，形成动能转换、长效规范的激励长板。中国电科通过“信”仰凝聚的政治驱动力、“芯”线牵引的价值驱动力、“昕”旦熠星的双创驱动力和“心”动情感的文化驱动力打造新型引擎，通过改造“新”益求新的组织驱动力、“薪”酬分配的利益驱动力和“忻”悦莘莘的机制驱动力升级传统引擎。

七大驱动力的创新思维，七大新机制的统筹谋划，就是在新形势、新常态下，对企业员工的思维方式的改造，对企业组织方式的转变，对管理工作方式的升级，是塑造特色电科使命的过程，是通过理顺生产关系，解放生产力的科学实践，是探索一条让知识、技术、劳动、管理、资本诸多要素迸发活力的生动实践。而薪酬是基础、是核心、是保障，同样也是引领，它的牵引作用、杠杆作用和激励约束作用，把薪酬激励与其他多元激励融为一体，协同一致。因此，薪酬机制是双引擎的动力之源。

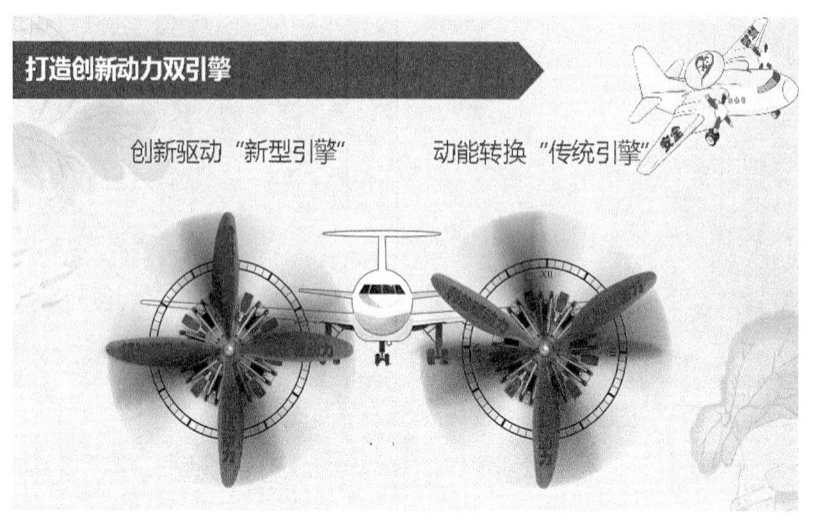

创新之心，薪动永恒!

我们相信，未来会有更多更好的激励方式和激励机制被创造出来，会在更大范围、更高层面更深地影响员工们的激励预期，使中国电科 14 万员工在实现"国内卓越、世界一流"的征途上，充满激情、充满活力。

我们将努力到无能为力，拼搏到感动自己。

你用心激励　我无所不能

翻开记忆发黄的扉页，
成长路上，你就像是坠落天穹的流星，
不时划过世俗的沉寂，
跌入我们的眼眸，溅得我彻夜难眠。
无论是黯然的伤感，还是鸡血般的亢奋；
人生有你相伴，真好!

我很感激，
因为有选择的愁绪伴我走过。

花开花落，春去秋来风景异，
日落日出，人间正道是沧桑；
全宇宙的自然哲理，全都蕴含于时间流逝的美妙之间。
人生的胜负难料，自然会有愁绪飘忽不定；
愁绪，铺垫了我们的成长之路！……
每当走到人生的岔路口，就会有好多的愁绪在脑海里漫游；
选择的愁绪，让我每走一步都小心翼翼，每做一件事都慎重思虑；
一种相思，两处闲愁；
愁，带给我是深思熟虑的经历，激励我正确抉择的信心与力量！

我很庆幸，
因为有挫折的记忆伴我走过。
宝剑锋从磨砺出，梅花香自苦寒来。
挫折的记忆就像是人生的试金石，
伴我成长的同时，也造就我磐石般的坚韧不拔。
都说失败是成功之母，而成功也只是比失败多走了一步路；
如果没有挫折，人生将平淡无味，
如果没有失败，成功将不名一文。
一次次坎坷，一次次磨难，
敢于面对是强者的洗礼，
经历风雨后方能现彩虹。
记忆，带给我搏击长空的激情，激励我不畏艰险的勇气与魄力！

我很快乐，
因为有真诚的幸福伴我走过。
真诚，是一种心灵的开放，幸福，是一种发自内心的快乐。

因为真诚所以幸福，因为幸福所以快乐，
人生最朴实的道理，告诉我在任何环境下，
都要有一份平和的心态去面对世事，
诚，带给我超凡脱俗的清新，激励我微笑面对的淡定与从容。

我很感动，
因为有真心的激励伴我走过。
用真情感动，用真心激励。
人生最大的幸运，
莫过于“失汲道”有望梅止渴的希冀，“穷其途”有感人肺腑的真诚；
一滴水只有放进大海才不会干涸，一个人只有与事业融合才最有力量；
书读的多少决定不了能力的大小，收入差异体现不了个人价值的高低；
心，带给我立木成信的权威，激励我创新创业的激情与顽强。

世界上总有那么一些激励，
是我们的念想，是我们的温暖。
就算你不远不近，只要想到你，就会觉得安定，会觉得踏实，会心有底气。
甚至连周围的空气，都变得笃定。

河还是原来的河，人还是原来的人；
在逆境中成长，有愁绪伴我走过；
在现实中成长，有挫折伴我走过；
在快乐中成长，有幸福伴我走过；
在感恩中成长，有激励伴我走过。
长路漫漫，
仍然为我们守候，透过窗的那些小幸福；

未来若有你相伴，我无所不能！

我认真，你愿意。

中国电科聚集“安全+智慧”事业的“创新之薪，心动永恒”理念

参考文献

［1］［美］ 吉姆·科林斯. 从优秀到卓越 ［M］. 俞利军译. 北京：中信出版社，2006.

［2］孙文刚. 转轨时期经理报酬计划研究 ［M］. 大连：东北财经大学出版社，2008.

［3］王书坚. 国有企业经营者任职生命周期及制度环境设计 ［M］. 北京：中国对外经济贸易出版社，2003.

［4］李一. 领导班子生命周期初探［J］. 浙江社会科学，1997（3）.

［5］［美］ 伊查克·爱迪思. 企业生命周期 ［M］. 赵睿译. 北京：华夏出版社，2004.

［6］刘昕. 薪酬管理 ［M］. 北京：中国人民大学出版社，2007.

［7］钟定国. 企业生命周期与人才激励策略［J］. 中国人才，2003（2）.

［8］［美］ 布鲁斯·R. 艾力格. 经理薪酬完全手册 ［M］. 胡玉明译. 北京：中国财政经济出版社，2004.

［9］范林榜. 企业生命周期与薪酬水平策略研究［J］. 企业管理，2006.

［10］ 朱克江. 经营者薪酬激励制度研究 ［M］. 北京：中国经济出版社，2002.

［11］杨河清，唐军. 企业经营者薪酬激励机制研究［M］. 北京：中国劳动社会保障出版社，2004.

［12］王利耀，马瑞祥. 基于企业生命周期的薪酬设计［J］. 管理科学，2008（1）.

［13］［美］丹尼尔·平克. 驱动力［M］. 龚怡屏译. 北京：中国人民大学出版社，2012.

［14］涂子沛. 数据之巅［M］. 北京：中信出版社，2014.

［15］吴冰，刘义理，赵林度. 供应链协同知识创新的激励设计［J］. 科学学与科学技术管理，2008（7）.

［16］马亚男. 大学——企业基于知识共享的合作创新激励机制设计研究［J］. 管理工程学报，2008（4）.

［17］邓玉林，王文平，达庆利. 企业知识共享的有序结构及激励策略［J］. 系统管理学报，2008（8）.

［18］［美］斯蒂芬·P. 罗宾斯. 组织行为学［M］. 孙健敏等译. 北京：中国人民大学出版社，2001.

［19］游静. 基于 ERG 理论的异构信息系统知识创新激励机制研究［J］. 科学学与科技技术管理，2010（2）.

［20］郑景丽. 企业知识共享的激励机制［J］. 煤炭经济研究，2008（11）.

|后 记|

2015年是国家“十二五”规划的收官之年，中国经济发展进入新常态，这是中国经济发展阶段性特征的必然反映，是30多年高速发展的必然结果，是经济规律、自然规律作用的客观体现；意味着经济增速从高速增长转向中高速增长，经济发展方式从规模速度型粗放增长转向质量效率型集约增长，经济结构从增量扩张为主转向调整存量、做优增量并存的深度调整，经济发展动力从传统驱动转向创新驱动，发展压力越来越大，发展空间也越来越宽广，创新环境就越来越宽松。

“十二五”以来，中国电科全面升级内部管理，不断探索劳动、知识、技术、资本、管理等生产要素参与分配的市场化机制，出台了全面经营管理绩效考核兑现体系，进一步理顺了分配关系，平衡了收入矛盾，激励了员工创新创业热情。2013年，建立了岗位绩效工资制，形成全系统相对统一的五元薪酬结构，探索劳动要素参与分配的激励方式；2014年，完成全面经营管理绩效考核兑现体系的正式运行，探索管理要素参与分配的任期激励方式，探索知识、技术要素参与分配的岗位分红权激励方式，探索资本要素参与分配的股权激励方式，逐步摸索出一套体系化的激励机制。

2015年初，中国电科冲击世界500强，并希望借此迈上世界一流企业的高台，这将是成立13年来最大的成就和最辉煌业绩的体现，是“国内卓越、世界一流”企业战略和“12543”发展思路的最完美答卷，是13万中国电科员工勇于担当、创新图强最客观的反映。如果中国电科进入世界500强，意味着未来的路会更精彩，破除思维定式、行为惯性和路径依赖的改革创新之路也将会更艰难，需要电科人以敢闯的锐气和会闯的睿智，加快思维创新、路径探索和制度供给，搞好顶层设计，抓好工作布局，设计好平台、路径、抓手，确保战略、规划、措施落地，增强系统认同，打造支撑世界一流企业发展的动力新机制，中国电科把多年来的研究和探索进行了总结提升，创新性地提出了“多元激励协同动力”的概念。

2015年，集团公司被列入国资委董事会改革试点单位，董事长、党组书记熊群力开始主管集团公司人力资源管理工作，明确要求集团人力资源部加快薪酬体系建设的步伐，完善新形势下的激励约束机制，把薪酬管理作为集团化管控的一个“抓手”，打造具有中国电科特色的激励长板。

《用薪激励》一书的完成，标志着课题研究取得了阶段性成果，同时孕育着一个新常态的开始，集团公司也将由单一激励方式转变为多维度激励方式，由片面激励转变为系统化体系激励，由物质激励转变为组合协同激励，由普惠激励转变为特色鲜明的稀缺型激励，实现了激励方式、激励模式、激励结构、激励水平、激励效果的综合协同，打造了独具中国电科特色的动力新机制。

《用薪激励》是中国电科体系化人才制度优势的体现，是不断创新不断追求的电科精神的展示，是人力资源管理由事务型转变为战略型，由权力驱动型转变为价值驱动型，由手工操作型转变为信息化、精细化型的开端，人力资源管理的“三大转变”，既是思维方式的转变、组织方式的转变、工作方式的转变，又是理念创新、方法创新、制度创新的能力提升。

纵观企业发展的成败得失，与人有着密不可分的“情感纠葛”，正如有学者形象地说，“企业因人而立，缺人而止”，即“企”字少了“人”字，企业就会终止。从企业发展与员工的关系这个维度来看，我认为，企业应努力与员工共同走过四个阶段，一是企业与员工成为“利益共同体”阶段，二是企业与员工成为“事业共同体”阶段，三是企业与员工成为“命运共同体”阶段，四是企业与员工成为“使命共同体”阶段，这四个发展阶段正好与企业的起步、成长、成熟、转型阶段的主要激励策略相辅相成。当然，这四个共同体是一个体系中的不同部分，是一个整体，只是在不同阶段的重点不同而已。所以，通过对员工的激励，产生员工的动力，再通过企业的凝聚机制，形成企业的发展动力，企业发展动力的约束机制反过来满足并促进员工动力的保持与创造，企业与员工正是在利益、事业、命运和使命共同体的发展演变和升级转型过程中，形成了企业改革创新、升级发展的动力源泉，这种机制就是我所讲的多元激励协同动力机制。中国电科用心、用情、用真，围绕薪酬激励打造的动力体系，称为“用薪激励”。

大型国企是国民经济的支柱性力量，也是国家社会制度的根本性资源。一段时间以来，经济发展过程中的腐败现象是国家治理体系中制度缺失的表现，同样的，国企腐败也是激励约束机制不健全的体现。治理腐败现象，是国家治理能力的提升，是社会文明进步的发展。积极探索国企内部激励机制创新的重要性，或许值得在今天特别强调。国家如果能有效地治理大型国企，通过改革恢复国企活力，真正使党对国企的领导与国企闯市场、创效益形成高度的统一，中国的政治和社会建设就会站在一个新的出发点上。

一个大型国企在市场上的成功要远逊色于一个大国崛起的艰辛，而支柱企业的成功却能奠定大国崛起的信心，国企就应该与国家风雨同舟，肩负起国家经济转型和繁荣的历史使命。中国电科的成功，将为实现中华民族伟大复兴的中国梦增强道路自信、制度自信和理论自信。正所谓：企为国强，国因企盛。中国电科，大国重器！

《用薪激励》共分为九章，第一章由樊友山、范文新、来婷、胡国良、杨剑飞、范晨晨完成，第二章由樊友山、范文新、来婷、胡国良、杨剑飞、高天仕完成，第三章由范文新、胡国良、杨剑飞、谭志博、冯拓宇、李忻完成，第四章由樊友山、王杰、范文新、胡国良、杨剑飞、薛海瑛完成，第五章由范文新、来婷、胡国良、杨剑飞、王亚青、马明哲完成，第六章由范文新、范华、范晨晨、任真、成强、李伟完成，第七章由樊友山、王杰、范文新、余艳玲、汪鑫、黄必成完成，第八章由范文新、来婷、谭志博、胡国良、杨剑飞、汪鑫完成，第九章由范文新、来婷、邹小虎、范华、张魏林、陈源芳菲完成。

在书稿的编写过程中，得到了中国人民大学唐鑛教授，国家行政学院周绍朋教授，中国社会科学院杜莹芬研究员，首都经济贸易大学黄津孚教授，中国企业家联合会程多生主任，中智公司佟虎、王晓娜、黄洁等专家的专业指导，得到了集团总部和成员单位人力资源管理战线上的领导、同志们的大力支持与帮助，他们提供了许多有特色的案例和资料，在此表示衷心感谢，书稿中有支慧、侯双、卢雨婷、鲍承等同志构思的情景插图，丰富深化了用薪激励的意境，在此表示诚挚感谢。

仅以此书献给为中国电科高质量冲击世界500强的奋斗者们!

作　者

2016年6月22日于北京

海淀区万寿路27号院2416室